역사와 마주하기

한일 갈등, 대립에서 대화로

역사와 마주하기

한일 갈등, 대립에서 대화로

박유하 지음

뿌리와
이파리

일러두기

1. 이 책은, 2021년 1월부터 같은 해 12월까지 일본 『마이니치신문每日新聞』 인터넷판에 '화해를 위해서 2021'이라는 제목으로 연재했던 글을 수정·보완하여 출간한 일본어판 『歷史と向き合う: 日韓問題—対立から対話へ』(2022년 7월 11일)을 저자 박유하가 번역한 것이다.

2. 일본 문헌의 번역은 특별한 표시가 없는 한 저자의 번역이다. 본문과 인용문의 강조 또한 특별한 표시가 없는 한 인용자(박유하)의 강조다.

3. 본문에 있는 주석 번호 1), 2)…는 뒷부분에 참고문헌으로 정리·수록했으며, *, **…는 각주 표시다.

4. 참고문헌의 경우, 인용한 판본을 기준으로 한국어판과 일본어판의 순서를 정하였다. 인용 쪽수는 참조한 판본을 따랐다.

5. 단행본, 정기간행물 등은 겹낫표(『 』), 논문, 단편소설, 시 등에는 홑낫표(「 」), 노래제목, 영화, TV프로그램 등은 홑화살괄호(〈 〉)를 사용했다.

6. 인명, 지명 등은 국립국어원의 외래어표기법 표기일람표와 용례를 따랐지만, 관례로 굳어진 경우는 예외를 두었다.

30년을 넘어서

처음으로 한일문제에 대한 책을 쓴 건 2000년이었다. 그러니까 22년 전. 이후 몇 년에 한 권 정도 페이스로 관련 책을 써왔다. 그러다보니 한일관계 전문가로 불러주는 이들도 있지만, 박사학위 테마는 일본 근대문학이었고 여전히 문학 논문도 쓰고 있으니 꽤 오랜 기간 양다리를 걸쳐온 셈이다.

왜 전공도 아닌 책을 쓰느냐는 질문을 그동안 많이 받았다. 하지만 전공이었던 문학론조차 논하는 대상이 작가와 문학작품이었을 뿐, 문학론을 쓸 때에도 민족주의와 제국주의와의 관계, 민족주의를 지탱하는 내셔널 아이덴티티와 젠더의 상관관계, 그런 관계들을 만드는 지배와 차별구조가 나의 관심사였으니 나로선 특별히 다른 길을 걸었다는 자각은 없다. 그때그때, '지금 여기'에 필요하다고 생각한 문제들에 관해 써왔을 뿐. 그런 책들을 논문이 아닌 일반서로 쓴 이유는 대부분 일본을 키워드로 하고 있는 만큼 더 많은 이들이 읽어주기를 바랐기 때문이다.

하지만, 한국에서는 숙명적으로 불편한 이름이기도 한 '일본' 관련 문제, 심지어 사회적으로 당연시된 '상식'에 대해 다시 묻는 내용이다보니 책을 낼 때마다 조금은 긴장했던 것 같다. 그렇지만 그 책들은 내 예상보다 훨씬 긍정적으로 받아들여졌다. 『화해를 위해서』(2005)가 문광부 추천도서(지금의 세종도서)가 되고, 문제시된 『제국의 위안부』(2013)조차 발간 직후엔 진보

신문에서 지면 전체를 할애해 호의적인 서평을 실어주었을 만큼. 20년 이상, 긴장을 요하는 책을 써올 수 있었던 건 마음을 열고 내용을 정확히 읽어준 눈 밝은 독자들이 언제나 있었기 때문이다.

이 책에서 나는, 90년대에 아무렇지도 않게 사회에서 유통되던 이야기들이 2000년대 이후엔 사라지고 망각되고 한발 더 나아가 금기시되었다고 썼다. 그러고 보면 나의 책에 대한 호의적 기사가 나온 2013년은 그런 변화의 정점이었을지도 모르겠다. 이후 한 권의 책에 대해 어떤 프레임이 씌워졌는지, 그것이 왜 발간 후 10개월이나 지난 시점에서의 일이었는지, 이후 내가 어떻게 싸워왔는지에 대해서는 이미 몇 권의 책을 통해 말했으니 여기서는 되풀이하지 않는다(『제국의 위안부』 삭제판 서문[2015], 『〈제국의 위안부〉, 법정에서 1460일』, 『〈제국의 위안부〉, 지식인을 말한다』[2018], 『일본군 위안부, 또 하나의 목소리』[2020]). 분명한 건 이 네 권 모두 예정에 없던 책이었다는 점. 그렇게 예정에 없던 책을 쓰면서 8년이 지났다. 그리고 한일관계도 최악이라는 소리를 들을 만큼 악화되었다.

그 시간 동안, 순수한 학문적 관심이라기보다는 재판에 대응하기 위해 위안부 문제와 관련한 수많은 자료를 읽었다. 책에서 이미 사용한 자료를 법원에 제출하고 싶지 않았기 때문이다. 그리고 자료를 읽으면 읽을수록 내가 쓴 내용이 틀리지 않았다는 확신을 굳힐 수 있었다. 앞에서 언급한, 예정에 없었음에도 몇 권의 책을 쓰도록 만든 건 그 확신이기도 하다.

그 책들이, 나를 격렬하게 비난했던 사람들—90년대 초의 위안부 문제 발생 이후 길게는 30년 짧게는 수년, 위안부 피해자들을 운동 혹은 글로 지원해온 이들에게 읽혔는지 여부는 모르겠다. 분명한 건 그 누구 하나 답변도 재반론도 하지 않았다는 사실이다. 그러면서도 언론과 대중을 향한 나에 대한 비난은 끊이지 않았다.

『제국의 위안부—식민지지배와 기억의 투쟁』은 위안부를 비판한 책이 아니라 운동을 비판한 책이다. 또 일본을 비판하면서도 그들이 귀를 기울일 수 있도록 소재와 언어를 찾아가며 쓴 책이다. 일본에서 그 책이 과분한 평가를 받은 건, 관계자 일부가 말하는 것처럼 일본인이 듣기 좋은 소리를 했기 때문이 아니라, 위안부의 고통과 슬픔을 그들이 내 책을 통해 느껴주었기 때문이다. '듣기 좋은 소리'란, 관계자들이 오랫동안 해결방식으로 주장해온 "법적 책임"이 아닌 다른 방식을 모색했다 해서 불만과 함께 제기된 표현이다. 그리고 사실, 대중을 향해서는 『제국의 위안부』가 위안부 피해자를 비판했다는 주장이 횡행했지만, 연구와 운동의 핵심에 있었던 이들의 나에 대한 비판의 핵심은 실상은 그런 것이 아니라 '법적 책임을 부정했다'는 데에 있었다. 나는 9년 전 책에서 그들이 주장한 '법적 책임'이 과연 최상의 방식인지를 물었지만 관계자들이 왜 법적 책임을 그렇게까지 고집하는지를 충분하게 알지는 못했다. 너무나 완고해 보였던 그 주장의 배경에 무엇이 있었는지를 명확히 알게 된 건 얼마 되지 않는다. 이 책은 그런 의미에서 이 30년 운동과 연구에 대한 고찰이기도 하다.

달리 말하면 이 책은 그저 자신들의 주장에 이의제기를 했다는 이유로 한 권의 책을 법정에 가두어두고 8년 동안 비난 혹은 침묵으로 그 상황에 가담해온 이들에 대한 늦었지만 근원적 물음이자 비판이기도 하다. 나에 대한 책임은 지지 않더라도, 한일관계를 막다른 곳까지 몰고 가 그 영향이 개인들에게까지 영향을 미치게 된 작금의 현실에 대해 관계자들이 조금이라도 책임의식을 갖기를 바라면서 쓴.

작금의 한일관계 악화는 한마디로 하자면 냉전시대 후유증이 낳은, 90년대 이후 생산되고 전파된 새로운 일본관이 우리 사회에 정착되었기 때문이다. 전후 및 현대 일본에 대한 무지와 무관심, 위안부 문제의 경우 운동이 앞섰을 뿐 연구는 오랫동안 척박했던 점 등이 이런 정황에 기름을 부었다.

하지만 동시에 이 책을 쓴 건 징용 문제에 대해서 일본이 좀더 관심을 가져주기를 바랐기 때문이기도 하다. 물론 그 배경엔 위안부 문제와 달리 징용 문제에 대해 너무나도 냉담한 태도를 일본이 취한 사태가 있다. 그 이유를 충분히 이해하면서도, 위안부 문제를 둘러싸고 한국에서 정착된 일본에 대한 편견이, 편견 아닌 진실이 되어가고 있는 상황이 안타깝기도 했다.

이런 정황에서 탈피할 수 있는 건 보다 많은 이들이 이 문제를 둘러싸고 어떤 일이 있었는지를 아는 것뿐이다. 한국 정부가 관계개선 의지를 갖는 건 좋은 일이지만, 의지만으로는 현 상황을 돌파하지 못한다. 일본어판 서문에도 쓴 것처럼 이 30년을 돌아보고, 각각의 문제들에 대해 보다 더 깊이 아는 이들이 많아져야 한다. 그런 과정에 이 책이 도움이 될 수 있기를, 그렇게 해서 꽉 막힌 대화의 창구를 조금씩이라도 뚫을 수 있기를 바란다. 이 책은 작금의 한일 갈등을 냉전체제의 후유증으로 풀고 있다는 점이 한일관계 개선을 지향하는 여타의 책들과 다른 점이라고 생각한다.

금년 봄에, 향후 위안부 문제 연구사에서 큰 획을 그을 획기적인 논문이 나왔다. 이 책의 일본어 최종고가 완성된 이후에 나왔기에 이 책에서는 다룰 수 없었지만 두 편 다 일본의 주류 위안부 연구를 비판한 논문이다.

그중 하나는 일본학계에서 1인자로 칭해진 요시미 요시아키 교수의 오래된 정설의 무근거성을 파헤쳤고(이승엽, 「전 위안부 문옥주의 군사우편저금문

제 고찰元慰安婦·文玉珠の軍事郵便貯金問題考」, 2022. 3.), 또 하나는 위안부 피해자에 대한 공감을 충분히 담으면서도 일본 군부에 의한 "직접, 그리고 계획적"인 동원은 없었다고 썼다(도노무라 마사루外村大, 「창기 등 주선업과 위안부의 요원 확보—일본 내지와 조선의 비교娼妓等周旋業と慰安婦の要員確保—日本内地と朝鮮との比較」, 2022. 5.). 중진 역사학자인 이 두 사람의 논문을 그간의 담론을 독점해온 주류 연구자들이 제대로 마주하고 논의의 대상으로 삼을지, 아니면 무시할지는 모르겠다. 하지만 어느 쪽이든, 중요한 건 학계를 넘어 일반인들이 그 내용을 아는 일이다.

위안부 문제는 국가적 관심사가 된 만큼, 이제 좁은 학계를 넘어 모두 함께 논하고 생각해야 할 문제이기도 하다. 운동가와 학계가 주는 정보를 받아쓰는 것만으로는 위안부 문제 해결은 없다. 강제동원 여부는 사실 책임 여부와 무관하다.

번역을 직접 하면서, 나 자신의 판단으로 혹은 편집자가 제안하는 대로 필요한 경우 표현을 미세하게 수정했다. 그동안 낸 한국어판을 일본어판으로 출간할 때도 그랬지만 독자들에게 직접 말을 거는 책인 이상 그건 당연한 일이기도 했다. 동시에, 일본어판에서 빠진 쪽수 등을 되살리고 오류를 바로잡았다. 일본어판에서 사용한 사진 등은 빠졌지만 대신 전체적으로는 일본어판보다 나은 책이 됐다고 생각한다. 특히, 각 장의 소제목 등을 대부분 바꾼 건 나 자신의 의사였는데, 일본어판의 경우 내가 강조하고 싶은 포인트와 어긋나 있는 경우가 적지 않았기 때문이다(신문연재라는 속성이 만든 필연일 수 있다).

아무튼 그런 의미에서도 이 책은 비로소 온전히, 내 생각을 더 잘 표현한 책이 됐다. 그 과정에서 고생하신 뿌리와이파리 출판사의 박윤선 주간님과, 형사소송 피고에서는 빠졌지만 8년 전 가처분과 민사소송에서 함께 고발당한 이후 줄곧 함께 고생해오신 정종주 사장님께 깊이 감사드린다. 이 두 분을 비롯, 많은 분들이 함께해 주셨기에 여기까지 올 수 있었다.

2022년 8월 6일

박유하

나아가기 위해 돌아보기

일본을 향해 책을 쓰게 된 건 논문집말고는 이 책이 처음입니다. 2011년 겨울부터 다음해 여름에 걸쳐, 위안부를 둘러싼 일본의 일부 사고방식에 대한 비판적 고찰을 일본의 인터넷 잡지에 게재하고, 후에 한국을 향한 글을 더 써서 한 권의 책으로 낸 적이 있습니다. 그 책이 2013년에 출판된 『제국의 위안부—식민지지배와 기억의 투쟁』입니다. 그 책은 한국의 출판사(뿌리와이파리)에서 먼저 출판했습니다. 한국 사람들이 먼저 읽어줬으면 하는 생각이 강했기 때문입니다.

이번에 이 책을 일본어로 먼저 쓰고, 일본에서 먼저 출판하기로 정하면서 그때와 같은 심경이었습니다. 우선은 일본인 독자들이 읽어주었으면 좋겠다고 생각했습니다.

한일 양국 사람들이 읽어주었으면 했던 『제국의 위안부—식민지지배와 기억의 투쟁』은 위안부 문제를 둘러싼 당시의 운동방식에 대해 의문을 던진 책입니다. 2011년 말에 서울의 주한 일본대사관 앞에 소녀상이 세워진 이후 날로 악화되기 시작한 한일관계가 더 나빠지는 것을 막고 싶은 마음으로 썼습니다. 다행히 한일 양국에서 그때까지 '전쟁범죄'로만 이해되던 조선인 위안부 문제에 대해 '제국의 죄'라고 했던 저의 주장에 많은 일본분들이 귀 기울여주었습니다.

한국에서도 출판 직후에는 언론에서 호의적으로 받아들여주었지만, 10개월 후에는 위안부 복지시설인 나눔의집에 의해 고발당하게 됩니다. 책에서 비판했던 위안부 지원 운동단체도 고발하려 했다가 중지했다는 사실을 훗날 알게 되었습니다. 이후 10년 가까이, 『제국의 위안부—식민지지배와 기억의 투쟁』은 여전히 법정에서 투쟁 중입니다. 그동안 한일관계도 악화일로를 걸어왔습니다.

이 책은, 2021년 1월부터 12월까지 일본『마이니치신문每日新聞』인터넷판에 '화해를 위해서 2021'이라는 제목으로 연재했던 글을 수정·보완하여 한 권으로 정리한 것입니다. 위안부 문제 이외에, 몇 년 전부터 또 하나의 대립을 낳고 있는 징용 피해자 문제도 다루고 있습니다. 또 위안부 문제와 징용 문제를 둘러싼 사고방식의 기반이 되어 있는 1910년의 한일병합과 1965년의 한일협정에 대해서도 고찰했습니다. 위안부 문제나 징용 문제가 한일병합이나 한일협정과 연결지어지는 1990년대부터 현재에 이르기까지의 최근 30년을 돌아보았습니다.

자랑스러운 것이든 참담한 것이든, 역사는 그 시대를 살았던 사람들의 생각—지성과 감성—이 만듭니다. 그렇다면, 그 시대와 마음으로 함께하면서도 시간의 흐름만큼 상대화해서 생각할 수 있게 된다면, 역사는 조금은 앞으로 한 걸음 나아갈 수 있을 것입니다. 과거를 기억하고 과거로부터 배우면서도, 역사에 사로잡히지 않는 과거와의 대화는 가능합니다. 그런 일이 가능해지면 일본이나 한국이라는 이름의 민족적 역사의 '틈새'도 보이게 될 것입니다.

2022년 5월, 한국에서는 새로운 정권이 탄생했습니다. 새 대통령의 대일 자세는 어느 정도 희망을 품게 하지만, 그럴수록 성급하게 '해결'을 서두르기 전에 우선, 문제 발생 이후 최근 30년을 돌아봐두었으면 합니다. 역사 자체는 말할 것도 없지만, 한일관계가 꼬인 원인과 배경을 알아야만 비로소 올바른 대책을 강구할 수 있을 것이기 때문입니다. 위안부 문제를 둘러싸고 아주 잠깐 동안 접점을 찾았던 '한일합의'가 좌절된 것은 더 많은 한일 양국 국민들이 문제 자체나 대립 배경에 대해 충분히 알기 전에 합의가 이루어졌기 때문이라고 생각합니다.

한국에서는 지난 몇 년 동안, 양국을 보다 객관적으로 바라보는 사람들이 늘어났습니다. 특히 2019년 가을에 드러난 조국 전 법무부장관의 직권남용 혐의 등의 조국게이트 이후, 진보층의 분열이 시민사회 차원으로까지 확산되면서 2022년 대통령 선거에도 영향을 끼쳤습니다. 이번 보수당의 승리는 원래는 민주당 지지자였던 사람들 중 일부가 진보진영이 안고 있는 문제를 깨닫고 보수당 지지로 돌아선 결과이기도 합니다. 한일관계 개선 여부도, 지금까지처럼 정치적 입장이나 조직을 우선해 지키는 것이 아니라 있는 그대로의 역사와 마주하는 사람들이 늘어날지에 달려 있다고 생각합니다.

오랜 시간에 걸친 대립의 결과로 이미 체념한 사람들도 많지만, 평화란, 끊임없이 대화를 이어가는 일이라고 생각합니다. 그런 대화에서 지속 가능한 신뢰도 만들어질 것입니다. 국교 수립 이후 약 60년에 걸쳐 길러진 서로에 대한 지식과 신뢰가 헌신짝이 되지 않고 그 긴 세월에 걸맞은 것이 되어가기를 바랍니다.

연재를 마치고 책으로 정리하는 작업을 시작했을 무렵 러시아가 우크라이나를 공격해 전쟁이 시작되었습니다. 제국과 냉전시대의 잔재가 만든 전쟁인 만큼, 이 전쟁은 동아시아와도 무관할 수 없습니다.

2005년에 출판한 『화해를 위해서—교과서·위안부·야스쿠니·독도』의 일본어판 후기에서, 한일 간에 전쟁이 일어날 가능성은 1퍼센트에도 못 미

친다, 하지만 그 1퍼센트를 위해 쓴 것 같다고 말한 적이 있습니다. 이번에는 '한일 간'을 '동아시아'로 바꿔두고 싶습니다.

모든 전쟁은, 상대에 대한 증오와 함께 상대를 마음에서 몰아내는 데서 발생합니다. 그러니 이제 국경을 넘어 '일본인'이나 '한국/조선인' 이전의 개인에 대한 상상력을 키울 수 있으면 좋겠습니다. 이 책이 다른 무엇보다 먼저 그 일에 보탬이 될 수 있기를 간절히 바랍니다.

2022년 5월 15일

서울 남산 기슭에서

박유하

차례

제3장 | 위안부 문제

제5장 | 역사와 마주하는 방식

제1장

냉전 붕괴와 한일관계

1. '책임 회피 일본'이라는 인식

'학문의 정치화'

한일관계 악화가 우려된 이후로 시간이 많이 흘렀다. 이제는 우려를 넘어 상호간에 관심마저도 낮아진 듯하다. 한국과 일본 모두 거의 체념의 심정에 가까워진 것처럼 보이기도 한다. 일본 수상이 아베 신조에서 스가 요시히데로 바뀌었을 때, 그것이 계기가 되어 새로운 전개를 기대하는 분위기도 있었지만, 지금 이대로는 당분간은 어려울 것이다. 왜냐하면 갈등의 원인을 둘러싼 정확하고 깊은 이해가 가장 필요한데, 그런 이해가 양국에 충분히 있어 보이지는 않기 때문이다.

예를 들어 일본에서는 한일관계 악화의 원인을 문재인 대통령(당시)에게서 찾는 경향이 있었다. 그리고 문재인 정권이 이어지는 기간 동안에는 관계 개선이 어렵다는 목소리가 많았다. 분명, 예를 든다면 문재인 전 대통령은 박근혜 대통령 재임 때였던 2015년에 양국 외교 관계자들이 고생해서 만들어낸 한·일 일본군 '위안부' 합의(이하 한일합의)*에 바탕해 2016년에 설

---

* 한일 양국이 위안부 문제가 "최종적 및 불가역적으로 해결될 것"임을 확인한 2015년 12월 합의. 일본은 군의 관여와 정부의 책임을 인정하고 한국이 설립하는 위안부 피해자 지원재단에 10억 엔을 출연하고, "위안부분들의 명예와 존엄의 회복 및 마음의 상처 치유"를 하기로 결정했다. 한국은 주한 일본대사관 앞에 설치된 소녀상에 대해 "적절히 해결되도록 노력"하겠다고 표명했다. 한일합의에 근거해 한국은 2016년 7월, '화해·치유재단'을 설립. 합의 당시 생존해 있던 위안부 피해자들에게 1인 1억 원(약 960만 엔), 사망자에게는 유족에게 1인 2000만 원(약 190만 엔)을 지급하기로 했다. 문재인 정권은 '피해자 중심주의'를 거론하며 재단을 해산했지만, 위안부 피해자들이 일본 정부에 손해배상을 요구한 2021년 1월 제1차 소송 판결 이후에는 "양국 정부의 공식적인 합의"였으며 유효하다고 분명히 밝혔다. 다른 위안부들에 의한 2021년 4월의 제2차 소송 판결은 한일합의에 근거한 '화해·치유재단'의 설립을 평가하면서 많은 위안부가 재단에서 지급한 현금을 받은 경위도 언급하며 "합의는 현재도" "유효하게 존속하고 있다"고 확인했다.

립한 '화해·치유재단'*을 2018년에 해산해버렸다. 징용 피해자 문제를 둘러싼 갈등도 그 여파라는 것은 이미 잘 알려진 대로다. 그렇다고 문재인 정권은 일본이 재단에 기탁한 10억 엔을 돌려준 것도 아니고, 한일합의 파기를 선언한 것도 아니다. 그렇다 해도 실질적인 합의 파기로 받아들여지는 것은 당연하고(나 자신은 그런 애매한 태도를 일본과의 파국을 피하기 위한 최소한의 외교적 노력으로 이해했다), 한일관계가 회복되기를 바라는 사람들이 포스트 문재인 정권을 기다린 것도 당연한 일이기는 하다.

하지만 박근혜 전 대통령도 한일합의에 임하기 직전까지는 일본의 예상과 기대를 배반하는 엄격한 태도로 일본을 대했었다. 말하자면 그저 보수정권이라 해서 일본에 대한 태도가 180도 바뀌는 것은 아니다.

그런 정황의 배경에 식민지지배가 있다는 건 누구나 다 잘 아는 사실이다. 하지만 사실 식민지지배 자체 이상으로, 식민지지배라는 역사와 마주하는 현대의 일본상像이야말로 한국인들이 반감을 갖는 데 계속 작용해왔다. 다시 말해 현재의 정황은 '식민지지배' 자체보다 '식민지지배를 둘러싼 (일본의 태도 등) 여러 인식'이 변한 결과다. 동서 냉전체제 붕괴 전후와 그 이후 30년 사이에 일어난 일들이나, 그것을 둘러싼 인식의 사회적 확산이야말로 오늘의 대립을 만들었다고 보는 것이 보다 실체에 가깝다. 한마디로 말하자면, 현 상황은 '(과거에 관해) 사죄도 보상도 하지 않고 책임을 회피하는 일본'의 이미지가 한국인들 사이에 정착해버린 결과다. 과거에 있었던 일(과거사)이 근저에 있다는 건 분명하지만, 그 이상으로 '(과거사 문제에 관해) 반

---

* 일본 정부가 위안부 문제를 둘러싼 일본의 책임을 인정, 국가예산을 사용한 보상 의지를 표명하고, 이를 한국 정부가 받아들인 2015년 12월의 한일합의에 근거해, 한국 정부가 2016년 7월에 설립했다. 그러나 "최종적 및 불가역적으로 해결될 것"이라는 내용이나 소녀상 철거에 대한 협력 약속 등을 이유로 정대협 등이 반대운동을 펼쳐 문재인 전 대통령이 취임한 2017년 5월 이후에 실질적인 활동이 중단되었다. 2019년 7월에는 잔무 처리와 청산을 목적으로 한 청산법인으로 전환되었다.

성하지 않는 일본'이라는 이미지가 1990년대 이후 한국사회에 정착한 상황, 그러니까 과거 30년에 걸쳐 만들어진 일본관이 현재 한국의 대일인식과 태도를 만들어왔다.

냉전체제 붕괴 이후, 한국뿐 아니라 일본도 포함해 식민지화와 과거사 문제에 관한 학자들의 다양한 연구와 인식이 생산되었다. 그런 담론이 정착되어 '대중들의 상식'이 되면서 현재 한국의 대일인식의 기반을 만들었다. 예를 들면 문재인 정권의 역사인식의 근저에 존재하는 **한일병합불법론**'은 이태진 서울대 명예교수가 1990년대에 제창하고 정착시켜온 인식이다. 그런 '해석'이 생산되고 언론 등을 통해 확산·정착되어 현재 한국의 대일인식과 자기인식을 만든 것이다.

1910년 한일병합조약에 관한 논의에 이어 나온, 1965년 **한일기본조약**(정식명칭은 '대한민국과 일본국 간의 기본관계에 관한 조약'. 이하 한일협정)**이 불

---

* 1910년 일본에 의한 한일병합조약은 조인 당초부터 무효라고 보는 주장이다. 즉 법적 근거가 없는 불법 식민지지배이며, 본질적으로는 군사점령이었다는 인식. 한국의 학자를 중심으로 병합조약의 전제가 되는 1905년의 을사조약(제2차 한일협약) 당시 한국 측 대표에게 위협이 가해져 조인이 이루어진 사실, 조약으로서의 수속 과정에서 결함이 있었으므로 무효라는 주장이 제기되고 있다. 이런 인식은 상해 임시정부의 정당성을 뒷받침하는 논거로 여겨져왔는데, 1990년대에 한국의 역사학자 등에 의해 조약 무효의 사료적 근거가 지적됨에 따라 일본의 지배에 대한 한국 측의 일반적 인식이 되었다. 이태진 서울대 명예교수는 칙령·조칙에 있는 순종 황제의 서명이 한국 통감부의 일본인 직원에 의한 위조라고 주장. 이에 대해, 한일병합에 이르는 과정에서 맺어진 조약은 그 내용과 절차가 매우 부당했지만 법적으로는 유효하다는 반론이 존재한다. 일본에서는 1998년부터 2000년까지 종합지 『세카이世界』에서 논쟁이 펼쳐졌고, 모리야마 시게노리森山茂德·하라다 다마키原田環 편, 『대한제국의 보호와 병합大韓帝国の保護と併合』(도쿄대학출판회, 2013년) 등의 반론도 나오고 있다.

** 1965년 6월에 일본과 한국 간에 조인된 조약. 현재의 한일관계는 이 조약과 협정들을 기반으로 하고 있다. 이에 근거해 일본은 한국을 한반도의 유일한 합법적 정부로 인정하고 한국과 국교를 수립했다. 한일병합조약 등 패전 이전에 이루어진 제반 조약을 무효로 확인. 양국 간 협상의 결과로 총액 8억 달러(무상 3억 달러, 정부차관 2억 달러, 민간차관 3억 달러)의 원조자금과 맞바꾸는 형태로 한국 측은 청구권을 포기했다. 한편, 한일 제반 조약에서는 일본의 식민지지배를 합법적이고 정당했다고 주장하는 일본

충분한 것이라는 인식도 아주 오래된 인식은 아니다. 물론 당시에도 반대는 있었지만, 사회 전체의 인식으로 널리 정착된 것은 역시 1990년대 이후의 일이다. 이 역시 주로 학자들에 의해 제기되어 확산되어왔고, 한일병합불법론처럼 일본인 학자/지식인들도 함께 연대해 만든 인식이었다. 이런 움직임은 1990년대 초부터 시작되었지만, 본격적으로 확산된 건 2000년대 이후였다. 말하자면 오늘 당연시 되고 있는 대일인식은 그렇게 오래된 인식이 아니다.

'시대의 변화'와 새로운 갈등

역사를 둘러싼 상황에 대한 학자들의 '해석'의 구체적 내용에 대해서는, 제2장 이후에 설명한다. 여기서는 우선 일본과의 '관계'를 결정지은 한일병합조약과 한일기본조약(한일협정)이라는 두 조약에 관해, 1990년 이전에는 일본과 마찬가지로 한국에서도 그다지 많지 않았던 부정적인 견해를 갖는 사람들이 늘어난 것은 비교적 최근이라는 사실만 말해둔다. 최근 몇 년 동안 한일관계를 뒤흔들어온 징용 피해자 문제—일본을 상대로 한 재판의 2018년 판결문—는, 바로 이 두 가지 사고방식을 담은 것이기도 했다. 말하자면 한일 양국에서 일부 사람들이 30년에 걸쳐 만들어내고 주류가 된 사고방식이 영향을 끼쳐 그 판결을 이끌어냈다.

　판결문에 담긴 구체적 사고방식은 일반에는 별로 알려져 있지 않다. 그러나 재판에 관련된 사람들—변호인이나 그 주변 학자들—은 당연히 공유

측과, 불법적이고 부당했다는 한국 측이 서로 접점을 찾지 못하고 1965년 시점에서 "이미 무효"라는 한일 양측이 각기 해석 가능한 조문을 만들었다. 또 "완전히 그리고 최종적으로 해결된" 청구권에 관해서도, 일본은 위안부 피해자를 포함해 모두 해결이 끝났다고 하고 있지만, 한국은 위안부들의 문제가 논의되지 않았고 지금도 해결되지 않았다는 입장이다.

했을 것이다. 따라서 역사 문제가 정치·외교 문제가 되었을 때 그런 사고방식이 정치가에게 전달되었을 가능성은 결코 낮지 않다. 그런데다 문재인 전 대통령은 변호사 출신으로 초기 징용 피해자 문제 재판에서는 재판의 변호인단 중 한 사람이었다. 그러니 원고 측이나 판결을 내놓은 재판부의 사고방식을 공유했을 것으로 봐도 이상할 것은 없다. 이처럼 일부 학자나 변호인들의 사고방식은 과거(역사)에 일어난 일이 '문제'로 간주되기 시작한 1990년대 이후 한국사회의 역사인식을 직·간접적으로 지탱하면서 공유되어왔다. 그리고 그 중심을 이룬 것은 주로 진보 쪽 학자와 법조인들이었다.

말하자면 과거 30년은 원래라면 정치에 거리를 두고 중립적이어야 할 학문의 영역—과거를 둘러싼 인식(해석)—이 정치적 입장에 따라 갈리게 된 세월이기도 했다. 현재의 한일 갈등과 대립은 바로 1990년대 이후의 그런 '시대의 추이'가 만든 것이다.

그럼에도 정권교체가 곧 대일인식의 변화를 의미하지 않았고, 개별 학문적 발상이 대립을 낳고 있는 것이라면 그 검토는 필수적이다. 오랜 시간에 걸쳐 확산되고 정착된 역사를 둘러싼 여러 인식들을, 이제 근원으로 돌아가 검증하고 접점을 찾아내지 않는 한 한 발짝도 앞으로 나아갈 수 없는 곳에 와 있기 때문이다.

원칙적으로는 판결을 지탱하는 사고방식도 검증 대상이 되어야 하는데, '왜' 그런 판결이 나왔는지에 대해 생각하는 경우는 별로 없다. 그 결과, 2018년 징용 피해자 판결에서 일본 기업이 지불해야 하게 된 보상 내용이 '미지급금'이 아니라 '위자료'라는 사실을 알고 있는 이들도 그렇게 많지 않다. 하지만 왜 미지급금이 아니라 '위자료'인지를 생각하지 않고서는 규탄도 옹호도 할 수 없는 문제가 바로 징용 피해자 문제다.

한일 대립인가, 좌우 대립인가

2015년 한일합의 당시 한국정신대문제대책협의회(이하 정대협. 현 일본군성노예제 문제해결을 위한 정의기억연대=정의연)의 윤미향 전 대표를 둘러싼 몇 가지 정황을 보면 그는 합의에 찬성했던 것으로 보인다. 2020년 5월, 이용수 할머니는 윤미향 전 대표가 한일합의를 알고 있었다고 주장했고, 그는 이를 부정했다. 하지만 당시 윤미향 전 대표의 대언론 설명은 모순되는 곳이 많고, 한국 외교부 차관 출신이면서 당시 국가안보실 차장이었던 조태용 전 차관도 "윤미향 정대협 대표와 위안부 합의 내용을 충분히 논의했다는 내용을 분명히 보고받았다"고 밝혔다.[1] 윤 전 정대협 대표와 합의 발표 직전에 만났다는 와다 하루키 도쿄대학 명예교수도, "드디어 일단 종지부가 찍힐 시기가 온다는 바람을 공유하고 있음을 확신했다"고 말한 바 있다.[2]

아마도 30년에 걸친 운동의 결과, 적어도 지원자들 사이에서는 사죄는 '법적 책임'이라야 한다고 간주되어왔기에, 설령 그때 윤미향 전 대표 한 사람이 받아들인다 해도 지방에 있는 지원단체의 이해를 구하기는 어려웠을 것이다. 이제는 정대협이 시간을 들여 정착시켜온 생각 자체가 위안부 문제를 리드하는 국면에 와 있는 것처럼 보이기도 한다. 정의연의 전 이사장이었던 윤미향이 2015년 한일합의를 알고 있었을 가능성이 있음에도 불구하고, 현 이사장인 이나영 교수는 "영원히 투쟁을 이어가겠다는 각오를 다지고 있다"[2]고 말한 데서도 그런 구조가 보인다.

이런 정황은 징용 피해자 문제와 위안부 문제를 알기 위해서는 각각의 문제에 대한 이해뿐만 아니라 지난 30년 동안 위안부 문제를 둘러싸고 과연 어떤 일이 있었는지를 정확히 살펴볼 필요가 있음을 알려준다.

이런 구조를 비롯해 작금의 상황에 이른 배경과 과정을 제대로 봐야만 비로소, 왜 지금과 같은 어려운 상황이 되었는지 알 수 있다. 지원관계자들 간에도 그 주변에서도 발생하고 있는 '기억'의 전이 현상'이나 사용언어의 정의가 서로 달라 논의 자체가 성립되기 어려워지고 있는 상황 등, 다양한 요소가 역사인식을 둘러싼 대화나 논의 자체를 어렵게 만드는 가장 큰 원인이기 때문이다.

문재인 전 대통령 지지자의 중심층—386세대(=586세대)로 불리는 민주화투쟁 세대는 이런 인식과 정황의 중심에 있는 세대다. 386세대는 냉전시대에 국가폭력을 경험한 세대이면서 식민지시대에 관한 인식을 민주화투쟁을 통해 배우고 내면화해왔다. 거슬러 올라가면 좌파가 제국에 저항했던 구도도 작용해 대부분이 진보층인 그 세대에게 일본이란 자신의 아이덴티티를 확인하는 중핵 중 하나이기도 했다. 작금의 한국의 대일인식은 그들이 만들어왔다고 해도 과언이 아니다. 그 50대와 (민주화투쟁을 주도한 386세대의 영향을 받은) 40대가 현재의 한국을 지탱하는 중심세대다. 그러니 정권이 바뀌어도 당분간 그런 상황은 이어질 것이다. 한일 대립이란 실은 한국에서의 좌우 대립('반공보수'파와 '친북진보'파의 대립)이기도 하다.

---

* 　사회적으로 퍼진 이야기나 전해들은 정보, TV나 영화에서 보고 들은 것을 자신의 체험으로 생각해버리는 것. 예를 들면 어느 위안부 피해자가 말하는 "길거리에서… 애들 그냥 막 공출해갔"(배춘희·박유하, 『일본군 위안부, 또 하나의 목소리』, 뿌리와이파리, 2020년, 278쪽)다는 등의 말도 그런 현장이다. 구술사 연구자인 정혜경 연구원도 비슷한 현상을 두고 '기억의 사회화'라고 지적한 바 있다.

2. '팩트'는 변한다

역사인식을 둘러싼 '엇갈린 논의'

역사 문제를 놓고 '팩트(사실)'를 봐야 한다는 주장이 있다. 일본에서도 베스트셀러가 된 『반일 종족주의—대한민국 위기의 근원』(이영훈 편저, 미래사, 2019) 등도 그런 목소리 중 하나다. 물론 '사실' 확인은 당연히 중요하다. 하지만 '사실' 맹신에 함정이 없는 것은 아니다.

'사실'이라는 이름으로 무언가를 제시하는 주체는 대부분의 경우 학자이지만, '학문'의 내용은 항상 진전하는 법이다. 즉 연구가 진전되면 '팩트'란 언제든 바뀔 수 있다. 같은 학자의 학문적 견해도 당연히 바뀔 수 있다. 그렇지 않다면 학문은 오히려 정체하거나 퇴행할 뿐이다.

그런데 학자에 따라서는 그 변화를 명확하게 말하지 않는 경우가 있다. 그런데다 그 학설이 이미 언론 등에 의해 널리 알려진 이후엔 정정하기 난처해지는 경우도 있다.

위안부 문제에서 '강제연행', '강제성'이라는 단어를 두고서도 한일 양국 학자들은 그 단어가 의미하는 바를 조금씩 바꿔왔다. '성노예' 역시 마찬가지다. 그렇기 때문에 설사 『반일 종족주의』를 집필한 학자들이 "강제연행은 없었다", "위안부는 성노예가 아니다"라고 주장해도 지금까지 '강제연행', '성노예'라고 주장해온 이들은 이미 그 단어가 의미하는 바를 바꾼 이후여서 논의가 엇갈리게 된다. 결국, 그 각각의 주장을 전폭적으로 신뢰하는 사람들 사이에서는 접점이 만들어질 수 없게 된다. 예컨대 '강제동원'의 의미는 물리적인 연행이 아니라 어느새 '본인의 의사에 반해' 이동당한 케이스가 되어 있다. 그런데다 동원을 둘러싼 상황조차 아닌 "위안소(에서의 부자유)"(요시미 요시아키吉見義明 주오中央대학 명예교수)를 지칭하기도 한다. 당연하게도 위안소에서의 부자유=감금의 주체가 주로 업자였다는 사실은 그 공간에서는 언급되지 않는다. 전쟁터에서는 군인이 그랬듯 위안부 역시 안전과 정보유출 방지를 위해 외출이 엄중히 제한되었다. 하지만 학계에서 지적되는 것은 '외출금지'라는 '사실'뿐이고 금지했던 주체나 이유는 설명되지 않는다.

전장이든 후방이든, 위안부가 도망하지 않도록 단속했던 주체는 대부분 업자였다. 돈을 들여 데려왔기 때문에 그들로서는 당연한 일이기도 했다. 하지만 그런 '배경'이 공적인 장에서 이야기되는 경우는 거의 없다.

이런 식으로, 자세한 상황이 밝혀지지 않아온 결과로서 역사인식을 놓고 '논쟁의 엇갈림' 현상이 일어난 지 오래다. 그런데도 그런 정황이 지적되거나 문제시되는 경우도 거의 없다. 하지만 이런 '엇갈림' 정황이 인식되지 않는 한, 역사인식을 둘러싼 양극단의 대립은 언제까지고 엇갈린 채로 이어질 수밖에 없다.

이런 엇갈림이나 극단적 대립은 역사논의를 생산하는 공간에서 '학문의 정치화', '학문의 운동화' 현상이 발생한 결과이기도 하다. 연구의 결과로 알게 된 새로운 의견을 학문의 장(논문 혹은 학회 등)에서는 자유롭게 보고하고 논의하지만, 더 큰 공적인 장에서는 말하지 않거나 표면화하지 않는 경우가 왕왕 존재한다. 이런 정황은 역사가 있는 그대로서의 과거로 이해되는 것이 아니라 '현재'의 필요를 위해 동원되고 있는 현장이기도 하다. 그곳에서는, 역사가 그저 과거의 일=글자 그대로의 '역사'가 아니라 현재를 살아가는 사람을 위한 것이 되고 있다. 지난 30년, '역사'는 그런 식으로 현재를 사는 사람들의 생각에 따라 휘둘렸고 종국에는 과거와 그에 이어지는 현재를 움직이게까지 되었다. 이대로 가면 미래까지도 그렇게 될 수 있다.

해석 싸움으로서의 역사인식

역사가, '사실'을 넘어 '해석'의 싸움이 되고 있는 중이다. 사실에 앞서 행해진 해석에 맞추기 위해 새로운 사실이 동원되고, 개념의 정의가 학자들 사이에서도 꼭 일치하지만은 않는 정황이 생긴 지 오래다.

1990년대 이후 위안부 문제나 징용 피해자 문제가 발생했을 때 일본인 지원자들을 포함한 관계자들은 이런 역사 문제들을 전부 '법'에 근거해 고찰하고, 거기에서 얻은 결론을 '법'에 호소해 논의의 옳고 그름을 법정에서 확인하려 했다. 역사 문제의 정치적 해결을 일찌감치 포기했기 때문이라기보다는 처음부터 '법적' 접근법을 당연한 것으로 생각한 결과이기도 했다. 하지만 법정에서의 역사를 둘러싼 싸움에서 증거로 제출된 것은 구술(증언)을 제외하면 대부분 '학문'이라는 이름의 논문이거나 논문에 사용된 자료들이다. 즉 역사 자체라기보다 역사를 둘러싼 '해석'이 차용되는 셈이다. 역사 문제를 둘러싸고 옳고 그름을 따지는 법정이 결국 역사를 둘러싼 학문적 싸움의 공간이 된다.

애초에 역사 문제가 법정에 등장하게 된 건, 위안부 문제의 경우 위안부를 둘러싸고 일어난 일을 '전쟁 범죄'로 간주하고 **뉘른베르크 재판*** 등을 참조하면서 관계자의 '처벌'을 목표로 삼았기 때문이었다. 그런데 실제로 그런 운동에 가장 빨리, 그리고 오랜 기간 노력해온 것은 잘 알려진 것처럼 한국이다. 그런데 조선인 위안부는 전쟁이 아닌 식민지지배구조 속에서 동원된 존재였다. 처음부터 이해의 틀에서 단추가 잘못 꿰어졌던 것이다. 30년 이상 이어진 위안부를 둘러싼 갈등은, 바로 여기서 비롯되었다.

---

* 1945년 11월부터 1946년 10월까지 독일 뉘른베르크에서 열린 연합국 주최 국제군사재판. 제2차 세계대전 당시 독일의 주요 전쟁 범죄자 24명이 기소되었다(이후 2명은 옥중 사망). 역사상 최초였던 전쟁범죄에 대한 재판에서 '평화에 반한 죄', '인도에 반한 죄' 등의 죄목이 부과되었고 12명이 교수형에 처해졌다.

3. 한일기본조약을 둘러싼 한일인식의 엇갈림

마주본 지 이제 30년

30년 넘게 한일 대립의 중심에 있는 위안부 문제는, 1990년 한국 신문에 위안부의 궤적을 쫓는 르포 기사가 실리고 다음해 1991년, 위안부 피해자 한 사람이 목소리를 내는(위안부 증언)' 것으로 비로소 문제로서 자리매김했다. 사실 그때까지 위안부의 목소리가 들려오지 않았던 것은 아니다. 일찌감치 일본에서도 센다 가코千田夏光의 『종군위안부—"목소리 없는 여자" 8만 명의 고발從軍慰安婦—"声なき女"八万人の告発』(双葉社, 1973년) 등, 간접적으로나마 그 목소리는 사회에 대두되고 있었고, 한국에서도 한일 국교정상화가 있던 1965년에 메인 테마는 아니지만 영화에 등장하거나(정창화 감독, 〈사르빈강에 노을이 진다〉), 성적 관심을 노골적으로 드러낸 것이긴 해도 위안부를 주인공으로 내세운 영화도 존재했다(나봉한 감독, 〈여자정신대〉, 1974년). 또 1970년에는 한국 신문에 '미결 25년' 시리즈의 하나로서 '정신대'라는 제목으로 위안부 문제가 다루어지고,[1] 1980년대에도 대중 잡지에 위안부의 목소리가 직접 실리기도 했다.[2]

그러다가 1990년대 이후 사회문제가 되면서 크게 부상한 배경에는 냉전체제의 붕괴가 있다. 한국은 1945년 일본 식민지지배에서 해방된 이후에도 미군정 치하에 놓여 있었다. 공산주의를 둘러싼 격렬한 이데올로기 대립을 거쳐 결국 분단되었고, 대한민국 성립 이후에도 동서 냉전체제 한가운데를

---

* 1991년 8월 위안부 피해자 김학순 할머니(당시 67세)가 정대협 사무실에서 실명을 밝히고 일본의 책임을 물었다. 김학순 할머니를 포함한 위안부와 군인·군속, 그 유족들은 같은 해 12월에 일본 정부를 상대로 전후보상으로서의 손해배상을 요구하는 소송을 도쿄지방재판소에서 제기했다.

살아왔다.

그 영향은 작지 않아 예를 들면 가족 중에 월북자가 있으면 국가의 감시를 받아 취직이나 결혼에 영향을 미치는 엄혹한 반공국가로서의 길을 걸어왔다. 그동안에는 경제적으로도 가난했고, 과거로 거슬러 올라가 식민지지배 문제에 대해 충분히 생각할 수 있는 나날은 아니었다. 일본 역시 한국과의 국교정상화 이후에도 과거 식민지지배 문제를 포함해 한국에 대한 일반인의 관심은 크지 않았고, 김대중납치사건(1973년)이나 5·18광주민주화운동(1980년) 같은 눈앞의 정치적 사건만 언급되는 데 그쳤다고 말할 수 있을 것이다.

그런 상황이 민주화투쟁과 1988년 서울올림픽 이후에 조금 달라진다. 한국에서 해외여행 자유화가 시작된 것도 1989년이었다. 이때 처음으로 한국인들은 냉전체제의 덫에서 조금은 자유로워져 과거를 돌아보고 바깥 세계에도 눈을 돌리게 된다. 그리고 세계화와 민족주의가 세계적 조류가 되는 1990년대를 맞았다. 1965년 이후 사반세기 가까이 시민 차원에서는 그다지 관심을 표하지 않았던 한일 양국이 서로를 제대로 마주할 수 있게 된 것은 한국의 민주화, 정치의 계절이 종식되고 냉전체제가 붕괴된 시점에서였다. 그리고 위안부 문제를 포함한 식민지지배 문제라는 과거사 문제가 부상했고 시민 차원에서의 교류도 시작된다.

말하자면 한일 양국은 국가로서 만나온 세월은 이미 60년 가까이 되지만, 시민들이 본격적으로 마주하기 시작하게 된 건 아직 30년이다. 물론 전후 일본이 식민지지배에 대해 전혀 생각하지 않았던 것은 아니다. 소수의 지식인들은 식민지지배의 본질에 대해 진지하게 고찰했다. 하지만 그런 자세와 인식이 전후 일본사회에서 주류였다고 하기는 어렵다. 전후 일본은 전쟁에 대해 계속 반성했고 '반전'의식을 공유·정착시켜왔지만, 식민지지배

에 대해서는 그만큼 생각하지 않았다.[3]

그리고 1990년대 이후 역사 문제 '발생'과 함께 식민지지배에 대해 생각하기 시작했을 때 그 움직임을 주도한 것은 양국 모두 진보좌파 쪽 사람들이었다.

그건 제국주의와 좌파의 관계를 생각하면 당연한 일이기는 했다. 하지만 그런 구도는 결과적으로 과거를 둘러싸고 좌파와 우파가 날카롭게 대립하는 정황을 낳았다. 특히 양측에서 앞장선 사람들이 논점이 엇갈린 논쟁을 반복하면서 서로를 정치적으로 비난해온 것이 지난 30년 세월이기도 하다.

그 대립이 아직 본격화되지 않고 식민지지배에 대해 사죄의 마음을 갖고 있던 일본인들이 지금보다 많았던 1990년대가 지나면, 외국까지 본격 개입시킨 대립의 시대가 시작된다. 위안부 문제의 책임자로서 쇼와 천황 등에게 유죄를 선고한, '민중법정'으로 칭해지는 여성국제전범법정(정식 명칭은 '2000년 일본군 성노예 전범 여성국제법정')은 한일 양국의 진보계열 언론인, 학자, 법률가 등이 서구 관계자들을 초빙해 개최한 민간 모의법정이었다. 2000년의 일이었다. 위안부 문제에 대한 의문의 목소리가 본격화된 것은 '새로운 역사교과서를 만드는 모임'이 발족한 1997년경부터인데, 이 법정의 방송 내용(〈ETV 2001 다시 묻는 전시 성폭력〉 2001년 1월 방송)을 놓고 주최 측이 프로그램을 제작한 NHK를 제소하는 사태가 일어난 것으로 보자면, 한일관계의 분기점은 이 2000년이라고 할 수도 있다. 이 '법정' 이후 일본에서 『만화 혐한류』(야마노 샤린山野車輪, 晋遊舍, 2005년)가 출판되어 이후의 '혐한' 흐름을 만들어간 것은 우연은 아닐 것이다. 이후 한일 양국은 한일합의 같은 잠깐의 접근을 제외하면 '화해·치유재단' 해산이나 수출 규제 등, 본격적인 대립시대의 한가운데에 있어왔다.

하지만 개인이나 집단의 정치적 입장을 중심으로 역사를 바라보는 한, 과거를 둘러싼 인식에서 접점을 만드는 것은 아예 불가능하다. 실제로 자신의 정치적 입장을 넘어 과거를 바라보는 시도가 거의 이루어지지 않은 것도 작금의 한일 대립의 커다란 원인이 되었다.

'청산되지 않은 채 남아 있는 식민지시대'라는 인식

현재 현안이 된 징용 피해자 문제를 둘러싼 판결은 1965년 한일협정이 불완전한 것이라는 인식과 한일병합불법론에 기대고 있다. 앞에서 언급했듯 2018년 징용 피해자 판결에서는 징용되었던 이들의 생활이나 노무실태 이전에, 1910년 한일병합과 1965년 한일협정을 둘러싼 새로운 사고방식에 크게 영향받았음이 드러난다. 병합이 불법이라는 생각은 한일회담 당시에도 있었지만, 냉전체제의 붕괴 이후 그렇게 이끈 것은 주로 진보좌파계 인사들이었다.

예를 들어, 1995년에 출판된 『한일협정을 다시 본다』(민족문제연구소 편, 아세아문화사, 1995년)에는 1990년대부터 위안부 문제에 깊이 관여했던 고 박원순 서울시장과 배재대 일본학과 교수였던 강창일 전 주일 한국대사 등의 글이 실려 있다. 훗날 한국사회의 주요 진보정치가가 되는 두 사람이 각각 학자와 변호사로서 역사 문제에 관여한 것이다. 이처럼 한일협정에 대한 최초의 본격적인 문제제기가 나온 것은 한일병합불법론과 마찬가지로 1990년대였다.

박원순 전 서울시장의 글 제목은 '일본의 전후 배상정책과 그 실태'였고, 강창일 교수의 글 제목은 "'과거청산'의 과제와 한일협정"이었다. 그리고 머리글을 쓴 민족문제연구소 김봉우 소장은 식민지시대에 대해 "살육과 민족의 절멸" "모든 민족적인 요소를 부정·말살당한"(8) 시대이며 한국과 북한을 가로막는 "3·8선의 설정"의 원인은 일본에 있다고 간주한다. 1995년 시점에서 해방 이후 한국의 과제였을 "식민 유제遺制의 청산"(9)도 그때까지 실현되지 못했다고 인식한다. 그리고 그 원인을 "독립군 토벌에 앞장섰던 일본 군인들이 주동이 되"(박정희)었던 "반란 정권, 반민주적 정권"(9)이 "모든 민족적 지향을 가진 개인과 단체를 총칼로 짓밟고서 일본과의 국교 재개를 서"두른 결과로 본다. 1980년대에 싹튼 이러한 인식이 1990년대에 본격 대두했던 것이다. 비슷한 시기, 민족문제연구소는 '친일파'로 지목된 사람들의 명단을 게재한 사전을 만든다. 이 민족문제연구소가 생긴 것도 1991년이었다.

"우리 민족은 이 협정에 동의한 바 없다. 이것은 오직 일제와 그 앞잡이들 그리고 양국의 보호자가 짜고 진행한 우리 민족을 파탄내기 위한 예속문서에 지나지 않는다"(9)는 생각은 그런 인식이 만든 것이었다. "식민지배에 대해 진심으로 엄중하게 사과하고, 다음으로 우리 민족을 분단시킨 책임에 대해 진심으로 사죄하며, 이 모든 관계자와 민족 전체의 피해에 대하여 분명한 배상과 보상을 실현한 조건 위에서 협상이 진행되어야 했다"(10)는 인식에 근거해, "가해자는 피해자에게 정신적·물질적 보상을, **피해자가 납득할 때까지**(강조는 저자) 해야 하고 그 조건 위에서 이루어져야 비로소 올바른 화해로 인정되는 것"이라고 하기도 했다.

"일제와 그 앞잡이들"이란, 일본과 함께 이른바 '친일파'를 가리키는 말이고 "양국의 보호자"란 미국을 뜻한다. 미국과 일본에 대한 강한 증오를 드러내고 있고, 여기서의 "우리 민족"이란 테두리가 그 3자에게 대항·저항한 사람들이 된다. 말 그대로 주로 진보/좌파가 주도한 이 30년의 역사를 둘러싸고 한일의 존재방식을 상징하는 발언이기도 했다. 현재에까지 이르는 "피해자가 납득할 때까지"라는 주장도 이미 이때 나온 생각이었다.

그에 더해 "역사적 조건을 무시하고 체결된 한일협정은 참으로 많은 상처를 우리에게 남겨주었다. 우선 민족분단의 고정화와 강화를 초래하였다. 이는 통일의 가능성을 닫아버렸음을 의미한다. 다음으로는 친일 매국노 정권의 기반을 강화하는 결과를 가져왔다. 친일파 정권이 강화되고 그들의 국내 기반이 튼튼해질수록 일본은 물론이요 미국에게도 좋은 일이다. 이 친일파 정권은 물론 군사독재정권이다"(11)라며 한·미·일 공조를 분단고착의 원인으로 간주하고 있다. 한일협정을 한국의 경제와 문화를 다시 "일본에 예속시키는 계기"(12)로 간주하는 것에서 한발 더 나아가 "또다시 침략하고 침략당할 우려"(12)가 있다고도 했다.

한일협정은 "정의를 유린하고 성립된 것"이기 때문에 "폐기하고 다시 만들어야 할 것"이라면서, 이러한 문제제기가 "오늘날까지 언급조차 되지 않고 덮여 있었다"며 "앞으로 좀더 구체적인 정치적 대안과 해결방안을 준비해갈 생각"(12~13)이라고 마무리하고 있다(이상 김봉우,「왜 문제를 제기하는가」,『한일협정을 다시 본다』, 민족문제연구소 편, 아세아문화사, 1995년).

한일협정은 당시에도 분단을 고착시키고 자국 경제나 문화를 침략하는 것으로 간주되어 거센 반대에 부딪혔다. 하지만 협정은 성립했고 반대 의견은 "덮여 있었다". 1960년대의 반대를 "덮여 있었"던 것으로 간주하는 사고가 냉전체제 붕괴를 계기로 한목소리가 되어 나오고 있었던 것이다. 마찬가지로 이후 한국에서 일반화되는 일본의 '재침략'이라는 인식도 이때 본격화되었다.

일본 쪽 입장에선 국가 간 약속인 한일협정을 단순히 파기한 것으로 보였을 징용 피해자 문제를 둘러싼 판결이나 '재침략'에 대한 우려는 갑자기 나온 것이 아니다. 이런 식의 경위가 있었기에 나오게 된 "구체적인 정치적 대안과 해결방안"이었다. 그러니 당사자들에게는 전혀 불합리한 것이 아니다. 한일협정은 정의롭지 못한 이들이 무리하게 맺은 것일 뿐이고, 그러므로 '정상'도 아니고 '옳지도 않은' 것이라는 인식이 바로 그 옳고 그름은 차치하더라도 징용 피해자 문제와 위안부 문제를 포함한, 그간의 역사인식을 둘러싼 대응을 만들어왔다.

그렇다면 위안부 문제나 징용 피해자 문제를 생각하기 위해서는 이러한 사고방식 자체에 대한 검증도 필수적이다. 검증 없이 각기의 주장만 되풀이한다면, 언제까지고 접점은 만들 수 없을 것이기 때문이다.

4. '역사의 사법화'와 징용 피해자

과거를 둘러싼 양분된 해석

2018년의 이른바 징용 판결은 1990년대에 본격화된 한일병합불법론이나 한일협정 불충분론에 의지하고 있다. 신닛테쓰스미킨新日鐵住金(현 닛폰 세이테쓰日本製鐵. 이하 일본제철이라 칭함)에 대한 명령내용이 '임금'이 아니라 '위자료' 지급인 이유도 바로 이런 식의 1990년대 인식에 있었다. 말하자면 징용 판결은 원고나 판사들에게는 징용 피해자들의 생활이나 대우 등의 '피해' 사실을 넘어, '정상'이 아니라거나 '올바르지 않다'고 여겨진 과거의 청산방식을 '제자리에 놓는' 시도이기도 했다. 이 기간 동안 역사 문제를 둘러싼 판단의 장은 일본이나 미국의 법정에서 한국으로 옮겨졌지만, 이런 시도가 드디어 현실에 반영되어 주효했던 것이 2011년의 위안부 문제를 둘러싼 헌법재판소의 결정이었고, 이어진 2012년 징용 문제를 둘러싼 판결이었다. 2018년의 판결은 사실 2012년 판결을 계승한 것일 뿐이다.

그런데 2021년에 이와는 다른 판결도 나온 것은, 과거에 대한 해석과 판단이 한국 내부에서도 나뉘어져 있다는 것을 보여준다. 그동안 역사 문제에 그다지 관심이 없었던 보수 측이 드디어 목소리를 내기 시작한 결과다. 그런 상황은 한일 문제가 실상은 좌우 대립이기도 하다는 사실을 다시 한번 드러냈다.

진보좌파 쪽 사람들의 지지로 대통령이 된 문재인 전 대통령이 처음에는 "사법부의 판단"이라면서 거리를 두는 태도를 취한 것은 이런 구도가 만든 것이다. 하지만 실제로는 정치적 입장에 따라 갈리기 쉬웠던 판단이, 그저 사법부의 판단='판결'이라는 것만으로, 이제는 학자들의 해석에 영향을 받는 역사 문제에서까지 최상의 권위를 부여받고 있다. 문 전 대통령은 나중에는 조금 유연한 자세를 취했지만, 한때 '사법부'에 권위를 부여하고 국가와 국민의 대표로서의 입장을 고민하지 않은 발언을 했던 것도, 공정한 것으로 여겨져온 '법'에 대한 신뢰 때문일 것이다. 위안부 문제 관계자들이 '법적 책임'을 요구해온 데 따라 문 전 대통령이 시간이 지나자 '법적 책임'을 거론하게 된 것도 해당 문제들을 이끌어온 '진보좌파'의 판단과 '법'에 대한 무조건적인 신뢰라고 해야 한다.

관계자들은 오랫동안 국회에서 만든 법에 근거한 '국가에 의한 법적 배상'과 '공식 사죄'를 요구해왔다. 그런 형식이 '법적' 책임을 지는 것으로 여겨져왔기 때문이다. 정의연(구 정대협) 홈페이지에는 "공식사죄와 법적 배상" 등의 주장이 지금도 내걸려 있고, 재판에 의한 보상을 '배상'으로 간주하고 있음을 알 수 있다. 어느 시기까지는 국회에서의 입법을 가리켜 '법적 책임'이라고 말하기도 했다.

하지만 징용 문제의 경우, 1990년대부터 이 문제와 관련해 판결의 중심에 있어왔던 변호인은 이제는 최종 해결책으로서 "재단을 설립"하고 한일 정부가 나서서 "개인청구권을 소멸시키는 방법을 협의해야 한다"[1]고 주장 중이다. 이제까지 일본 정부나 기업을 상대로 소송하고 사법부에게 판단을 요구해왔던 이들이 생각하는 해결 주체가 어느새 정부가 된 것이다. 심각한 한일 대립을 야기한 소송이 실은 그저 정부를 압박하는 무기에 지나지 않았다는 이야기이기도 하다. 그런데다 그런 사실이 거의 알려지지 않은 채 지금도 양국 국민이나 언론은 사법부의 판단만을 기다리고 있다.

역사청산 방법을 '법'에 기댄 것도 한일 양국, 그리고 그 이외 국가의 법률가·법학자들이다. 역사를 둘러싼 판단의 대부분을 실제로는 '학문'에 의존하면서도 최종 판단은 '법'에 맡겨왔던 것이다.

예를 들어 위안부 문제의 경우 '법적 책임'을 요구한 근거는 '강제연행'이라는 이해에 있지만, 그런 이해를 만든 건 피해자들의 목소리뿐 아니라 위안소 설치=범죄=처벌해야 한다는 인식='학문'이었다. 그런 이해 자체에 어떤 문제가 있었는지에 대해서는 후술한다. 여기서는 당사자의 목소리를 제외하면 결국은 학문에 의존하여 판단할 수밖에 없는 역사를 둘러싸고, 이 30년 동안 오로지 '법'에 근거해 책임을 추궁해왔다는 사실만 언급해둔다.

이러한 '법지상주의'는 여러 문제를 내포하고 있다. 나중에 자세히 쓰겠지만, 그런 선택 자체가 한일 양국의 과거를 제국·식민지가 아닌 교전국으로 보는 견해와 병행되는 등, 검증이 필요한 문제다. 그런데다 설사 위안부 문제나 징용 문제에 관해 일본의 '법적 책임'이 인정되어 국회에서 법률이 만들어져 '배상'이 행해지거나 혹은 판결에 따라 일본 기업 혹은 일본 정부의 강제적인 '배상'이 행해진다 해도 일본인들의 이해를 얻기는 어렵다. 문제에 대한 이해 자체가 다르기 때문이다. 그럼에도 불구하고 그런 '해결'방식에 대한 기본적인 검증은 거의 되지 않은 채로, 지난 30년간 그런 역사청산방식이 요구되어왔다. 2015년 말 한일합의가 비판받은 가장 큰 이유도, 실은 해결방법이 한국의 지원단체가 주장해왔던 '법적 책임'이 아니라는 데에 있었다.

수명을 다한 '법'지상주의

위안부 문제를 둘러싼 논의에서도 역사학자뿐만 아니라 법률가들의 역할은 컸다. 그런데 선두에 섰던 것은 실은 한국인이 아니라 일본인 법률가들이었다. 선의에서 시작된 활동임에 틀림없지만, 일부 법률가들은 국제사회에 대한 어필을 지향하는 정대협(현 정의연)을 지원하고 연대하면서 활동해왔다. 지금은 완전히 정착한 '성노예'라는 말을 처음 만든 것도 일본인이었

다. 유명한 **쿠마라스와미**(스리랑카 법학자) **보고서***와 **맥두걸**(미국 변호사) 보
고서*** 제출을 가능하게 한 것도 한국의 지원단체뿐만 아니라 일본인 지원
자였다. 위안부 문제에 오랫동안 관여해온 변호사 **도쓰카 에쓰로**戸塚悦朗
의 저서 『위안부가 아니라 성노예이다』(일본어판은 『[보급판] 일본이 모르는
전쟁 책임―일본군 '위안부' 문제의 진정한 해결을 향해日本が知らない戦争責任―日
本軍「慰安婦」問題の真の解決へ向けて』, 現代人文社, 2008년)에 따르면 일본 변호
사연합회도 조직 차원에서 일찌감치 이 활동을 지원했다. 앞에서 언급한 징
용 문제를 둘러싸고 중심에서 참여해온 한국인 변호사는 자신의 활동 계기
가 일본인 변호사들과의 만남에 있었다고 말한다.

위안부 문제가 불거진 지 얼마 지나지 않은 1994년에 NGO 단체인 국제법
학자위원회(ICJ, International Commission of Jurists) 보고서***가 나온 배경

---

* 유엔 인권위원회에서 임명된 쿠마라스와미 특별보고관이 1996년 1월에 제출한 보
고서의 부속문서. 위안부는 '군성노예제' 사례라는 인정하에 일본 정부가 국제인도
법 위반에 대해 법적 책임을 져야 한다고 주장했다. 다른 한편으로 일본 정부가 도의
적인 책임을 인정하고 아시아여성기금을 설치한 사실을 평가했다. 이 보고서는 일본
정부에 대해 법적 책임을 인정하고, 보상을 하고, 모든 문서와 자료를 공개하고, 공
개 사죄를 하고, 역사적 진실이 반영되도록 교육과정을 개편하고, 책임자를 가능한
한 처벌할 것 등을 권고하였다. 유엔 인권위원회에서는 이 보고서 부속문서의 내용
에 대해 '유의한다take note'고 결의했다.

** 쿠마라스와미 보고서가 제출되고 약 2년 뒤인 1998년 6월, 전시의 여성에 대한 폭력
에 관한 특별보고관 맥두걸의 보고서가 유엔 인권위원회의 차별방지·소수자 보호 소
위원회에 제출되었다. 이 보고서는 위안부 제도를 '강간센터에서의 성노예제'로 파악
했다.

*** 국제법학자위원회(ICJ)는 1994년 조사보고서 「국제법으로 본 '종군위안부' 문제」를
공표했다. ICJ는 1952년에 법학자·법률가에 의해 제네바에 설립된 인권 NGO(비정부
조직)로, '법에 의한 지배만이 정의를 보장한다'는 관점에서 인권과 기본적 자유를 보
장하는 것을 목적으로 한다. 조사는 1993년 4~5월 필리핀, 일본, 한국, 북한에서 모
두 40명의 증언자로부터 증언 청취, 자료 수집 등을 통해 이루어졌다. 보고서는 '부인
및 아동의 매매 금지에 관한 국제 조약(1921)'의 체약국이었던 일본이 조약을 위반했
다고 보고, 한일청구권협정 등도 면책 사유가 되지 않는다면서 일본에 대해 위안소
운영·유지에 관한 자료 공개나, 피해자의 재활 조치 등을 요구했다.

에도 일본인 법률가들이 있다. 국제사회가 위안부 문제를 이해하는 시각이 만들어지기까지는 역사학자나 당사자의 증언 이상으로 법률가·법학자들이 큰 역할을 했다. 쿠마라스와미 보고서 등 이후 위안부 문제에 대한 세계의 인식에 큰 영향을 준 보고서도 이 위원회 보고서의 자장 안에 있다.

문제는 이 법률가들이 '식민지지배'나 '위안부'의 실태를 충분히 알고 있었다고는 말할 수 없다는 점에 있다. 그들은 조선인 위안부 문제도 식민지지배가 아닌 '전쟁' 구조 속에 놓고 이해했다.

1990년대 이후 한일 간 역사 문제를 놓고 '법' 관계자들이 해결을 위해 쏟은 노력과 선의는 물론 높이 평가되어야 한다. 하지만 문제에 대한 이해가 불충분한 채로 진행된 법지상주의는, 바로 그 때문에, 결과적으로 30년의 세월이 지나도록 문제를 해결하지 못했다. 그런 의미에서는 역사를 생각할 때의 '법'의 관여의 유효성을 한번쯤 물어야 하지 않을까. '역사의 사법화' 가능성을 끝까지 보고 그 한계를 검토하지 않는 한, '해결'은 아마도 없을 것이기 때문이다.

제2장

징용 문제

1. 조선인 징용이란 무엇인가

한구석으로 밀려나 있던 징용 문제

2021년 12월 30일, 대구지방법원 포항지원은 일본제철의 한국 내 자산매각 명령을 내렸다. 징용 피해자들이 일본제철을 상대로 손해배상청구 소송을 제기해서 승소했던 2018년 한국 대법원 판결 이후 일본제철이 판결명령에 응하지 않자 원고들이 강제매각을 신청한 소송이었다. 이보다 먼저 2021년 9월에 여자정신대원으로 동원된 한국인 피해자들이 미쓰비시중공업三菱重工業을 상대로 제기했던 상표권 및 특허권 매각신청에 대해 동 자산의 매각을 명령한 법원판결에 이어 두 번째 판결이 된다. 2021년, 위안부 할머니들이 한국 법원에 일본 정부를 상대로 제기한 손해배상 소송들은 원고들의 승소나 패소로 이어졌지만, 그 판결들이 1심이었던 데 반해 징용 판결은 단계로 보면 더 진전된 셈이다. 한국인 피해자들이 일본에서 징용 소송을 진행한 것은 2000년보다 전의 일이었고, 원고 측이 패소했던 고법재판에 대해 대법원이 파기환송 결정을 내린 것도 2012년이었으니 그조차 이미 10년 전 일이 된다.

하지만 지난 30년간 징용 피해자 문제는 한국에서조차 위안부 문제만큼 주목을 받지 못했다. 노무현 대통령 시절에 이루어진 과거청산 과정에서 징용 피해자에 대한 보상은 한일협정으로 끝났다는 해석이 민관공동위원회에서 나왔었기 때문이다. 여자정신대 피해자들은 위안부 할머니들과 함께 일본에서 소송을 일으켰기 때문에 관심을 모으기 어려웠던 상황도 있다. 그런 과정들은 위안부 문제가 여성 문제인 데 반해 징용 문제는 남성들의 문제인 것처럼 여기는 인식도 만들었다. 그랬던 만큼 '피해자 조선'을 상징하기에는 임팩트가 부족했다고 할 수도 있다.

하지만 2018년 판결 이후 징용 피해자 문제에 대한 한국사회의 관심은 위안부 문제 못지않게 높아졌다. 2010년대 후반에 관련 영화(류승완 감독, 〈군함도〉, 2017년)가 만들어져 사회적 주목을 받은 것도 관심을 높이는 요인이 되었다. 지금은 일본의 군함도와 탄광시설 등이 유네스코세계유산에 등록된 탓도 있어 위안부 문제 못지않은 관심을 받고 있다.

2018년 판결은 징용 피해자 문제 역시 '역사의 사법화' 과정의 한가운데를 걸어왔다는 사실을 보여준다.

B·C급 전범(B급은 보통 전쟁범죄, C급은 인도에 반한 죄를 가리킨다. 조선인 B·C급 전범은 태국이나 미얀마에서 연합군 포로 감시원 임무를 맡았다가 사형이나 형무소행 등 처벌을 받은 이들) 등을 포함한 징용 문제는 위안부 문제와 마찬가지로 1990년대부터 피해자들의 주장이 맞는지 여부를 법원이 판단해왔다. 하지만 2018년 판결 이후 이어진 지난 4년여의 한일 대립이 보여주는 건 징용 피해자 문제 역시 위안부 문제와 마찬가지로 법정은 미래를 여는 판단을 내리는 공간이 되기 어렵다는 사실이다. 제1장에서 설명한 것처럼, 법정이란 기본적으로 어느 한쪽의 편을 들어 다른 한쪽을 패하게 만드는 공간이다. 그런 의미에서 여러 요인이 얽혀 있어 표면적으로는 같아 보여도 '피해자'들이 받은 피해가 꼭 균일할 수는 없는 '역사' 문제를 묻기에 꼭 적절한 공간이라고 하기는 어렵다. 법원이란 승패를 결정하는 곳이고, 승패가 전제인 한 가해와 피해 내용도 끝없이 단순화되기 쉬운 공간이기 때문이다.

징용 피해자 문제는 사회적으로 널리 논의되지도 않았다. 2018년 판결 전후에는 오히려 그 반대로 징용 피해자들의 피해를 무화시키는 논쟁이 눈에 띌 뿐이었다.

실제로, 징용 피해자들을 둘러싸고 2018년에 내려진 판결 이후에 나온 결론은 한국에서도 의견이 두 갈래로 나뉘어져 있다는 사실을 드러냈다. 2018년 10월 대법원에서는 일본 기업에 배상을 명하는 판결이 확정되었지만, 2021년 6월 서울중앙지방법원은 같은 징용 피해자 소송에서 원고들의 배상청구권에 대해, 청구권 문제가 "완전히 그리고 최종적으로 해결"되었다고 언명한 1965년 한일청구권협정의 적용 대상이라며 소송을 각하했다.

하지만 이 판결문들을 보면 양쪽 다 '징용'의 의미를 충분히 이해하고 내린 판결로 보이지는 않는다. 판결이란 원고 측이나 피고 측이 제시한 자료에 근거해서 내려진다. 그런 의미에서는 판결문만으로 그 역사상 의미가 다 이해되는 것은 아니다. 자료를 제출했을 원고 측도 피고 측도 자신들의 체험의 역사적 맥락을 필요 충분한 만큼 알고 있다고 하기는 어렵기 때문이다.

동원 주체는 일본 '국가'

'조선인 징용'이란 어떤 사태였을까. 한국에서는 2004년 정부에 의해 '일제강점하강제동원피해진상규명위원회'가 설치된 이후 수많은 피해자들의 구술자료집과 관련 연구서, 또 당사자의 수기 등이 출판되었다. 그런 의미에서 사태에 대한 이해를 돕는 자료는 꽤 축적되어 있다. 우선 그런 자료들과 함께 징용 당시 조선총독부와 일본의 구 후생성이 '국민'용으로 발간한 세 권의 징용 관련 '해설'과 '독본', 그리고 징용 체험을 바탕으로 쓰인 조선인 작가의 소설 등이 보여주는 사실들을 먼저 정리해둔다.

'징용 문제'가 주목받게 된 2018년 판결*은 잘 알려졌다시피 일본 정부가

---

*   2018년 징용 판결. 일제시대에 한반도에서 동원된 한국인 징용 피해자 4명이 일본제철을 상대로 손해배상을 요구한 소송. 한국 대법원은 2018년 10월에 일본제철의 상고를 기각해 이 회사에 1인당 1억 원의 배상을 명했던 2013년 7월 서울고법의 재판 결이 확정되었다. 한국 법원에서 일본 기업에 대해 징용 피해자에 대한 배상을 명하

아닌 기업을 피고로 한 것이다. 분명 '징용'이란 노동 현장을 위해 이루어진 것이었으니 표면적으로는 기업이 책임 주체인 것처럼 보이기도 한다. 하지만 이미 많은 연구에서도 지적된 것처럼 징용이란 명백히 일본 '국가'가 주도한 것이었다. 이 점은 동원을 위해 국가총동원법(1938년)이나 국민징용령(1939년) 등의 법령이 만들어졌고 그에 근거해 사람들이 동원되었던 사실이 증명한다. 어디에서 무슨 일을 할 것인지를 결정하고 명령을 내리는 징용령서徵用令書는 후생성대신 혹은 조선총독이 발행했고, 그 기간 동안에는 기업이 멋대로 개인을 해고할 수도 없었다. 일을 스스로 그만두거나 기업이 그만두게 하려면 후생성대신 혹은 조선총독이 발행하는 징용해제 수속이 필요했다.[1]

당시 간행된 '해설'에도, "그러니까 어디까지나 대동아 전쟁에서 승리하기 위한 기본이자 원동력인 군수물자 생산의 획기적 증산을 기대하기 위함이며 (중략) (개정 칙령을) 내지(일본)는 [1943년] 8월 1일부터, 조선, 대만, 사할린 및 남양군도 등의 이른바 외지는 1개월 후인 9월 1일부터 각각 실시하기로 했다"(4)(이토 다케오伊藤武夫, 『개정 국민징용령 해설』)고 적혀 있고, '개정 골자'에는 "징용의 국가성을 명확히 했다"고 적혀 있기도 하다.

대대적인 **조선인 전시동원**'이 갑자기 필요해진 것은 이미 알려진 것처럼

는 판결이 확정된 것은 처음 있는 일이었다. 일본 정부는 징용 피해자의 보상 문제는 1965년 한일청구권협정에서 "완전히 그리고 최종적으로 해결"되었다는 입장을 취한다. 판결은 원고가 요구하는 손해배상은 미지급 임금이나 보상금이 아니라 "일본 정부의 한반도에 대한 불법적인 식민지배·침략전쟁의 수행과 직결된 일본 기업의 반인도적인 불법행위를 전제로" 청구하는 위자료라고 지적했고 한일청구권협정 협의과정에서 일본 정부가 식민지지배의 불법성을 인정하지 않은 것을 근거로 "강제동원 위자료청구권이 청구권협정의 적용 대상에 포함되었다고 보기는 어렵다"는 판단을 내렸다.

* 국가총동원법 제4조에 따라 일본국가는 국민의 노동력을 강제적으로 징발할 수 있게 되었고, 그러한 동원을 '징용'이라 불렀다. 조선인 전시동원에는 사업주 등에 의한

중일전쟁 이후 필요해진 전쟁물자 증산과 설비 구축 때문이었다. 특히 일본 청년들이 전쟁에 동원되면서 부족한 노동력을 보충하기 위한 것이었다는 이해가 일반적이기도 하다.

하지만 조선인 징용이 어떤 것이었는지를 제대로 이해하기 위해서는 징용자 중에 "석탄광산으로 간 사람이 가장 많았다"(11)[2]거나 이같은 상황의 배경으로 그때까지 일본 탄광에서 일했던 죄수나 여성들의 갱내 노동, 말·소 등 동물의 갱내 사용이 금지된 사정이 있었음을 알아둘 필요가 있다. 1930년대 이후 조선인 노동자가 급격히 늘어난 배경에는 조선의 빈곤 등의 이유 이외에도 1928년 여성의 갱내 노동 금지, 1930년의 죄수 노동 폐지, 1931년의 갱내에서의 말 사역 폐지라는 사실이 있었기[3] 때문이다.

말하자면 조선인이 일본에 유입된 배경에는, 단순히 (일본인) 남성의 노동력을 메우는 식의, 표면적으로 평등하고 자연스러워 보이는 흐름뿐 아니라 당시 일본의 최하층계급을 대신해 투입된 구조가 있다. 물론 그러한 동원을 가능하게, 그리고 용이하게 만든 것은 근대 이후 끊임없이 지배영역을 확장해나갔던 일본의 '제국'시스템이었다.

모집(1939년 9월~1942년 2월경), 조선총독부가 작성·결정한 '조선인내지이입 알선요강'에 근거한 관 알선(1942년 2월~), 국가징용령(1944년 9월~)이 단계적으로 행해졌다. 국민징용령(폐지 후에는 국민근로동원령)은 국가총동원법에 근거하여 전시·사변에 노동력 부족을 보충하기 위해 강제적으로 국민을 징집하고 생산에 종사시키는 것을 목적으로 1939년에 공포된 칙령으로, 1944년 9월부터 조선에서도 본격적으로 적용되었다. 국민징용령에 의한 동원을 거부하면 법에 따라 처벌받았지만, 그 이외의 모집이나 관 알선에서도 공권력을 배경으로 노동을 강제당하는 실태가 있었다. 당시 조선인도 일본인과 같은 '국민'이었다고 여겨 징용 피해가 일본인과 다르지 않은 것으로 생각하는 경우가 많지만, 조선인은 권리의무 등 법률상으로 '국민'으로 취급되지 않았기 때문에 일본인과 구별 없이 동원된 것은 아니다. 더구나 그런 동원은 일본 정부의 각의 결정만으로 시행되었다. 모집·관 알선 등, 국가총동원법에 근거하지 않는 동원이 조선에서만 시행될 수 있었던 배경이기도 하다.

'신민'의 자격, 가족과의 이별

조선인의 초기 이동은 민족이동일 뿐만 아니라 계급적 이동이었다. 사람을 가능한 한 싼 임금으로 일하게 하는 것이 필요했던 근대 자본주의의 법칙이 그 상황을 뒷받침했다. '제국'이라는 경계의 확장이 그런 이동을 원활하게 했는데, 그것이 바로 식민지주의의 본질이었다.

근대 일본에 의한 조선인 고용의 첫 케이스는, 1897년 사가현에 있는 초자長者 탄광에서의 고용이었다.[4]

청일전쟁 이후 석탄산업이 "미증유의 호황을 누린" 가운데 탄광주는 그 직전에 고용을 위한 신문광고를 냈는데 대상이 된 것은 "빈곤한 자로서 입에 풀칠하는 것도 어려운 자"였다. 그리고 당초의 계획이었던 중국인 고용 대신 조선으로 눈을 돌린 것은 "조선은 무조약국이어서 번거로운 과정이 없기"[4] 때문이었다. 이미 한국과의 접점을 갖고 있었던 사람을 통해 그렇게 "광부 57명"이 일본으로 왔다. 이때의 중개인은, 데려온 사람들에게 얻어 맞는 등 훗날엔 공격 대상이 되는데, 그 이유는 "감언으로 권유"했고 "경험이 없는 채탄 일"이었기 때문에 "작업이 견디기 힘들 뿐 아니라" "임금 또한 적은 금액"이어서 "지겹고 싫"어졌기 때문이다.

결국 조선인의 노동이동이란 경제적 식민지화에서 정치적 식민지화로 가는 과정과 함께 이루어진 것이라 할 수 있다. 조선인이 처음으로 일한 공간이 탄광이라는 사실은 상징적이다. 그 후 조선인들은 공장이나 비행장 등에서도 일하게 되지만, 주로 몸담은 공간이 근대산업을 지탱하는 에너지·물자·기반시설을 만드는 장소였다는 사실은 조선인의 노동력이 일본의 근대산업을 말 그대로 저변에서 지탱했음을 보여준다.

그런데다 이동한 조선인들 대부분이 "경작할 땅이 없는 농민"(235)[5]이었다. 말하자면 근대적 산업에 농민들이 투입된 것이었다. 적지 않은 증언자들이 말하는 가혹한 체험은 바로 그런 일찍이 "경험하지 못했던" 이공간 체험이었다. 징용자들의 경험이 단순한 육체적 고통을 넘어서는 비참한 체험이 된 이유도 거기에 있다.

아시아태평양전쟁 말기에 드디어 본격적 징용을 시작했을 때, 그런 이동을 원활하게 하기 위해 일본 정부가 사용한 방법은 지원병이나 징병에서 그랬던 것처럼 '국민'으로서의 자격을 평등하게 부여하는 모양새 갖추기였다.

조선에서는 "12세 이상 50세 미만의 남자"[6]에게는 "신고가 필요한 사람"으로서의 의무가 부과되어 "국민등록"이 요구되었다. 그렇게 등록된 사람을 대상으로 "출두명령"(5)[7]을 내리고 "국민징용관"(5)[7]이 "징용 전형 및 운용"을 하며 총독부 등의 명령(이른바 시로가미白紙. 징병은 아카가미赤紙)을 내도록 되어 있었다고 조선총독부가 감수한 당시의 '해설' 등은 설명한다.

하지만 '국민동원'이라고 해도 진짜 일본인이 될 수 없었던 조선인이란 어디까지나 '유사국민'일 뿐이다. 조선인은 일본인과는 다른 호적을 만들어야 했고, 일본 본토=내지에 호적을 갖고 있는 사람들과 구분되는 시스템 하에 있었다. 말하자면 말 그대로의 동등한 '국민'일 수는 없었다. 진짜 '국민'이 아닌데도 천황에게 충성을 다해야 할 "신민"(13)[7]으로서 징용 대상이 되었다는 부분이 일본인 징용과 다른 점이다. '국민'이 받아야 할 권리나 보상에서 배제된 조선인 "신민"들도 같은 '국민' 대우를 하는 모양새로 행해진 것이 조선인 징용이었다. 징용을 둘러싼 여러 모순과 문제들은 결국 일어날 수밖에 없는 숙명과도 같았다.

조선인 징용은, "이리하여 신민 징용에 관한 기준법은 군수공업동원법에서 국가총동원법으로 전환되었지만, 한편 노동인력을 둘러싼 일본의 상황은 군수물자 생산 확보의 요구에 따른 중공업계의 획기적인 팽창기에 직면

하면서 점차 필요한 인력 충원이 어려워져왔고", "이는 자유의지를 전제로 하는 평시의 방법으로는 도저히 시국의 요청에 따른 절대적 노무 수요를 충족하지 못한다는 것을 증명하는 것이었다. 이에 정부가 군수공업동원법 제정 이후로 전가의 보도가 된 신민 징용권을 발동할 수 있도록, 국가총동원법 제4조의 규정에 근거하여 국민징용령을 제정 공포"하게 되었다.(3) "정부가 그 목적 달성상 필요하다고 인정한 경우 **제국신민**(강조는 저자)—따라서 내지인이든 외지인이든 구별하지 않고, 남녀를 구분하지 않고, 직업·지위가 어떤 것이든, 해당 대상을 징용해 앞서 기술한 총동원 업무에 종사시킬 수 있도록 하는 것인데 다만 병역법과의 관계에서는 병역법이 징용령에 우선한다"(11)(이토 다케오, 『개정 국민징용령 해설』)는 말과 함께 실시되었다. "1억 전투배치"(2)[8]의 정책 대상으로 '국민'이 아닌 식민지인도 포함되게 된 사태는 이렇게 시작했다.

계급동원이기도 한 조선인 징용

실질적으로는 '신민' 동원이었던 '국민' 동원을 실시하면서 일본 정부는 개인의 노동을 국가를 위한 애국행위로 격상시켰다. 일본은 징용자들에게 "응징사應徵士"(징용에 응하는 자)라는 이름의 "국가적 명예가 있는 신분을 부여하고, 국가를 위해 충성을 다짐하며 동원 업무를 열심히 행하는 숭고한 의무를 명"[8]했다. 그리고 불안해하는 사람들에게 징용노동 역시 전장에서 싸우는 군인과 다르지 않은 "산업전사"라면서 가족과 유족에 대한 대우나 보상도 군인과 같은 수준으로 하겠다고 약속하기도 했다. 구 후생성은 "징용 원호 대상"에 관한 질문에 대해 "징용에 응하는 사람의 가족"은 "군인 가족"이며, "업무상 상병傷病 해제자와 그 가족"은 "대체로 상이군인과 그 가족에 해당"하고, "업무상 상병사망자 유족"은 "군인 유족에 해당한다"[8]고

하기도 했다.

하지만 모든 국민이 공평하게 동원되는 것처럼 보였어도 징용으로 실제 동원된 것은 (징용 대상 선택을 "부府·현縣의 경찰부장"[7]) 등에게 맡긴 시스템의 결과로 보이지만) 사회나 가정에서 가장 약자의 처지에 놓여 있던 사람들이 었다. "주인집 아들" 대신 가거나,(42)[9] '장남' 대신 차남이 가거나 했다[10]는 구술이 많은 것은 그 결과이기도 하다.

조선인 징용이 '신민'의 자격을 부여한 피지배민족의 동원이면서 동시에 계급동원이기도 하다는 사실은 앞서 본 것처럼 당연한 추세였다. 말하자면 조선인 징용이란 단순한 국민동원이 아니라 신민동원이고, 일본국가가 주도하는 하층계급의 착취에 기업이 참여하거나 앞장선 사태이다. 보급, 수당, 부조 등의 이름으로 구분된 제도를 실시하는 주체가 기업처럼 보이지만 실은 국가였다는 사실도 조선인 징용의 '국가성'을 드러낸다.

'응소應召'(소집에 응하는 일)를 통해 '신민'의 자격을 시험당한 조선인 징용이란 먼 곳으로의 이동을 의미하는 것이었고, 그 이전까지 친숙했던 일·언어와 함께 고향·가족으로부터 격리되는 것을 의미했다. 그 부분이 일본인 징용과 근본적으로 다른 점이기도 하다.

"같은 해(1939년) 7월 15일부터 시행"[7]된 국민징용령 이후 "5회에 걸친 대개정을 단행"해 만든 영令을 바탕으로 한 본격적인 징용이 행해지기 이전인 1941년에도 조선총독부는 조선인 노무자들에게 편지를 보내 황국신민으로서의 충성심을 시험했다. 당시 많았던 "리직"(이직)이나 "쟁이"(쟁의)에 대해 "제군의 가족들과 함께 크게 대단 걱정하고 잇슴(있슴)니다"라면서 "모쪼록 금후는 거런 부덕한 사람이 없도록"(21)[11] 하라고 훈계하기도 했다.

유사국민·유사군인들은 고향의 가족들에게 피해가 가지 않도록 반항·저항을 포기하는 사람도 많았던 것 같다. 말하자면 징용이란 멀리 있는 가족들을 심리적 인질로 묶어두는 구조를 갖고 있었다.

본격적 징용의 전 단계인 관 알선은 한반도 남부의 과잉인력을 중공업이 발달한 북으로 이동시키려 했던 알선에서 발상된 것이었다.[4] 징용이라는 이름의 강제이주는 그렇게 처음부터 국가주의적인 발상에서 비롯되었다. 원호·명예라는 보상이 약속되지 않은 채로 행해졌지만 실질적 국가동원이 었던 모집과 관 알선에서의 "징용되지 않는 차별"(149)[12]을 포함해 조선인 들이 이동당한 것은 그렇게 '국가'가 필요로 한 결과였다.

그리고 "70만 명 이상이 노무동원계획·국민동원계획의 틀 안에서 일본 내지에 배치되었다".(211)[12] 노무내용 비율은 탄광이 56.6퍼센트, 군수공장 이 28.4퍼센트, 토건 작업장이 15퍼센트였다.(37)[2] 실제로 규슈의 지쿠호 탄광에 모인 사람은 10만 명 이상이었고 사할린으로 동원된 인원도 3만 명 이상으로, 탄광에 배치된 사람이 65.22퍼센트(43)[2]였다는 사실은, 조선인 징용이 다름아닌 탄광노동의 문제라는 것도 알려준다.

2. 한일 양쪽에서 잊혀진 몸과 마음의 '감옥'

탄광노동의 의미

잘 알려진 것처럼 일본의 전쟁시대는 국민총동원의 시대였다. 국가와 재계가 협력하여 "만들라, 보내라, 쏘라"[1]가 "결전필승의 표어"(1944년 육군기념일에 선정)가 된 시대였던 것이다. 그 때문에 식민지 치하에서 '신민'이 된 조선인까지 동원된 것이지만 조선인 징용자들에게 맡겨진 것은 "만들라"의 영역이었다. 탄광에 배치된 비율이 높은 것을 감안하자면 조선인들은 대부분 에너지를 만든 셈이었다.

하지만 그 "탄광이라는 데가 사람을 한번 잡으면 놓아줄 생각을 안 한다. 땅속 수천 길 굴속에다 집어넣고는 늘 거기만 오르내리게 하였지, 딴 데로는 꼼짝 못하게 하"(「섬」, 109)[2]는 곳이었다. "그렇기 때문에 항용 도망을 간다. 가다가 잡혀 오는 사람도 많다. 도망을 못 가게 하느라고, 옷도 뺏고, 품삯도 다 내주지를 않기 때문에 남루한 조선인 노동자를 보면 으레 탄광에서 도망친 사람 취급을 하고는, 그냥 잡아들이"(이상 「섬」, 109)기도 했다. 그곳은 작업으로부터의 도주를 거의 매일처럼 바라야 했던 공간이었다.

무엇보다 조선총독부는 일본인과 "임금은 물론 그 외 다른 처우에서도 내선인內鮮人(일본인과 조선인) 사이에 차별은 없습니다"[1]라고 단언했지만, 탄광을 비롯한 징용 공간은 조선인이어서 당하는 폭력과 위험이 일상화되어 있었다는 의미에서 처음부터 차별을 수반하는 공간이었다. 물론 그곳에서는 일본인도 작업했지만, '위험한 장소에는 조선인이 가야 했다'는 증언들은 제쳐두고라도, 경험한 적 없는 근대산업노동이 그것만으로 이미 위험한 것이었음은 말할 필요도 없다. 애초에 일본인은 탄광이나 토건 공

사 현장에서 중노동을 하지 않았고, 피징용자들도 그런 곳에는 배치되지 않았다.[3]

폭력과 질병과 죽음이 일상화된 공간

일본인=진짜 국민과의 사이에서 차별은 없다고 공언되었기에 표면적 무차별과의 간격을 메우기 위해 압도적인 폭력이 존재했다고 해야 할지도 모른다. 많은 이들이 증언하는 것처럼, 조선인이 동원된 공간이란 폭력과 상해와 질병과 죽음이 일상화한 공간이었고, 유사'국민'들은 공식적 차별이 허용되지 않는 만큼 보이지 않는 차별을 받아야 했다. 내지인과의 차이가 보이지 않도록 "황국신민으로서의 자질의 연성에 충분히 유의할 것"(52)[1]이라는 전제가 있었기 때문에, 징용한 쪽이 행한 차별의 책임이 피징용자에게 있는 구조이기도 했다.

'국가를 위한' 노동으로 여겨진 만큼 일을 잘하지 못하는 건 '신민'의 자격이 없는 것으로 간주되어 차별과 폭력의 이유가 될 수 있었다. 물론 모든 일본인 동료들이 폭력을 행한 것은 아니다(폭력을 행한 건 조선인인 경우가 많았다는 증언도 참고해야 한다). 하지만 조선인들이 놓여 있던 공간은 기본적으로 그런 구조 속에 있었다.

농촌 출신 피징용자들은 대부분 일본어를 몰랐다. 그런 이들에게 징용 체험이란 "벙어리나 다름 없"(「홋카이도 고락가」, 23)[5]는 고통스러운 체험이었다. "의사소통이 잘 안 되는 탓", "(자신 이외의) 다른 노무자들은 서툰 말 때문에 매일처럼 얻어맞"(40, 41)[6]기도 했다. 그런 상황 속에서 살아남는 길은 "무조건 순종하는" 것이었고 "두더지처럼 열심히 석탄을 캐"(46)[6]였다.

신체에 직접 가해진 폭력은 말할 필요도 없지만, 이런 상황이야말로 이민족의 지배=이동의 결과였다. 기간이 연장되어도 "편지도 보내지 못하는" 징용자를 위해 필요한 소식을 대신해 써주는 "대필계"(19)[1]를 둔 회사도 있었지만, 많은 징용자들이 놓여진 현실은 언어·고향과의 단절이었다. 그리고 이치로一郎, 지로二郎 등 숫자 이름이 붙여져,(147)[7] 얼마든지 대체 가능한 식민지인으로서 물건 취급되기도 했다. 징용에 소나 말 등 동물을 대신하는 투입의 성격이 있었던 것은 그런 의미에서 상징적이기도 하다.

작가 안회남(1909년~?)은 지식인으로서 탄광에 징용된 케이스였다. 그는 「소」라는 작품에서 충청남도에서 기타규슈로 집단징용된 사람들에 대해 썼다. 이 작품에는 소와 닮은 얼굴 때문에 소라는 별명이 붙여졌지만 그 별명을 싫어하는 청년이 등장한다. 청년이 별명을 싫어한 이유는 "지하 수천 척 되는 갱내"(「소」, 121)에 들어가는 것이 마치 "도수장(주: 도살장)으로 가는 소를 연상"시키고, "굴속에서 일하다가 큰 바위에 등골이 치어 죽는 거나 똑 마찬가지"(122)[8]였기 때문이었다.

다행히 그는 살아서 조선으로 돌아가지만 막상 고향으로 돌아와 보니 집에 있던 소는 공출되고 없었다. 자신의 목숨은 부지했지만, 대신 살아가는 수단을 상실했던 것이다. 말 대신 징용된 조선인 징용자들은 자신을 '소'라고 생각했다. 하지만 그가 말 대신 일한 대가는 고향의 소(노동력)의 상실이었다.

조선에서의 이동 결과, 언어를 잃은(노동의 장에서 통용되었을 조선어를 이동의 결과로 잃었다) 징용자들이 갖게 된 상해—작게는 공장에서 손가락이 잘리거나 탄광에서 다쳐 다리를 잘린 이야기—등 신체훼손 이야기는 일일이 들 수 없을 만큼 많다. 그 마지막은 사고사이지만, 참혹한 "낙엽 형태"(69)가 되는 등의 시체를 보면서도 "굶주림과 구타에서 일찍 해방"(45)된 것을 징용자들은 "오히려 부러워했다"(이상업, 『사지를 넘어 귀향까지: 일제 강제 징용 수기』 소명출판, 2016년, 45쪽).

"우물에 갇힌 고기"

하지만 날이면 날마다 짜부라진 동포의 몸을 목격하는 체험이 가져온 트라우마와 동료를 잃은 상실감은 오랫동안 한일 양쪽 사회에서 망각되어왔다. 그런 식의 죽음과 이웃한 삶 속에서 자살을 선택한 이에 관해서도 마찬가지다. 징용 공간이 국가가 만든 또다른 "지옥"(「소」, 121)[8]이었던 사실이나 "두더지처럼"(46)[6] 일해야 했던 치욕과 공포를 이해했던 사람이 많다고는, 한일 양국 모두 결코 말할 수 없지 않을까. 구덩이 속에서 살았던 탄광부와 마찬가지로 자신을 "우물에 갇힌 고기"(『당꼬라고요?』, 338)[4]로 느꼈던 건 '남양南洋'의 어느 섬에 동원되어 비행장을 만든 사람 중에도 있었다.

"약품 때문에 얼굴이 퉁퉁 붓기가 일쑤"(『똑딱선 타고 오다가 바다 귀신 될 뻔했네』, 13)[9]였던 상황 등에 의해 온갖 병에 걸려 "수많은 동료들이 사고로 죽어나가고, 탈출하다 개에 물려죽거나, 내무반장들에게 구타를 당해 병신이 되었"으며 그럼에도 "귀국 대신 대부분 선탄부選炭夫로 재배치되어 징용생활을 계속해야 했"(96)[6]던 환경 속에서 그들이 도주를 꿈꾼 것은 전혀 이상할 게 없다.

일본 정부는 이런 일을 막기 위해 그들 고향에서 가족 초청을 시도하기도 했지만, 안회남은 고향을 떠난 늙은 모친이 새로운 환경에 적응하지 못하고 자살해버리는 내용의 소설 「탄갱」까지 썼다.[10] 그런데다 일본 현장에 있던 현지인들은 징용자들을 포함한 조선인 노무자들을 일본인 여성과 결혼시키기도 했는데,[11] 이 역시 나중에 여러 비극을 낳는 원인이 된다.

이런 시간들을 무사히 극복해 "징용령서에 쓰여 있는 기간이 만료되어도, 지금은 누구든 모두 징용 기간을 갱신해 계속해서 직장에서 생산에 힘써주도록 할 방침"(178)[12]이 기다리고 있어 고향으로부터의 격리 상태는 이어졌다. 심신의 "징역살이"(60)[4]는 이어졌던 것이다. 그리고 많은 노무자들은 외견상의 훼손이 없어도 가혹한 노동의 결과로 청각을 잃거나 시력을 잃었다.[4] '상이군인'과 다를 바 없다는 국가의 말은 틀리지 않았던 것이다.

징용이 잃게 만든 것

패전은 조선인 징용자들에게는 해방이어야 했지만, 모두가 문자 그대로의 해방을 맞은 건 아니었다. 일본과 조선 사이에 가로놓인 바다를 건널 수단을 일본국가가 마련하지 않았기 때문이다.

어찌어찌해서 배를 탔어도 배가 폭파하거나 파도에 휩쓸리는 도정 속에서,[4], [13] 귀국하지 못한 이들도 많았다. 또 고향으로 돌아가도 오랜 부재의 결과로 가정이 붕괴된 경우도 많았던 것 같다. 국가를 위한 '응소'는 개인의 생활기반을 무너뜨렸던 것이다.

징용이 잃게 만든 것은 많았지만, "순박한 농민의 얼굴 위에 늘 예민하고 표독한 표정이" 습관이 되어 "라바우루(주: 라바울)하구 도락구(주: 트럭)"(「불」, 135)섬의 비행장을 닦는 데 동원된 징용자가 "(관리자가) 고향에다 편지 한 장을 못 가게 해서 오늘날 자기 가족의 큰 비극을 이룬 원인이 되었노라"(동 136)[14]고 말하는 장면도 안회남의 소설 「불」에 그려진다.

이 작품은, 화자인 '나'가 관찰한 이 서방이라는 주인공이 남양에 징용된 후에 그의 아버지가 죽고, 홀로 남은 어머니가 심정적으로 의지하던 그의 매부마저 홋카이도의 탄광에 징용되는 바람에 어머니, 아내, 누이 세 여자가 "삼과부"처럼 살아가던 상황을 그린다. 하지만 "이 서방"의 아내는 아이를 천연두로 잃은 뒤 집을 나갔고, 돌아온 고향은 "(충청남도) 연기군에서 간 사람이 사십팔 명이었는데, 살아 돌아온 사람이 불과 일곱 명뿐"(136)[14]인 상황이었다. 징용이란 개인이나 가족뿐 아니라 지역 붕괴까지 가져온 사태였음을 그는 작품 속에서 보여주고 싶었을 것이다.

그리고 작품의 주인공은, 마지막으로 아내가 사라진 자신의 집에 불을 지른다. 귀국 후에 이 작품의 주인공처럼 가정이 붕괴된 사람, 새로운 생활을 재건한 사람 등 상황은 다양했을 것이다. 징용으로 인해 집이나 토지를 산 사람도 있는 듯하지만, 그것은 어디까지나 이런 구조를 딛고 개인으로서의 주체성을 발휘한 결과일 뿐이다. 개인의 그런 정황도 확인해두는 건 중요하지만, 그 사실을 아는 것이 곧 징용의 문제적 구조를 무시·망각해도 좋다는 건 아니다. 몸과 마음을 다친 사람들은 이후의 삶을 사회의 무관심과 치욕 속에서 살아왔다. 그런 망각의 세월을 살았던 이들이 사람들의 인식 위에 떠오른 것은 1965년 한일협정 때였지만, 그때도 이런 상황이 제대로 청취된 것은 아니었다.

징용 피해자 문제를 생각하기 위해서는 '강제연행'이 전혀 없었던 건 아니라[3]는 사실과 함께 이 문제가 그저 기업의 불충분한 대우 문제가 아니라는 인식도 필요하다. 조선인 징용이란 기본적으로 '황국신민'의 틀 안에서 이루어진 일이기 때문이다. 격리된 장소에서 일어나기 쉬운 차별과 폭행, 사고와 질병에 의한 죽음이 일상화된 이유도 거기에 있다. 조선인 징용이란 "민족 천년의 운명을 건 이 대전쟁"(3)[1]에 "황국신민으로서의 진심"[1]을 요구받은 사태였다. 바로 그렇기 때문에 "이 제도가 강권에 근거해 병역과 마찬가지로 절대명령으로서 국민에게 근로의 의무를 지우는 국가성의 가장 강한 곳에서 나온다"(4)[1]는 사실이 강조되면서 '명예'로 생각하라고까지 했던 것이다.

세계문화유산과 기억의 방식

징용이란 많은 경우 이동을 필요로 한다. 따라서 징용 피해자 문제를 생각한다는 건 가족 등 가까운 이들과의 이별을 요구받는 경우가 많았던 근대적 산업노동의 결과가 어떤 것이었는지에 대한 기억의 문제이기도 하다. 군함도로 알려진 하시마(나가사키현 나가사키시)와 같은 '산업혁명유산'*을 세계문화유산으로 등록한다면, 어떤 형태로 갔든, 그곳에서 일했던 조선인 노무자의 흔적을 지워버려도 되는 그런 일은 아니다.

지쿠호 탄광(후쿠오카현 기타규슈시)의 기억을 그린 탄광 기록화가인 야마모토 사쿠베이山本作兵衛의 작품은 '일본 최초의 세계기록유산'**으로 등재되었지만, 그곳에 있었을 조선인 노무자를 기억한 이들은 얼마나 되었을까.

작가 하근찬은 징용에 갔다가 한쪽 팔을 잃은 남자와 한국전쟁에 동원되어 다리 하나를 잃고 돌아온 아들의 이야기를 「수난 2대」라는 작품에서 풀어간다. 제국에 대한 협력 여부를 둘러싸고 분열해버린 식민지는, 이후에도 냉전체제와 그 화약고가 된 한국전쟁의 후유증 안에 놓였다. 오늘 우리 눈앞에 있는 것은 그런 '역사'이기도 하다.

---

*   메이지 일본의 산업혁명유산. 유엔교육과학문화기구(유네스코)의 세계유산위원회가 2015년 7월 세계문화유산으로 등재하기로 결정했다. 산업혁명유산은 일명 '군함도'로 알려진 '하시마 탄광'(나가사키시), 사쓰마번이 만든 기계공장이나 남은 반사로로 구성된 구舊 슈세이칸集成館(가고시마), 막부말에 실제로 가동한 반사로이자 일본 국내에 유일하게 현존하는 '니라야마 반사로'(시즈오카현 이즈노쿠니시) 등 일본의 근대 공업화를 지탱한 탄광·제철 등 23개 시설로 구성된다. 유네스코 세계유산위원회는 2021년 7월 전시징용으로 노동을 강요당한 한반도 출신자에 관한 일본 측의 설명이 '불충분하다'며 개선을 요구하는 결의를 채택했다.

**   '야마모토 사쿠베이 탄광 기록화.' 탄광기록화가인 야마모토 사쿠베이의 탄광기록화 및 기록문서가 2011년 5월 일본 최초로 세계기록유산에 등재되었다. 등재된 것은 후쿠오카현 다가와시에서 소유한 회화, 일기, 잡기장이나 원고 등과 야마모토가 소유하고 후쿠오카현립대가 보관하는 회화, 일기, 원고 등 총 697점. 후쿠오카현 지쿠호의 탄광노동자로서의 경험을 바탕으로, 1958~63년경은 먹, 1964년 이후는 수채화로 여백에 해설문을 쓰는 스타일로 평생에 약 1000점을 그렸다고 한다. 유네스코 홈페이지에는 "메이지시대 후기부터 지쿠호의 탄광업에서는 아직 산업혁명이 계속되고 있던 20세기 후기까지 일본의 발전 상황을 뒷받침하는 사적 기록이다. 사쿠베이 회화에는 공적 기록에서는 읽을 수 없는 당시의 날것 그대로의 현장감이 있다"고 쓰여 있다.

"징용은 영예로운 총후銃後(후방)의 응소"(14)[1]이며, "국가적 성격이 특히 현저한, 국가가 관리하는 공장 사업장을 원칙"(14)[1]으로 했다. 기업과는 "직접 고용관계에 있지 않고 어디까지나 국가와의 공법관계에 있다"(15)[1]고도 단언되고 있었다. 거부하면 징역이나 형무소에서 지정하는 사역(24)[15]의 대상이 된 것도 그런 구조를 보여준다.

작업장이 달라지면서 수입이 줄어들 경우, 보전하는 제도였던 '보급'을 "일단 사업주가 대신해 부담하지만 그중 3분의 2는 국고가 보조하고, 3분의 1을 사업주가 부담하도록 하고 있습니다"(61)[1]라는 설명도 있었다. 조선인 징용 문제는 단순히 기업의 문제가 아니다.

무엇보다 "(다치면) 너 같으니께 국가가 승리를 못한다"(42)[4]는 말을 들으며 "죽게"(42)[4] 맞아야 했다는 것도, 징용 문제가 다름아닌 식민지 문제이자 계급적·민족적으로 차별받은 약자에게 가혹했던 국가의 문제라는 사실을 알려준다. 탄광의 "로라(레일)에 걸려 째겨진" 다리가 "지금도" "시리고 아프"(62)[4]다는 말이나, 화상, 결핵, 늑막염, 동상 등으로 신체가 훼손된 이들의 오랜 신음을 기억하는 것은 '제국'으로서의 '국가'의 책임과 함께 오늘날의 이주노동자 문제를 생각하는 계기도 될 것이다. "말하자믄 징역살이"(60)[4]라는 비탄은 꼭 제국 일본에 동원된 사람들에 한정되지 않는다.

3. 징용 판결과 '한일병합불법론'

식민지배 '위자료'로서의 배상금

2019년 일본이 한국에 대한 수출 규제 강화에 나섰었다. 그 배경에 식민지 시대의 징용 피해자 문제를 둘러싼 갈등이 있다는 사실은 잘 알려져 있다.

그런데 관계 악화의 결정적 트리거가 된 2018년 한국 대법원의 징용 판결을 뒤집는 듯한 판결이 2021년 6월에 나왔다. 징용 피해자와 유족 등 도합 85명이 일본 기업 총 16개사에 미지급 임금이나 손해배상을 요구한 소송에서 서울중앙지방법원이 원고가 제기한 소송을 각하한 것이다. 원고들은 곧바로 항소했으니 양측의 대립은 당분간 이어질 것이다. 한일 양국 정부가 국장급 대화에 나섰지만 아직 접점은 찾지 못하고 있다. 전 주일 한국 대사는 해결방법이 다수 있다고 말했지만 일본 정부는 새로운 해결책의 존재 자체를 인정하지 않고 있어, 밝은 미래는 아직 보이지 않는다.

서울중앙지방법원의 징용 피해자 등에 의한 이 소송의 논점은 2018년 대법원에서 확정한 판결과 다르지 않다.

일본제철을 피고로 하는 징용 판결에서 대법원은 2018년 10월 원고인 징용 '피해자' 1인당 1억 원(약 960만 엔)을 지급하라고 판결했다. 한국에서는 일반적으로 이 1억 원을 '미지급 임금'으로 이해하지만 실은 이 금액은 임금이 아니다. 대법관 13명 중 7명의 다수의견으로 일본제철에 지급을 명했던 금액은 "불법적인 식민지배 및 침략전쟁의 수행과 직결된 일본기업의 반인도적인 불법행위"에 대한 '위자료'였다. 2021년 1월의 위안부 판결이 그랬던 것처럼 이 판결도 미지급 임금에 관한 호소가 아니라 '일본은 불법 점령한 나라 사람들을 자국의 전쟁 수행 노동에 동원했다. 동원은 불법행위이며 그 정신적 고통에 대해 위자료를 지불해야 한다'는 판결이었던 것이다. 이 판결 역시 '한일병합은 불법'이라는 사고방식에 근거한 판결이었다.

강제적 병합이었으니 불법이라는 '논리'를 1990년대에 주장한 이는 이태진 서울대 명예교수다. 이후 이 인식을 공유하는 학자들은 대부분 이 교수의 설에 의존한다. 그런 '한일병합불법론'을 약 20년 후에 대법원이 판결 근거로 삼은 것은 학계에서 아직 논의 중인 설을 한국 사법부가 채택했다는 이야기가 된다. 거슬러 올라가면 1987년에 개정된 한국 헌법이 채택한 1919년 '임시정부 법통'을 계승했다는 작금의 한국의 자기인식 때문이기도 하다.

헌법은 그렇다 해도 한 학자가 주창한 '논리'가 사법부에 의해 공식 채택된 것이기도 하다. 적지 않은 학자와 법률가들이 이 과정에 관여해 군사독재정권에서 해방된 1990년대 한국의 '역사 바로세우기'(김영삼 전 대통령이 내세운 슬로건) 시도에 참가했다. 역사의 판단을 '정치'(행정부)가 아니라 '법'(사법부)에 맡긴 결과이기도 했다.

한일병합조약은 제1조가 "한국 황제폐하는 한국 전체에 관한 일체의 통치권을 완전히 그리고 영구히 일본국 황제폐하에게 양여함", 그리고 제2조는 "일본국 황제폐하는 전조에 게재한 양여를 수락하고 또한 완전히 한국을 일본제국에 병합함을 승낙함"이라는 말로 구성되어 있다. 병합까지의 과정에 대해서는 후술하겠지만, 이런 식의 '법'에 의존한 과거청산은, 한국 황제로 하여금 자발적으로 한국을 양도한 것으로 보이게 하는 형태의 조약문을 마련하고 영일동맹과 **가쓰라─태프트협약**을 통해 조선에 대한 지배권

---

* 1905년(페이지 38) 7월, 미국의 윌리엄 태프트 육군장관(나중에 27대 대통령)과 가쓰라 다로桂太郎 수상 겸 외상 사이에서 맺어진 밀약. 일본은 미국의 필리핀 지배를 인정했고, 미국은 일본이 조선에서 우월한 지배권을 가진다는 것을 인정했다. 이 직후에 체결된 제2차 영일동맹(1905년 8월), 포츠머스조약과 함께 한국의 보호국화와 한일병합

을 구미에 인정시키는 절차도 잊지 않았던 일본의 한국지배의 실체를 시간을 들여 생각하는 계기를 오히려 잃게 만들었다. 1910년 한일병합의 '불법'성을 인정하지 않는 일본이, 불법을 전제로 하는 판결을 받아들이는 일은 아마도 없을 것이다. 그런 의미에서 '한일병합불법론'은 징용 피해자 문제를 비롯한 역사 문제를 두고 일본과 대화하는 것 자체를 어렵게 만든 사태이기도 했다. 실제로 일본은 이후 한국과의 대화를 거부해왔다.

판결문에는 일본이 1938년에 '국가총동원법'을 제정하고, 1942년에 '조선인내지(본토)이입 알선요강'에서 관의 알선으로 노동력을 제공할 사람을 모집했고, 1944년에는 '국민징용령'에 따라 국가가 주도하는 징용 대상에 조선인도 포함시켰다고 씌어 있다. 시기에 따라 동원방식은 달라도 '법'에 근거한 동원이었음을 명시한 것이다.

동시에 판결문은 그 각각의 차이를 구별하지 않고 전부 "불법적인 식민지배 및 침략전쟁의 수행과 직결된 일본기업의 반인도적인 불법행위"라고 규정했다. 물론 이런 판단은 '한일병합불법론'을 전제로 한 판단이다. 대법관들도 '일제시대에 조선인은 (법적으로도) 일본인이 아니었다'고 생각했던 것이다.

한일협정과 개인청구권 처리

이 판결을 둘러싼 주된 논점은 식민지지배 피해에 대한 '개인청구권'이 소멸된 것인지 여부에 있었다. 그리고 절반 이상의 대법관이 개인청구권은 유효하다고 판단했다.

1965년 한일협정을 진행하는 과정에서 당시 한국 정부는 "다른 국민을

에 중요한 포석이 되었다.

강제적으로 동원함으로써 입은 피징용자의 정신적·육체적 고통에 대한 보상을 언급"하면서 "총 12억 2000만 달러를 요구하면서, 그중 3억 6400만 달러(약 30%)를 강제동원 피해 보상에 대한 것으로 산정"했었다(판결문). 하지만 그 말은 "대한민국이나 일본의 공식견해가 아니라 구체적인 교섭 과정에서 교섭 담당자가 한 말에 불과"하다고 판결문은 말한다. 징용 피해자의 고통에 관한 담당자의 언급은 "협상에서 유리한 지위를 점하려는 목적에서 비롯된 발언에 불과한 것으로 볼 여지가 크"기 때문(판결문)이라는 것이 그 이유이다.

그런데다 한국이 12억 달러 이상을 요구했는데 "정작 청구권협정은 3억 달러로 타결"되었기 때문에 "이처럼 요구액에 훨씬 미치지 못하는 3억 달러만 받은 상황에서 강제동원 위자료청구권도 청구권협정의 적용 대상에 포함된 것이라고는 도저히 보기 어렵다"고 주장한다. 일본이 "구체적인 징용·징병의 인원수나 증거자료를 요구하거나 양국 국교가 회복된 뒤에 개별적으로 해결하는 방안 등을 제시하는 등 대한민국 측의 요구에 그대로 응할 수 없다는 입장을 피력"하고 반발했으므로 당시의 일본이 한국의 '피해 배상' 요구에 응했다고 볼 수는 없다고도 말한다. 하지만 이 주장은 개별적으로 증거를 제출해 청구권을 산정하는 건 쉽지 않고 한국이 받을 금액도 적어지니 유상·무상의 경제협력이라는 형식으로 금액을 올리는 방법은 어떠냐는 일본 측의 제안이 있었다는 사실은 말하지 않는다.

또 청구권협정에서 청구권이 무엇을 의미하는지 정하지는 않았어도, 실제로 체결된 한일협정 어디에도 "일본 식민지배의 불법성을 언급하는 내용은 전혀 없"기 때문에 "식민지배의 불법성과 직결되는 청구권까지도 대상에 포함된다고 보기는 어렵다"고 말했다. 즉 일본의 돈은 표면적으로뿐만 아니라 실질적으로도 경제협력자금일 뿐 식민지지배에 대한 배상의 성격을 가진 것이 아니었다는 것이 대법관들의 판단이었다. 그리고 판결은 그런 주장이 다수를 차지한 결과였다.

일본에 의한 조선인 징용이란 '강제된 병합'(불법체제)하에 기망이나 구타 등 폭력적인 '불법행위'를 통해 노동에 동원했다는 인식이 대법관들 다수의 사고방식이었다. 이에 대한 배상요구(위자료청구)가 1965년 한일협정 시점에서는 이루어지지 않았으므로 개인청구권도 외교적 보호권(외국에서 일어난 국민의 문제에 대해 외교적 수단으로 해결을 요구하는 국가의 권리)도 아직 유효하다고 생각했던 것이다.

개인청구권을 둘러싼 또 하나의 생각

하지만 판결문에는 이런 다수의견과는 다른 반대의견이나 별개의견 등도 적혀 있다. 반대의견을 말한 대법관 두 명은 대한민국의 국민이 일본 및 일본 국민에 대해 갖는 개인청구권은 "청구권협정에 의하여 바로 소멸되거나 포기되었다고 할 수는 없지만 소송으로 이를 행사하는 것은 제한되게 되었으므로, 원고들이 일본 국민인 피고를 상대로 국내에서 강제동원으로 인한 손해배상청구권을 소로써 행사하는 것 역시 제한된다고 보는 것이 옳다"고 했다.

이 문제가 "기본적으로 청구권협정의 해석에 관한 문제"임을 명시하면서도, 조약은 "그 조약의 문언에 부여되는 통상적 의미에 따라 성실하게 해석"되어야 하고, 그러므로 의미가 모호한 경우에는 협정 당시의 문맥을 봐야 한다며 청구권협정에는 "양국 및 양국 국민의 재산과 양국 및 양국 국민 간의 청구권에 관한 문제를 해결할 것을 희망"하며 "완전히 그리고 최종적으로 해결"된 것이며 "어떠한 주장도 할 수 없는 것으로 한다"고 쓰여진 것을 들어 "양 체약국은 물론 그 국민도 더이상 청구권을 행사할 수 없게 되었다"

는 의미로 해석해야 한다고 반대의견을 제기한 두 대법관은 밝혔다.

"모든 청구권에 관하여 '어떠한 주장도 할 수 없는 것으로 한다'라고 규정하고 있는 이상, '완전히 그리고 최종적으로 해결된 것이 된다'라는 문언의 의미는 양 체약국은 물론 그 국민도 더이상 청구권을 행사할 수 없게 되었다는 뜻으로 보아야 한다"는 것이 두 대법관의 생각이었던 것이다.

나아가 청구권협정 체결 직후 한국 측에서 발간한 '대한민국과 일본국 간의 조약 및 협정 해설'에는 "한국인의 대일본 정부 및 일본 국민에 대한 각종 청구 등이 모두 완전히 그리고 최종적으로 소멸"했다고 기재되어 있고, 1965년에 장기영 경제기획원장관이 "무상 3억 달러는 실질적으로 피해국민에 대한 배상적인 성격을 가진 것"이라는 취지의 발언을 했으며, 실제로 한국 정부는 두 번에 걸쳐 보상을 실시했다는 것이 반대의견을 명시한 대법관들의 추가적 근거였다.

1965년 한일협정은 모든 문제를 일괄적으로 해결하는 "일괄처리협정"이며, 이는 국제관습법상의 관점에서 보면 일반적인 것이므로 국가가 보상 또는 배상을 받았다면 그 국가의 국민은 개인청구권을 행사할 수 없으며 "이때 그 자금이 실제로 피해국민에 대한 보상 용도로 사용되지 아니하였다고 하더라도 마찬가지이다"라고 주장했다.

한국 정부가 한일청구권협정 체결 후 징용 피해자에 대한 보상금을 지급한 것에 맞춰 청구권협정 당시 대한민국이 한일청구권협정으로 개인청구권도 소멸했거나 최소한 그 행사가 제한된다는 입장을 취했던 사실이 인정된다고 반대의견 판사들은 기재한 것이다.

또 별개의견으로서, 손해배상청구권은 1965년 한일청구권협정의 대상에 포함되지만 한일청구권협정에서 개인청구권이 당연히 소멸되는 것은 아니며 청구권에 대한 외교적 보호권만이 포기되었을 뿐이라는 견해를 말한 대법관도 두 명 있었다.

이들은 "대한민국과 일본 양국은 국가와 국가 사이의 청구권에 관한 것만이 아니고, 한쪽 국민에 대해서뿐만 아니라 일방 국민의 상대국 및 그 국민에 대한 청구권까지도 협정의 대상으로 삼았음이 명백하고, 청구권협정에 대한 합의의사록(1)은 청구권협정상의 청구권의 대상에 피징용 청구권도 포함됨을 분명히 하고" 있어, "당연히 '식민지배의 불법성을 전제로 한 배상'도 당연히 청구권협정의 대상에 포함시키는 것으로 상호인식하고 있었다고 보인다"고 말한다. 또 2005년에 민관공동위원회(2005년에 외교문서가 공개된 이후 한국 정부가 대책을 검토하기 위해 설치)도 1965년 한일청구권협정에 의해 받은 3억 달러에는 징용 피해자 문제를 해결하기 위한 자금이 포함되어 있다고 간주해 정부가 "청구권협정 체결 이래 장기간 그에 따른 보상 등의 후속 조치를 취하였"다고 강조했다.

즉 별개의견을 제시한 판사들은 한일 양국이 엄밀한 의미에서의 '보상'과 '배상'을 구별하지 않았다고 간주해 정부끼리 합의했다고 해도 개인청구권 자체가 소멸되는 것은 아니기 때문에, 소송 권리는 여전히 유효한 것으로 간주했다.

전체적으로 이 판결은 개인청구권은 소멸되지 않았다고 판단하고 손해배상을 요구할 권리가 있다는 결론을 내렸지만 다수의견은 5명, 다수의견에 대한 보충의견은 2명 있었고, 별개의견은 4명, 반대의견이 2명 있었다. 그런 의견의 차이가 그 후 다른 재판에서 2018년과는 다른 판결 내용으로 새롭게 나타난 것이다.

4. 과거청산과 전체주의

과거청산으로서의 개인청구권

2018년 강제징용 소송 판결은 한국 대법원이 2012년 원고가 패소한 2심 판결을 파기환송해 서울고등법원과 부산고등법원으로 돌려보냈는데, 서울고법이 2013년 7월 배상 지불을 명하는 판결을 내렸고 이에 대해 일본제철 측이 상고한 결과였다. 즉 2018년 판결과 2012년 판결은 내용적으로 그다지 다르지 않다.

그 2012년 판결에 대해서는 학계 쪽에서 일찌감치 비판이 나왔다. 예를 들면 서울대 이근관 교수는 이때의 판결에 관해 "국내법적 사고를 무비판적으로 국제적인 차원으로 투사"한 판결이라고 비판한다.[1] "부산고법과 서울고법이 이를 승인한 것은 외국 판결의 승인에 관한 법리를 오해"한 결과라는 것이다.

이근관 교수는 개인청구권은 한일협정에 포함되어 소멸했다는 결론을 내렸다. 한·일 간 재산 및 청구권협정 요강 8개항 중 제5항에 "피징용 한국인의 보상금"이라고 명기되어 있던 사실과, 일본도 한국도 "일괄보상협정"을 체결한 사실을 지적하면서 "일괄보상협정 방식에 의한 개인의 청구권의 소멸은 국제법상 실정성을 견고하게 획득하고 있"다는 것이 그 근거였다.

또한 '양국 및 양국민 간의 청구권(미수금 및 보상금)은 해결'되었다는 생각이, 한일협정 이후 한국 정부의 공식 해설서나, 1966년 이후의(징용 피해자 등을 위한) 국회 입법, 민관공동위원회의 공식 의견으로 확인되었고 일본으로부터 받은 약 3억 달러에 개인청구권이 포함되어 있었기 때문에 청구권 행사는 어렵다는 2009년 한국 외교부의 보도자료도 있다고 덧붙이고 있다(2021년 6월에 나온 판결문도 같은 내용을 언급한다).

2018년 한국 대법원 판결은 한국 정부가 국교정상화 협상 과정에서 '강제동원 피해에 대한 보상'을 요구했다는 사실을 인정하면서도 그 부분이 '공식견해'가 아니라 담당자의 발언에 지나지 않기 때문에 그런 요구가 한일협정에 포함되었다고 인정하기는 어렵다고 판단했다. 하지만 이 교수는 당시 한국은 "생존자, 부상자, 사망자, 행방불명자 그리고 군인 군속을 포함한 피징용자 전반에 대하여 보상을 요구"했기 때문에 설사 그 형식이 참고자료였다 해도 한국 측이 "개인의 피해에 대한 배상을 청구권협상 대상에 포함시키고 있었다는 사실을 보여"주는 것이라고 주장한다.

또 수령금액의 명분을 둘러싸고 양국 정부가 첨예하게 대립한 사실을 소개하면서, 한국 측에 있어서 청구권 문제는 "단지 '돈의 문제'가 아니라 '한일 간의 불행한 과거의 청산'이라는 결코 양보할 수 없는 명분에 관련된 것임을 분명히 한 것"이었다고 말한다. 이 협정에서의 불행한 과거의 청산이라는 상징적 의미는 크고, 한국인의 피해에 대한 보상을 포함시키는 것이 협정을 받아들이는 절대적 조건이었다면서, 그런 이유로 문면이 "청구권 문제의 해결 및 경제협력"이라는 식으로 절충되었다는 것이다.

마지막까지 일본은 그 금액이 '식민지지배에 대한 배상이 아니다'는 입장이었기 때문에 당시 받은 자금을 단순한 "'경제협력자금'으로 규정하는 것은 협상과정에서 한국 정부가 일관되게 견지·주장한 입장과 어긋나는 것"일 뿐만 아니라 식민지지배를 부정한 "일본의 입장을 추수하는 것"이라는 것이 이 교수의 주장이다.

나아가 이 교수는 이 문제를 생각하는 데 도움이 되는 중요한 사실을 알려준다. 설사 일본이 '한일병합은 불법'이라고 인정하지 않았다고 해도, 그 점은 청구권 문제 해결과는 무관하다는 것이다. 이 교수의 주장대로라면

'일본은 병합의 불법성을 인정하지 않았기 때문에 한일협정에서 받은 금액에 배상적 성격을 가진 돈이 포함되지 않는다'는 전제 자체가 무너지게 된다.

'화해금'을 둘러싼 또 하나의 해석

이 교수는 "국제관계에서 일방 당사국이 국제법상의 책임을 인정하지 않는 기초 위에서 일정한 금액을 지급하고 타방 당사국과의 분쟁을 해결하는 경우는 자주 찾아볼 수 있다"면서 국내법에서도 화해라는 이름으로 절충되는 케이스에 대해 언급한다. 일본이 병합의 불법성을 인정하는지 여부에 관계없이(즉 한일협정을 통해 받은 돈에 배상의 성격이 있는지 여부에 관계없이), 한일 양국 정부는 식민지지배 문제가 "협정의 대상이 되어 해결되었다는 점에는 의사일치를 보이고 있다"고 말하기도 한다. 즉 대립 후에 화해하는 경우 그때의 화해금의 의미를 각각의 당사자가 자기에게 유리하도록 생각하는 것은 국제관계에서도 예외적인 일이 아니라는 것이다.

2018년 판결의 요점은 '1910년의 병합은 불법이었으므로 모든 노무동원은 기본적으로 강제이고 불법이다'라는 생각과 '1965년 협정에서 식민지지배로 인한 피해는 논의되지 않았다. 따라서 임금 문제 등이 해결되었다 하더라도 동원과 노동 과정에서 겪은 피해에 대한 〈위자료〉는 청구되지 않았고 보상도 이루어지지 않았다. 따라서 한일청구권협정에서는 징용 문제가 모두 해결되었다고는 할 수 없고 일본 기업은 배상책임이 있다'는 데에 있었다.

그런데 이 교수는 협정문 안에 식민지지배에 대한 보상이라고 명확하게 제시되지 않았다 해도 그런 내용이 포함되어 있다고 해석하고 있는 것이다. 학문이란, 대부분 해석으로 이루어진다. 실제로 지난 30년의 한일의 역사를 둘러싼 논란을 봐도 그 대부분은 해석의 싸움일 뿐이었다. 물론 때로 '해석'이 사실 그 자체인 경우도 있다.

이 교수는 '인권'에 관한 인식이 강화되고 있는 상황도 언급하면서, 국가가 처리한 일에 대해 개인의 권리를 요구하는 움직임 자체는 시대적 추세라고 말하고 있고, 개인청구권 제기 자체를 부정하고 있는 것은 아니다. 또 국제법은 이러한 움직임에 대해 국내법의 움직임을 따라가지 못하는 경우도 있기 때문에 국제사회도 개인의 권리를 고려하도록 권고하고 있다는 국제동향의 설명도 잊지 않았다.

하지만 동시에 국제사회는 "외교적 보호권의 행사와 관련하여 여전히 국가에 상당한 재량권을 부여하고 있다"고 말하기도 한다. 인권 문제는 말할 것도 없이 중요하지만, "엄연히 존재하는 국제사회의 현실보다 너무 멀리 또한 빨리 앞서나갈 경우 국가 간 분쟁을 빈발시키고 관련 개인에게는 당위적 입법론이 현실적 해석론으로 오인케 할 우려"가 있다는 것이다. 이런 의견을 참조했는지 2021년 6월 서울중앙지법 판결은 한미동맹 파탄에 대한 우려까지 언급해 원고 측에게 비난받기도 했다.

이 교수도 영국이나 미국 등 인권 문제에 엄격한 민주국가에서도 외교 문제에 대한 '사법자제의 원리'가 천명되었다면서 "신중한 접근이 필요하다"고 한다. 프랑스 등에서도, 특히 외교 문제에 관해서는 (최종적인 판단은 사법부가 내리지만) 대개는 전통적으로 "행정부서의 의견을 조회·존중하는 전통을 가지고 있다"라고 덧붙이기도 한다. "한 국가가 외교정책 문제에 관한 한 두 목소리로 말해서는 안 된다"고 생각하기 때문이라는 것이다.

또다른 국제법학자인 정인섭 서울대 명예교수도 "국가國家가 타국과 자국민自國民의 청구권請求權에 영향을 미치는 합의를 할 수 없다면 국제관계國際關係에 있어서 국가 간 외교교섭과 타결이란 그 존재의의가 없게 된다"(14)[2]고 주장한다.

한국인 징용 피해자나 유족이 일본 기업에 미지급 임금이나 손해배상을 요구한 소송에서 소송을 각하한 2021년 6월의 서울중앙지법 판결을 둘러싸고, 정권의 의향을 의식한 것이라는 의견도 많았지만, 일찍부터 학계에서는 이렇게 의견이 갈라져 있었다.

판결에 대한 상반되는 반응에 대해서는 후술한다. 우선은 법정뿐만이 아니라 학계에서도 의견이 갈려 있었다는 사실, 그리고 그런 의견에 따르면 2018년의 대법원 판결이 '외국을 상대로 하면서 지극히 국내용 판결'이었다는 사실은 확인해둘 필요가 있다. 그렇지 않으면 한일협정을 부정하는 것처럼 보이는 지금의 한국이 국제사회를 설득할 수는 없을 터이므로.

하지만 이러한 '이견'이 한국 국민을 향해 발신되는 경우는 거의 없다. 애초에 2018년 대법원 판결에서 13명의 판사 중 다수의견은 7명뿐이었다는 사실도 일반인에게는 거의 인식되지 않았다. 결국, 세간에서는 다수의견만이 올바른 것으로 인식되게 된다. 그 결과로, '올바른' 것일 터일 재판과 판결을 거부하는 일본에 대한 혐오만이 더한층 깊어지는 정황이 지난 몇 년간 이어졌다.

'법지상주의'와 '전체주의'

그 결과로 징용 피해자를 둘러싼 2018년 대법원 판결을 둘러싸고 이후 2년 동안, 1990년대 이후 목소리를 내온 일부 법률가·법학자들의 주장만이 사회에 전해졌고, 오랜 시간 동안 언론을 통해 이미 정설이 된 원고 측 주장과 다른 생각은 즉각 비난 대상이 되었다. 1990년대 이후 오랫동안 한일 양국의 역사 문제에 대한 판단이 일종의 '전체주의적인' 경향을 갖게 된 것은 역사 문제에서조차도 법의 판단을 최상의 것으로 간주해왔던 법지상주의의 결과이기도 하다.

2018년 대법원 판결은 한일 양국의 협상 과정에서 한국이 "요구액에 훨씬 미치지 못하는 3억 달러만 받은 상황에서 강제동원 위자료청구권도 청구권협정의 적용 대상에 포함된 것이라고는 도저히 보기 어렵다"고 했다. 하지만 예를 들어 1980년대에 전두환 전 대통령이 일본에 100억 달러를 요구했고, 최종적으로 40억 달러가 '안보경제협력차관'으로 제공된' 사실은 말하지 않는다. 지금은 거의 잊혀진 사실이라 인식조차 하지 않았을 가능성이 높다.

판결문은 그저 한국의 피징용자를 포함한 노동자들에게 1970년대에 약 91억 원의 보상금이, 그리고 2000년대 이후 희생자지원법에 따라 약 5500억 원의 위로금이 지급되었다고만 기술하고 있다.

징용 피해자들의 요구가 미지급 임금이 아니고, 제국 통치하의 식민지지배(를 포함한 모든 '국민'에 대한 의무부과)에 따른 피해나 '정신적인 고통'에 대한 위자료라는 얘기라면 그 대상은 꼭 피징용자에만 한정되지 않을 것이다. 일본제국 통치하의 일본어 사용 등 모든 강요에 대해 '위자료' 청구가 가

---

* 　전두환 정권은 1981년 4월 일본 정부에 총 100억 달러의 대한 경제원조를 타진했다. 한일 국교정상화와 함께 시작된 경제원조는 한국의 발전에 따라 감소되는 경향이 있었고, 당시 외무성 동북아과장으로서 협상을 담당했던 오구라 가즈오小倉和夫의 저서『비밀기록·한일 1조 엔 자금秘錄·日韓1兆円資金』(講談社, 2013년) 등에 따르면 "자유진영의 중추로서 국가 예산의 35퍼센트를 국방비로 쓰고 있다"면서 안보상의 이유를 내세운 한국의 증액 요구에 일본은 반발했다. 안보경제협력(안보경협)이라고도 불리는 이 문제는 1982년 여름에 불거진 교과서 문제를 사이에 두고 양국을 뒤흔들었다. 외교 당국자뿐만 아니라 한국과 독자적인 커넥션을 가졌던 세지마 류조瀬島龍三(전 육군 군인. 전후에는 이토추상사伊藤忠商事 회장) 등의 밀사가 움직여 협상을 진전시켰다. 1982년 11월에 정권을 잡은 나카소네 야스히로 수상이 세지마에게 한국 방문의 사전 작업을 의뢰했고, 같은 해 12월에 세지마가 극비리에 방한. 이듬해 1983년 1월에 나카소네 수상이 전격적으로 방한해 40억 달러의 경제협력자금을 제공하는 것으로 발표하기에 이르렀다.

능하다고, 이론적으로는 말할 수 있다. 제암리교회 학살사건,' 관동대지진 조선인 학살 등 잘 알려진 학살사건으로 희생된 사람들이라면 말할 것도 없다. 현재 한일 간에 '문제'로 간주되고 있는 것은 주로 징용 피해자이지만, 한일협정 때는 징병된 사람들도 논의되었고, 두 차례에 걸친 한국 정부에 의한 보상에도 징병 피해자들이 포함되었다. 그렇다면 당연히 징병 피해자들도 그 대상이 될 수 있다.

하지만 일본은 1965년 한일협정을 국제적 약속이라고 주장하면서 강경한 태도를 무너뜨리지 않고 있다. 한국도 한국 측 입장을 반복 주장할 뿐이다. 해결책을 생각하려면 징용이나 징병이란 무엇이었는지―개인이 국가의 필요에 의해 동원된다는 건 어떤 사태였는지―에 대해 양쪽 모두 더 고려해야 할 것이다. 실제로는 '국민'조차 아니면서 절대적으로 복종하는 '신민'일 것을 요구당한 조선인들이 어떤 상황하에 있었는지를 이해해야 제대로 답을 찾을 수 있다.

하지만 아직까지 양국 정부 모두 그런 시도를 하고 있는 것으로 보이지는 않는다. 이대로 가면 갑자기 '해결책'이 나온다 해도 위안부 문제와 마찬가지로 또다시 대립이 이어질 가능성이 아마도 높다. 한국 측 관계자들이 제시한 피해자 수는 22만 명인데, 이들을 모두 함께 '대표' '대변'하는 개인이나 단체는 없기 때문이다. 당사자도 포함해 충분한 토론이나 협상을 거치지 않는 한 위안부 문제의 전철을 밟지 않는다는 보장은 없다. '해결'을 지향한다면 후술하게 될 위안부 문제의 경험으로부터 먼저 배워야 한다.

---

*   1919년 4월 15일 현재 화성시 향남읍 제암리 지구에서 벌어진 주민 집단학살사건. 일본 군대가 3·1운동 참가자를 교회에 가두고 일제사격과 함께 건물에 불을 질렀던 사건. 사망자는 기독교 신자를 중심으로 수십 명에 이르렀다. 이 사건은 외국인 선교사의 증언 등으로 알려지게 되었다.

5. 징용을 둘러싼 한국 내부의 대립

차별은 없었나

2021년 9월 8일 한국 징용 피해자 유족들이 일본 기업을 상대로 손해배상을 요구한 소송에서 원고들은 다시 패소했다. 담당한 서울중앙지법은 소송을 제기한 시기를 문제삼아 공소시효가 소멸되었다고 했는데, 아마 그것은 표면적 이유일 것이다. 같은 해 6월에 서울중앙지법이 내린 원고패소 판결이야말로 2018년 판결에 반하는 일련의 판결을 내린 판사들의 생각에 가까워 보인다. 2021년만 해도 원고들이 패소한 재판이 이미 세 번 있었는데, 앞으로도 일본 기업에 대한 배상명령이 확정된 2018년 판결과는 다른 판결이 계속 나올 가능성은 높다.

최근 들어 징용 피해자들의 호소에 대해 고통 같은 건 없었다는 부정적인 견해가 주목을 받고 있지만, 그런 목소리들도 어쩌면 판결에 영향을 미치고 있을지도 모르겠다. 2021년 6월 서울중앙지법 판결이 보여준 것처럼 한·미·일의 공조가 흔들리는 것을 우려하는 보수층의 사고방식이 재판에 반영되고 있음은 분명하다. 예를 들어, 2019년 일본에서도 베스트셀러가 된 이영훈 편저 『반일 종족주의』와 니시오카 쓰토무西岡力의 『날조된 징용공 문제でっちあげの徴用工問題』(草思社, 2019년) 등도 그런 목소리들이다.

『반일 종족주의』의 공저자인 경제사학자 이우연의 논지는 임금차별은 없었다, 있었다 해도 우연히 수요와 공급이 일치했을 뿐이고 한일 간에 근원적 차별이 있지는 않았다, 는 내용이다.

분명, 여러 증언들을 보면 제도적으로 차별을 하지 않았고 임금이 제대로 지급되었을 가능성도 낮지 않은 것처럼 보인다. 하지만 임금이나 기타 수당의 지급은 모집, 관 알선, 징용 등 다른 시스템 속에서 각각 달랐고, '국가성'이 강한 동원에서 동원시스템조차 잘 기능하지 않았던 것으로 지적(도노무라 마사루外村大 도쿄대학 교수)되는 정황 속에서 그런 '원칙'이 제대로 지켜지고 있었는지에 대해서는 연구가 더 필요하다. 임금을 받지 못했다고 생각하는 당사자들이 있는 한, 그 이유에 대해서도 조사가 필요하다.

예컨대 전시기에 마리아나군도에서 농장관리를 하면서 '마쓰모토'라는 이름으로 살아갔던 조선인은 전쟁 말기에 일본 해군에 의해 섬 주민들이 징용된 사실, 갑작스러운 패전으로 임금 등을 받지 못한 사실 등을 회고록에 남겼다.[1] 식사도 만족스럽게 제공되지 않는 환경 속에서의 가혹한 노동, 그리고 일본인 관리인들에게 참혹한 대우를 받았던 현장을, "2등 국민" 마쓰모토는 섬 주민들 편에 서서 놓치지 않고 빠짐없이 보고 있었다.

노동현장에서의 민족차별이란, 평등하게 대우해야 한다는 표면적 정의와 마음속 차별의식 사이에서 흔들리면서 눈에 띄지 않게 나타날 수밖에 없다. 차별이 노골적인 경우는 파업을 일으키기도 하니, 지배자로서는 노골적인 차별이 되지 않도록 조심하게 된다. 피지배자들에 대해 동정적인 지배자라면, 물론 말할 필요도 없다. 그런 정황은 식민지 통치 전반에서 볼 수 있는 일이다. 노골적으로 극단적인 경우를 강조하는 지배를 둘러싼 논의가 지배의 본질의 모든 것을 말하는 것은 아닌 것처럼, 차별은 없었다는 논의도 똑같은 함정에 빠질 수 있다.

농장관리에 종사했던 마쓰모토는 자신의 선택으로 남양군도의 무역관계 회사에 취직해 일본인 상사에게 총애받고 좋은 대우를 받으면서도, 일본인과 섬 주민 사이에서 "진짜 일본인은 아닌" "자신의 약한 입장"(95)을 잘 인식하고 있다. 지배자들은 시스템을 유지하기 위해 피지배자들이 폭동 등을 일으키지 않도록 당근과 채찍을 동시에 준비하는 법이다. 이익을 예상하고 기대하지 않는 지배 같은 건 있기 어렵다 해야 하지만, 동시에 그런 시도가 꼭 전부 악의에서 나오는 것만은 아니라는 것도 기억할 필요가 있다. 지배자들도 시행착오를 반복하면서 통치를 하는 법이어서, 1919년의 3·1운동 후에 **조선총독부가 문화정책**으로 돌아선 것도 그 하나였다.

『반일 종족주의』의 공동 저자인 이우연은 작업장에서 도망쳐 고향으로 돌아가지 않고 다른 일터로 옮겨간 것도 "로망"을 계속 쫓은 근거로 보지만, 그건 (그런 사람이 없었다는 것은 아니지만) 가난한 식민지인의 선택을 둘러싼 맥락을 외면한 판단일 수밖에 없다. 조선 농지에서 일해도 먹고 살아갈 수 있게 되었을 때엔 사람들은 바다를 건너야 하는 징용을 싫어했다는 기록도 있기 때문이다.

이우연 낙성대경제연구소 연구위원은 조선인과 일본인의 임금 격차에 대해 일본인에게는 가족이 있고 일을 많이 해낸 결과로 초과수당이 많았다고 강조하기도 한다. 하지만 징용된 많은 조선인들도 고향에 가족이 남아 있었고, 원칙적으로 임금은 가족에게 송금되었다. 2018년 대법원 판결에서 원고가 미지급 임금이 아니라 위자료에 초점을 맞춘 것에 대해 '미지급 임금이 적기 때문에 소송 전략을 바꾼 것'이라는 등의 견해가 일부에 있지만 이런 견해는 왜 '위자료'가 요구되었는지를 전혀 보지 못한 단견일 뿐이다.

그런 의미에서 조선인 동원에 설사 남자들의 "로망"이 숨어 있거나 '자발적 이민·밀항' 사실이 있더라도 그런 사실이 곧 차별이나 강제가 없었음을 증명하는 건 아니다. 일을 찾아 일본에 건너와야 했던 것 자체가 식민지가

---

* 1919년의 3·1운동 후에 제3대 조선총독이 된 사이토 미노루齊藤實가 실시한 조선에 대한 식민지지배 정책. 무단정치가 조선민족의 저항으로 어려움에 봉착했기 때문에 외관상의 융화정책으로 위기 타개를 도모했다. 총독무관제의 폐지, 헌병경찰제도 폐지, 언론·집회·출판의 자유의 한정적인 용인 등 그 이전의 억압적 정치를 바꾸어 '문화정치'를 내걸었다. 하지만 실제로는 문관이 총독이 된 적이 없고 경찰기구도 확충되는 등 군사지배의 본질은 변하지 않았다.

된 조선에서는 먹고살기에 충분한 통치가 되지 않았던 결과이기 때문이다. 약간의 화려함이 이동한 장소에 있었다 해도, 지배자들의 영토로 가는 이동은 일본인들이 만주로 건너가며 말한 '개척'의 로망과는 질적으로 다를 수밖에 없다.

또한 조선인의 평균적인 체격은 일본인보다 컸던 것 같지만, 그런 사실이 곧바로 "체격이 크고 당당해서 노예가 아니"[2],[3]라는 걸 증명하는 것은 아니다. 조선인 마쓰모토가 자신보다 체격이 큰 섬 주민들을 관리하는 입장이 되었을 때, 두려움을 품으면서도 확실하게 자신의 지배하에 두게 되는 과정을 봐도 그건 분명하다.

사실, 지배자의 물리적 폭력은 두려움이 만드는 경우가 많다. 그런데다 대부분의 사람들에게 2년이면 귀국할 수 있다고 했던 최초 약속이 반드시 지켜졌던 건 아니라는 것을 적지 않은 증언들을 통해 확인할 수 있다.[4]

당시 조선에서 지방관리로 지냈던 어느 일본인의 "郡部에서 10명 모으는 것도 총독부는 힘들어했고 나는 지역 유지인 3장관(면장, 교장, 주재소 주임)에게 협력을 부탁했을 정도"(106, 116)[5]라는 이야기도, '로망'이라는 것이 말 그대로 로맨틱한 환상일 뿐이라는 사실을 가르쳐준다. 이 일본인 지방관리는 '3장관'의 협력을 얻어 설득하고, 강압이 아닌 방법으로 무난하게 모아 영전까지 했다고 자랑스럽게 말하고 있다. 하지만 이런 사실은 이른바 물리적 강제동원이 징용의 주된 수단이 될 수 없었다는 증명은 될지언정 배급을 받지 못하는 등의 협박이나 협박에 가까운 간접적 강제이기도 했다는 사실을 부정하는 것은 아니다. 그 사실을 많은 관련 구술들이 보여준다.

소송지원자들의 해결방식의 모순

그렇다고 해서 이런 주장이 나오게 된 문맥을 완전히 무시할 수는 없다. 징용 피해자를 둘러싼 기존 인식에 대한 비판은 분명 동원에 관한 오해나 잘못된 인식이 있었기에 나온 것이기 때문이다. 그런 의미에서 반론 자체를 막아서는 안 된다.

이미 말했지만 한국에서 징용 피해자 문제는 2018년 대법원 판결 때까지 위안부 문제만큼 주목받지 못했다. 최근 들어 갑자기 주목을 받게 되면서 위안부 문제가 그랬듯 과장과 오해가 적지 않은 주장이 많이 나온 건 사실이다. 그리고 그런 정황은 위안부 문제를 둘러싸고 이미 정착된 일본에 대한 악감정에 더 불을 붙였다. 2017년 개봉한 〈군함도〉 같은, 그저 영웅담일 뿐 실은 "피해자가 없"는[6] 영화가 만들어진 것도 그런 과정에서의 일이었다.

하지만 일본에서의 전후보상 소송을 계기로 이 문제에 관여해온 어느 변호사는 2018년 재판에서 패소한 일본 기업의 국내 "재산매각명령 신청을 미루겠다"며 "일본과 갈등을 일으켜서 좋을 게 없다", "양국이 먼저 진지하게 외교적 협의를 하는 게 최선"이라고 말했다.[7] 이 말은 소송을 걸어 승소하는 방식이 실은 정부를 압박하기 위한 무기일 뿐이었다는 사실을 명료하게 보여준다.

분명 일본의 재산을 압수했다고 해도 그것으로 징용 피해자 문제가 '해결'되는 것은 아니다. 이 변호사는 최근에 한일 양국 정부와 양국 기업이 참여하는 재단(기금) 창설을 제안했지만 활동을 위한 인건비를 우려하는 질문에 대해 재단이 장기적으로 보면 변호사에게도 돈이 된다면서 강제동원 피해자들의 공탁금을 찾아오면 재단 운영 과정에서 변호사들도 금전적으로 보상을 받을 수 있다고 말한다.[8] 하지만, 이런 발상은 본말이 전도된 이야기다.

그런데다 '정부에 의한 해결'의 의미는 한일 양국 정부가 협의해서 피해자의 청구권을 말소하고 재단에 의해 보상을 하도록 하는 '포괄적 화해'다. 지금까지의 소송 목적은 '개인청구권'을 인정받아 배상책임을 하도록 하는 것이 아니었나. 그 청구권을 정부가 일방적으로 없앨 수 있다는 발상 자체도 놀랍지만, 그건 그야말로 지금까지 재판을 이끌었던 사람들이 비판해온 '국가에 의한 개인의 권리 말소'라는 '처리'일 뿐이다.

이 변호사는 새로운 인권재단을 만드는 방안을 소개하면서 "일본 기업들의 신탁금을 수령할 경우 법률상 화해 간주 조항을 두어 법적으로 최종적 안전장치를 확보하였다"는 말도 한다.[9] 하지만 개인청구권이 정부 간 협의만으로 소멸 가능한 것이라면 1965년 정부가 소멸시킨 청구권이 살아 있다는 주장[10] 자체가 성립되지 않는다. 한일협정이 바로 그런 '포괄적 화해'였기 때문이다.

재판을 지원해온 한일 대리인들은 '양국의 사법이 개인청구권을 인정했다'면서 '사법부'의 권위를 강조해왔다. 구 소련과 미국에 대한 일본 국민의 손해배상청구권을 둘러싼 일본국가의 주장이 '피해자 개인의 손해배상청구권은 소멸하지 않았다'[11]는 것이므로 한국인의 청구권도 남아 있다고 주장한다. 하지만 '개인청구권'에 집착하도록 만드는 '법적' 사고방식에 의거한다면 같은 논리로 한국에 남아 있는 일본인의 재산을 둘러싼 개인청구권도 인정해야 한다는 얘기가 된다.

또 이들은 독일이 강제동원 피해자에게 보상한' 사실을 예로 들면서, 보상을 위한 재단 설립이 필요하다고 주장해왔다. 하지만 유대인 노동동원은 가

---

* 독일은 전시하의 강제노동자에 대한 보상을 목적으로 폭스바겐 등의 기업과 독일 정부가 국가배상이 아닌 인도적 견지에 의한 자발적인 보상으로 자금을 출연해 2000년 '기억·책임·미래 재단'을 설립했다. 이 재단의 특징은 단순히 피해자에 대한 보상뿐만 아니라 과거를 직시하고 박해의 기억과 책임을 미래로 이어가 재발 방지를 함께 지향한 점에 있다. 2007년까지 동유럽, 러시아 등 약 100개국의 약 166만 5000명에게 약 44억 유로(당시 약 6조 2800억 원)가 지급되었다.

혹하다는 점에서 비슷한 점이 없다고만은 할 수 없지만 징용 피해자 문제는 독일의 인종말살정책과는 구조도 맥락도 다르다. 후술하겠지만 위안부 문제에서도 지원단체는 2000년 이후 위안부의 상황과 홀로코스트를 동일시하면서 '민족말살'이라는 인식을 심어왔는데 그런 식의 부정확한 인식이야말로 문제해결을 지연시키는 것이기도 하다.

원고들을 위해 헌신해온 많은 지원관계자들의 선의와 노력에는 당연히 경의를 표해야 한다. 하지만 원고들이 마지막 소망을 담은 한국에서의 소송조차 판결이 갈린 현상은 앞으로 어떤 판결이 나오든 '법적' 해결은커녕 정치적 해결조차 어렵다는 사실을 보여준다. 게다가 피해자들 관련 단체는 30개 가까이 있고, 모든 피해자들이 소송을 원하는 사람들과 똑같은 입장을 취하는 것도 아니다. 그중에는, 한국 정부의 보상을 요구하며 시위에 나서는 유족들도 있다.[12]

6. 1960년대의 사고와 '법'을 넘어

오늘의 시각으로 과거를 다시 묻기

징용 피해자 문제에 관한 작금의 상반되는 견해에는 양쪽 다 경청해야 할 부분도 있는 반면 모순 또한 적지 않다. 하지만 한일 양국 사람들은 위안부 문제의 경우와 마찬가지로, 또다시 대립하는 양쪽 중 어느 한쪽의 주장만을 신봉하면서 집단 반목 중인 상황이 이어지고 있다.

하지만 위안부 문제를 둘러싼 한일 갈등이 30년 이어진 것도 바로 그런 식의 이분법적 구조가 문제 발생 초기부터 만들어졌고, 그 구조 그대로 서로를 전면 부정하면서 적대시해왔기 때문이었다. 지금 필요한 건 위안부 문제에서 실수를 반복하지 않는 길의 모색이다.

그러려면 우선 징용을 둘러싼 지금까지의 인식에서 접점을 만들 필요가 있다. 그 과정과 내용이 공유된다면 그 양쪽에 각각 동조하며 대립해온 사람들도 접점을 만들 수 있다.

이대로 가면 왜곡된 기억만이 확산될 가능성이 크다. 그리고 그에 대항하기 위해 다시 정반대인 기억만 생산될 것이다. 공감이 부재하는 폄훼나 부정도 아니고 손쉬운 '해결'도 아닌 다른 형태의 모색이 필요하다.

하긴 일본 정부의 입장은 1965년 한일협정으로 끝났다는 것이다. 그런데 과연 그럴까. 끝났다면 '무엇이' 끝났을까. 징용 피해자들의 아픔을 일본은 어디까지 이해했을까.

한일협정은 '식민지지배'를 한일 양국이 함께 의식하면서도 그런 정황을 눈에 보이는 형태로 남기지 않았다. 그렇기 때문에 1990년대로 들어서자 한일협정 파기나 재체결을 주창하는 사람들이 나온 것이기도 하다. 그 주장들의 옳고 그름을 떠나, 중요한 건 식민지지배가 가져온 유사'국민'들의 징용 비극에 대해, 반세기 전 사람들이 아닌 '현재' 사람들이 어떻게 생각하는 지다.

전후 일본—과거—사람들은 식민지지배가 나쁘다고 생각하지 않았으니 징용 등은 '전前 신민'의 당연한 의무 정도로 생각했을 것이다. 하지만 이후의 일본은 조금씩 바뀌었다. 그런 의미에서는 과거 사람들이 만든 인식을 굳이 깨뜨리지 않아도 1960년대 이후에 변화가 있었다면 그 변화를 형상화할 방법을 찾는 건 불가능한 일이기만 한 것은 아닐 것이다. 1965년 한일협정으로 한국에 건네진 '경제협력금'이 어떤 성격의 것이었는지는 재판에서도 논의되었는데, 한일협정에 관해서는 일본 정부도 한국 정부도 과거에 취했던 입장과 반대 입장에 서는 등 일관되지 않은 해석만 눈에 띈다.

징용 문제를 둘러싼 10여 년 전 한일 협력과 망각

식민지지배에 대해 1960년대 한일협정 현장에 있던 사람들이 어떻게 생각했는지에 대해서는 후술한다. 하지만 그 생각이 어떤 것이든, 거기에 꼭 '현재'가 발목잡혀야 할 이유는 없다. 한일 모두, '지금/여기'를 사는 우리가 해야 할 일은 당시 사람들의 노력을 인정하면서도 시대적 한계까지 보는 것 아닐까.

이미 알려진 것처럼 한국은 1970년대에 한일청구권협정에 근거해 미지급 임금이나 보상금 명목으로 30만 원을 징용·징병 피해자들에게 전달했다. 2000년대에는 개인에게 갔어야 할 청구금을 정부가 받았다는 사실이 한일회담 외교문서 전면공개 청구 소송에 의해 밝혀져 다시 한번 피해사실을 신고하도록 해 한국 정부가 독자적으로 보상했다. 도합 두 번 보상을 실시한 셈이 된다. 그 두 번째 보상 때 설립된 국무총리 산하 '일제강점하 강제동원피해진상규명위원회'에서 활동한 사람들이 10년 이상 기간 동안 징용자·군속·군인 등 피해자들 이야기를 바탕으로 연구와 조사를 실시해, 10권 이상의 구술기록집과 그 이외 자료집을 내놓은 과정을 회고록으로 남겼다.

이 회고록에 따르면 해산 시점인 2011년까지 한국에서 조사가 완료된 강제동원 피해자는 15만여 명이었다. 11만 명 이상의 신청을 받았고, 실제로 위로금 등을 지급한 인원수는 7만 명 이상에 달한다. 그중 사망이나 행방불명자는 1만 7000여 명, 부상장애인은 1만 4000여 명이다. 이런 케이스들과 중복되는 경우도 있다지만 미지급 임금을 받은 사람은 오히려 이보다 적어 1만 6000여 명이다.[1] 지급된 총액은 6000억 원 이상이었다.

사실 전시동원 관련 명부도 몇 종류 남아 있고, 1953년에 당시의 한국 내무부가 만든 '일정시日政時 피징용(징병)자 명부'에는 22만 9782명이 기록되어 있다고 한다. 1957년 한국 노동청이 만든 '왜정시倭政時 피징용자 명부'에는 28만 5711명이 실려 있고, 이 중 11만 8520명을 강제동원 피해자로 확정했다. 이 밖에도 1990년 노태우 전 대통령 방일 때 일본의 구 후생성에서 건네받은 군인군속 명부와 피징용자 명부 등도 존재한다.

이 회고록에는 위원회 설립 후 이루어진 일본 정부와의 협력 모습도 꼼꼼하게 기록되어 있다. 일본 정부는 2006년 한반도 출신자 위령을 위해 필리핀, 팔라우, 사이판에서 열린 국외추도순례에 참가하는 가족에게 경비의 3분의 1을 제공했고, 현지 일본 영사가 추도식에 참석해 추도사도 낭독했다. 2007년에는 역시 일본 법무성에서 '군인군속 공탁금 명부'(11만 5076명, 중복 있음)를, 2010년에는 '노무자 등 공탁금 명부'(6만 4279명)를, 2011년에는 구 후생성으로부터 피보험자 명부(1만 147명)를 건네받았다.

즉 2011년까지 이 문제를 놓고 한일 양국은 서로 협력했다. 이때 한일유골조사협의회도 출범해 사찰과 들판, 탄광 등에 묻혀 있는 유골 수집을 위해 20여 회 협의했고, 일본으로부터 유골 관련 정보가 제공되어 유골이 맡겨져 있는 사찰의 상황 등을 전달받았다. 일본 정부 또한 독자적으로 234회나 현지 실사를 벌여 1000기를 확인했다. 그리고 2008년 유골봉환식에는 부외무대신, 부후생노동대신이 참석해 추도사를 낭독했다.

하지만 이런 사실은 한국에서는 별로 알려지지 않았다. 보도되었겠지만 공적 기억이 되지는 않았다. 일본도 같은 상황이 아닐까. 그런 식의 정보 부족과 무관심이, 상반되는 갈등의 목소리만 큰 이후의 상황을 만들었다.

가치관과 기억계승으로서의 해결

회고록 저자들은 위원회가 해체된 경위도 적으면서 "양국 정부가 조금이라도 인도주의 차원에서 이 문제에 관심을 기울인다면 이 문제를 계기로 양국이 관계 개선의 출발점으로 삼을 수 있을 뿐 아니라 곧바로 실현 가능"(190)하다고 말한다.

나아가 패전 직후에 군산에서 일본으로 간 징용 피해자 1803명이 "일본으로부터 받은 냉혹한 대우에 관해" 보상을 요구하면서 "사망자 2만 엔, 신체장애자 1만 5천 엔, 귀환자 1만 엔을 요구"(그 후 1인당 3000엔, 총액 540만 엔을 요구했다)(58)했다는 사실이 당시 현장에 있던 모리타 요시오森田芳夫(외무성 아시아국 사무관, 주한국 대사관 참사관 등을 역임)의 『조선 종전 기록朝鮮終戦の記録—米ソ両軍の進駐と日本人の引揚』에서 인용되어 있다. 이런 상황과 숫자는 역사가 정치에 오염되기 이전 자료이고, 나아가 당사자들의 생각이 표현된 것이어서 귀중하다.

이미 언급한 것처럼 피징용자들은 그저 기업을 위해 일한 것은 아니다. 임금을 누가 지급하는지와는 상관 없이 '국가를 위해' 일했다. 그중에는 사할린으로 이주해서 살았던 사람들이 일본으로 일터가 전환되어 가족과 생

이별한 채 수십 년 뒤에야 가족과 재회했던 경우도 많다는 사실을 위원회는 지적한다.

전쟁이나 '내지'의 영토만 일본의 근대인 건 아니다. 점령지·식민지의 획득이야말로 일본의 근대였고, 전쟁이란 그것을 위한 수단일 뿐이었다. 그리고 그렇게 획득한 자원과 노동력을 가능한 한 많이 사용하기 위해 일본은 '황민화 교육'을 통해 동화시키는 것으로 조선인에게 '일본인' 의식을 주입시켜갔다.

역사 문제 해결이란, 과거와 마주하는 동시대의 가치관과 계승해야 할 기억을 후세에 건네주는 것이어야 하지 않을까. 좌절되어버리기는 했지만 위안부 문제에서 행한 대응이 징용 문제에서 불필요할 이유는 없다.

1990년대 이후 위안부 문제에 관해 보여줬던 일본 정부의 인식은 정치권을 비롯한 우파와 위안부 문제 부정파들 탓에 왜곡되었다. 하지만 일본의 인식을 다시 전하고 그런 상황을 넘어서야만 이제까지의 소모적인 구조를 깨뜨릴 수 있다. 그 시도를 위해서도 먼저 10여 년 전까지 한일 양국이 징용 문제를 놓고 협력했다는 사실을 기억해두자.

위안부가 법률 바깥에 놓인 이들이었던 데 반해 피징용자들은 분명 국가의 강제성이 만든 존재였다. 그리고 전쟁 중에 일본의 어린이들이 소개疏開되어 가족과 떨어져 시골로 옮겨갈 때, 조선의 소녀들은 멀리 일본으로 동원되어 군수공장에 배치되었고 때로 폭격 대상이 되었다. 폭격으로 조카와 오른쪽 팔을 잃는 일본인 소녀가 나오는 애니메이션 영화 〈이 세상의 한구석에〉(가타부치 스나오 감독, 고노 후미요 원작, 2016년)는 전쟁의 비극을 아프도록 보여주었지만 그런 비극은 그녀만의 일은 아니었다.

야마타니 데쓰오 감독이 1970년대 후반에 배봉기 할머니를 인터뷰한 기록영화 〈오키나와의 할머니─증언·종군위안부〉에는, 오키나와인으로부터 강간과 강도를 당했다고 신고된 '조선인 군속'들을 목을 베어 죽였다고 너무나 쉽게 이야기하는 전직 군인이 등장한다. 반전운동의 하나로 전쟁의 잔혹함을 말하는 사람들과 달리, 이 군인은 크게 위축되는 모습도 없이, 그 이야기를 카메라 앞에서 한다. "이제 와서 생각하면 그렇게 함부로 죽일 건 아니었다"라고, 카메라를 보면서.

그러면서 이 전직 군인은 한편으로는, 폭격으로 사망해 방치된 채로 있던 조선인 위안부의 시체를 수습해줬다는 말도 한다. 좋든 나쁘든, 제국의 일원으로서 피지배자에 대한 관리의식을 확인할 수 있는 장면이다. 그런 식으로 죽은 사람들 대부분이 훗날 '행방불명'으로 '처리'되었을 것이다. 군속조차 그런 처지에 있었으니, 탄광이나 건설 현장이나 공장에서의 수많은 죽음이 구조적으로 같은 범주에 있다는 것은 말할 필요도 없다.

기억을 둘러싼 보상방식

"조선인이 많이 죽었어. 큰 병원이 있당게. 그래도 많이 죽었어. (중략) 저녁 꿈만 잘못 깨도 내가 이 벤또를 먹고는 일을 잘 하고 나올 것인가, 거기서 죽을 것인가 그런 생각부터 들어간당게. 꿈을 어떻게 잘못 꾸면 걱정이 된당게"(128), "마을에서 제일 약한 사람들부터 잡아가는 거래요. 면에서도 가난하거나 성씨가 다른 사람들부터. 힘없는 집은 순사가 와서 한번 잡아가고 또 다음 사람 잡아가고 했지요".(147)[2]

이런 구술이 일본인들 기억에 새겨진다면 한국이 일본의 전쟁 피해자들과 함께 과거를 계승하고 전쟁과 식민지 피해의 기억을 공유하는 날도 멀지만은 않다.

자신의 피해의 비참함만을 강조하는 것이 아니라, 자국의 피해를 통해서 다른 나라 국민들의 피해에 대한 공감력을 키울 수 있는, 그런 상상력을 한일 양국의 아이들이 키울 수 있기를 바란다. 세상의 모든 고통은 개인적이며 그 크기는 일률적으로 측정할 수 없는 것이기에, 오히려 상상력이 필요하다. 자신의 아픔의 크기만큼 타인의 아픔에도 공감할 수 있는 사람들이 지금보다 늘어나기를.

후술하겠지만 위안부 문제는 냉전체제 붕괴라는 정치적 요소가 개재되어 커다란 혼란을 초래했다. 하다못해 징용 문제만은 이제부터라도 정치에 휘둘리지 않고 피해자들의 심경을 이해하고 응답하는 날이 오면 좋겠다. 전시 중에는 한센병 환자마저 물자 만들기에 동원되어 군사시설을 건설하는 데 필요한 벽돌을 만들었다.(389)[2] 여러 겹의 그런 차별구조를 국경을 넘어서 함께 생각할 수 있는 날이 오기를.

정부 간 협력뿐만 아니라 1999년에 니혼고칸日本鋼管에서 한국의 징용 피해자 한 명에게 해결금액으로 410만 엔을 지급하고, "2000년 7월에는 후지코시不二越가 한국의 정신대원 8명과 한 단체에 해결금 3000만여 엔을 지급하고 회사 내에 기념비를 설립하는 등 화해 사례"가 있다.(194)[3] 이런 사례는, 이제는 양국에서 잊혀진, 근과거에 존재했던 노력들을 상기시킨다.

2019년에 문희상 당시 국회의장에 의해 제안된 **'문희상안'**이라는 것이 있다. 이 방안은 1965년 한일협정은 유효하다는 입장을 취하면서도 과거에 일본이 개인청구권을 인정한 사실을 근거로 징용 피해자들에게 청구권이 있다는 생각을 담고 있다.

하지만 한국인의 청구권—'권리'를 인정한다는 발상은 분명 이 문제가

---

* 　문희상 의장(당시)이 2019년 12월 징용 피해자 문제의 '포괄적 해결'을 목표로 국회에 제출한 법안. 한일 양국의 기업과 개인의 기부로 새롭게 '기억·화해·미래 재단'을 설립해, 일본 기업을 상대로 한 배상청구 소송에서 승소가 확정된 징용 피해자들에게 강제동원 피해자의 '정신적 피해에 대한 위자료'를 지급하는 내용을 담고 있다. 그에 의해 피고인 일본 기업에 대한 배상청구권을 포기하도록 하는 구조였다.

법률에 호소하는 형태로 시작했기에 만들어진 결과일 것이다. 이런 발상이면 한국에 남아 있는 일본 재산에 대한 일본인의 청구도 가능해진다는 문제가 생기지만, 역사 문제에서의 피해에 대해 어떤 방식으로 보상할지는 꼭 '권리'라는 발상에 의존하지 않아도 가능하다. 일본 기업이 어떤 방식이든 대응해야 하는 이유로 중국인 노무자들과의 화해를 들고 있지만, 중국의 경우는 문자 그대로의 강제노동이었으므로 조선과는 국가 간 관계도 동원 과정도 다르다.

또 문희상 전 의장은 한일합의 때 일본에서 받은 위로금 중 남은 것을 별도로 활용하자는 방식을 제안한다. 이미 위안부 지원단체의 항의를 받고 철회되었지만, 위안부 문제 해결을 위해 마련된 돈은 원래 목적에 맞게 쓰여야 할 것이다.

징용 피해자 문제에 대한 양국 국민의 충분한 이해 없이 갑자기 재단(기금)을 만들어봐야 아마 문제해결로 이어지지는 않을 것이다. 그 사실을 위안부 문제는 가르쳐주었다. 한일합의의 시도는 평가하지만, 그전에 필요했던 것은 문제 자체에 대한 더 많은 국민들의 공통 이해였다. 한국에서 한일합의 반대운동이 성공한 것은 지원단체가 확산시킨 인식의 결과다.

사법을 넘어서

우선은 2011년까지 진행되다가 중단된 채로 있는 진상 규명이나 위령비 만들기 등의 협력사업을 한일 양국이 함께 시작하면 좋을 듯하다. 2009년 12월 30일자 『아사히신문』에서는 "한국인 4727명, 사회보험청이 연금기록 확인" "전시동원된 민간인" "지원금 수령에 햇빛" "조선이름으로 246명, 일본이름으로 4642명 총 4388명의 가입 이력을 확인했다(중복을 빼면 4727명)"고 전했다. 또 2013년 9월 9일자 『동아일보』에서 피징용자들의 저금통장(우편저금은행郵便貯金銀行) 수만 개가 발견되었다고 보도한 적도 있다. 이후 확인작업은 진전이 안 되고 있는 듯하지만, 그런 작업들은 더 많은 사람들이 납득할 수 있는 보상이나 사죄형태를 저절로 만들어줄 터이다.

재판에서 승소해 한국에 있는 일본의 자산을 압류하는 방식으로는 상황은 더 나빠질 뿐이다. 재단을 만들어 단번에 처리한다 해도, 그건 어디까지나 '처리'일 뿐이고 일본인들의 공감도 지지도 얻을 수 없을 것이다. 상대의 생각과 마음을 무시한 '포괄적 화해'가 진정한 의미에서의 화해를 부를 일은 아마도 없다.

1965년 일본에서 받은 자금을 이용해 발전한 한국의 제철회사 포스코는 이미 60억 원을 '일제강제동원피해자지원재단'에 기부했다. 그리고 2018년부터 피해자 유족에게 매년 지원을 하고 있다는데, 지금은 유족 복지 사업이 어려워졌다고 한다.[4] 일제강제동원피해자지원재단은 법률에 근거해 만들어진 재단이다. 정부는 이번에야말로 민간단체나 '사법'에 맡겨 두지 말고 주도적으로 그 역할을 해야 한다.

소송을 위해 헌신해온 사람들도 지금은 "한일 양국 정부는 피해자들이 개별 소송을 거듭하는 것에 맡기기만 할 게 아니라 정치적으로 전체적인 해결을 실현하기 위한 작업을 시작해야 한다"(141)[5]고 말한다. 그런데다 (기금 조성을 제안하면서) "기금에서 받을 보조금은 소송 절차를 거치지 않고 받는 것이어서 비교적 부담이 적으므로 승소 판결이 정한 금액보다 적더라도 꼭 불합리하다고까지 말할 수는 없다"(148)[5]고도 말한다. 재판에만 관심이 쏠려 있지만 관계자들은 사실 판결 자체에 연연하고 있지는 않다. 기금 조성이 옳은지 여부를 떠나, 30년에 걸친 '법지상주의'도 지금은 행정에 기대를 건다. 하긴 소송에는 문제에 대한 관심을 환기시키는 효용이 있었다. 하지만 그 방법이 가져온 결과와 함께 양국 정부가 협력해온 10여 년 전을 다시 상기할 필요가 있다.

2010년 8월 당시 간 나오토 수상은 "유골 봉환 지원과 같은 인도적 협력을 앞으로도 성실하게 해나갈 것(한일병합 100년에 즈음한 **총리담화**)*"이라고 말했다. 또 일본의 징용 피해자 지원자들도 "1990년 이래 한국에 거주하는 한국인 피해자들이 제소한 수십 건의 전후보상 소송에서, 1999년까지 10년 간 국가(일본)가 '청구권'에 대해 한일청구권협정으로 해결이 끝났다고 항변한 예는 한 건도 없"(168~169)[5]다고 말한다. 역시 한일관계는 2000년을 변곡점으로 바뀌기 시작한 것으로 보인다.

위안부 지원단체는 지금도 '법적 해결'을 요구한다. 그에 비하면 징용 피해자 문제는 아직 '법지상주의'를 정부 압박을 위한 도구로 삼고 있기는 해도 더 유연해 보인다. 구체적인 방법은 논의가 필요하겠지만, 지금의 상황을 방치하는 것은 누구를 위한 일도 되지 않는다.

---

* 한일병합 100년을 맞아 간 나오토 내각(당시)이 각의결정을 하고 발표했다. 아시아 나라들에 대한 식민지지배와 침략을 사죄한 1995년의 무라야마 도미이치 수상(당시) 담화를 계승해, "식민지지배가 초래한 다대한 손해와 고통"을 인정하고 "통절한 반성과 마음으로부터의 사죄"를 재차 표명. "앞으로의 100년을 시야에 두면서 미래지향적 한일관계를 구축"하겠다고 강조했고, 식민지지배시대에 일본에 유출한 "조선왕실(왕조)의궤 등 문화재를 반환하겠다"는 방침을 내놓았다. 한일병합조약의 위법성은 인정하지 않았지만, "한국인들은 자신의 의사에 반해 행해진 식민지지배에 의해 나라와 문화를 빼앗겨 민족의 긍지에 깊은 상처를 받았"고 "아픔을 준 쪽은 잊기 쉽고, 피해를 당한 쪽은 그 아픔을 쉽게 잊을 수 없다"면서 식민지지배의 '잘못'을 인정하고 반성과 사죄를 표명했다.

제3장

위안부 문제

1. 위안부 문제를 둘러싼 근본적 오해

'국가면제'를 이유로 한 재판 회피는 옳았나

2021년 1월 8일 서울중앙지방법원이 내놓은, 일본국가는 한국인 위안부에 대해 1억 원씩 손해배상을 하라는 판결은 역사문제해결운동을 정치화·사법화해온 1990년대부터 이어진 배상운동이 결실을 맺은 판결이었다.

판결 이전까지는 한국에서도 큰 관심은 보이지 않았는데 문재인 정권 여당인 '더불어민주당'의 국회의원이 판결 직전에 이 재판의 경과에 대해 논의하는 심포지엄을 열었다.[1] 재판 후에는 승소 의미를 설명하는 심포지엄이 최소 세 번 개최되었다(1월 18일, 28일, 2월 26일). 국회의원, 정의연(구 정대협), 일본군'위안부'연구회, 민주사회를위한변호사모임 등이 공동으로 주최했다. 그때까지 "사법부의 판단"에 맡긴다고 했던 문 전 대통령은 판결에 대해 "곤혹"스럽다고 말했으니, 여당의 일부는 대통령과 다른 자세를 취한 셈이 된다.

일본 정부는 이 소송에 관해 '주권국가는 다른 나라의 재판권에 복종하지 않는다'는 '국제법상의 주권면제의 원칙'을 내세웠다. 그리고 주권면제이므로 소송은 각하되어야 한다는 입장을 한국 정부에 전했을 뿐 재판에는 응하지 않았다.

이 소송의 원고는 대부분 위안부 할머니들의 지원시설인 '나눔의집' 거주자였다. 같은 1월 판결을 예정했다가 일정을 연기해 4월에 판결이 나온 또다른 소송은 위안부문제해결운동의 중심이 되어온 정의연이 이끌었던 것으로 보인다. 나눔의집 측 소송은 1억 원, 정의연 측 소송은 최대 2억 원 배상을 요구했다. 그리고 1월 8일 판결문에 따르면 그 손해배상금의 명목은 '위자료'다. 징용 피해자 판결이 그랬던 것처럼 이 재판에서도 미지급 임금 등이 아니라 "불법점령 중이었던 한반도"(판결문)의 "국민"으로서 당한 "불법행위"에 대해 배상금이 요구되었던 것이다.

일본 정부가 재판 자체를 거부해온 이유에는 '국제법상의 주권면제의 원칙'—이른바 국가면제—이외에도 2015년 한일합의와 1965년 한일협정이 있었다. 일본의 외무성 홈페이지에도 '위안부 등에 의한 한국 국내 소송에 관한 일본 입장의 한국 정부로의 전달'(2021년 1월 8일)이라는 제목으로 "위안부 문제를 포함해, 한일 간 재산·청구권 문제는 1965년 한일청구권·경제협력협정으로 완전히 그리고 최종적으로 해결되었다"며 "2015년 한일합의에서 '최종적이고 불가역적인 해결'이 한일 양국 정부 간에 확인된 바 있다"고 쓰여 있다. 그러므로 판결은 "국제법 위반"으로 "수용할 수 없다"면서 "적절한 조치"를 요구해왔다.

일본의 주장은 원칙적으로는 옳아 보이기도 한다. 하지만 또다른 이유— '국가면제'의 경우—를 보자면, 그런 원칙에도 '예외'가 있을 수 있다는 생각이 국제사회에서 받아들여지는 중이다.[2] 그리고 이러한 추이 자체는, 국가가 당사자의 의사를 확인하지 않고 개인의 피해를 처리해왔던 과거를 극복하는 방향을 보여주고 있다는 점에서 바람직한 변화라고 해야 한다.

일본은 위안부 문제 해결을 위해 아시아여성기금과 한일합의 등의 형태로 사죄와 함께 위안부 할머니들의 명예를 회복하기 위한 노력을 해왔다. 일본이 재판에 응하지 않았던 것은, 해야 할 일은 했다는 생각 때문일 것이다. 하지만 그런 생각을 포함한 원고의 주장에 대한 생각을 일본 정부가 법원에서 말했다면 일본의 주장은 한국사회에 더 널리 정확하게 전해졌을 것이다. 하지만 일본 정부가 소송 자체를 상대하지 않았기 때문에 한국인들에게는 그저 한국을 무시하는 오만한 행위로만 비쳤다. 일본은 한 번도 사죄도 보상도 하지 않았다고 생각해온 이들에게 한층 더 나쁜 인상을 만든 셈이다. 최소한 판결이 나오기 전에 주한 일본대사관 측에서 기자회견을 하고 입장을 설명하는 등의 행동을 했다면, 지원단체에 의해 정착된 '상식'을 한국인들이 조금은 의심하기 시작하는 계기가 되었을지도 모른다.

무엇보다도 일본이 적극적으로 마주하지 않았던 이유로, 그런 '정당한 이유'뿐 아니라 이전보다 두드러진 혐한이나 무관심도 생각할 수 있다. 그런 감정이 재판 거부 이면에 있었다면, 그건 그런 상황을 만들어온 사람들의 주장이 사실이었다고 생각하도록 만드는 일이 아닐 수 없다. 일본은, 정부도 역사 문제를 부정하는 혐한파와 다를 바 없다고 이해하게 되는 것이다. 설명 없는 거부의 결과는 갈등을 더욱 심화시켰고 뿌리내리게 만들었다. 하지만 정부 안에 설사 혐한파가 있었다고 해도, 그런 이들은 어디까지나 일부였고, 과거도 현재도 일본 정부의 입장은 혐한파와는 다르다는 것을 보여줘야 했던 것이 아닐까.

한국의 행동이 비합리적으로 보일 때 그건 민족성이라고 간주하는 일본 사람들이 많지만, 작금의 상황은 민족성 같은 것이 만든 것이 아니다. 다양한 시대적 요인이 만든 것이고, 그 결과로서의 정보 부재나 편향적인 해석이 초래한 것일 뿐이다. 역사 문제를 놓고 일본이 무엇을 했는지를 정확히 알고, 있는 그대로 받아들이는 한국인은 아직 적다.

한국에도 일본을 이해하기 힘들다고 생각하는 이들이 적지 않다. 아마도 지금 가장 필요한 것은, 자신에게는 당연한 사안을 상대는 다르게 받아들이기도 한다는 사실을 인지하고, 그 이유나 배경을 함께 이해하려 하는 태도일 것이다.

2000년 여성국제전범법정을 계승한 위안부 문제 소송 판결

2021년 1월 판결이 난 서울중앙지법 재판은 그 내용으로만 보면 2000년에 도쿄에서 열린, 이른바 '민중'법정이라고 불리는 여성국제전범법정*을 승계 한 재판이었다. 여기서 '민중'이란 한국 측 관계자들이 자주 사용하는 단어 인데, 1980년대 민주화투쟁을 통해 제기되고 공유되어온, 권력에 저항하는 사람들을 형상화한 말이다. 여러 외국인들이 참석했지만, 그 법정에서 '천 황'이 심판 대상이었던 것은 그런 의미에서도 관계자들에게는 상징적인 일 이었을 것이다. 실효성은 없었어도, 쇼와 천황을 '전쟁 범죄자'로 간주하고 유죄를 선고한 2000년 도쿄 법정과 달리 2021년 서울 법정은 처벌 대신 위 안부 할머니들에게 '식민지지배'에 대한 '배상'을 하라고 명했다. 판결 내용 의 차이는 있어도, 운동 측에서 보자면 30년을 계속 요구해온 '법적 책임'을 '민중'이 주체가 되어 현실로 끌어낸 판결이었다.

2000년 도쿄 법정은 위안부가 겪은 여러 체험이 '불법행위'였고 '전쟁범 죄'였다고 주장했다. 그건 위안부문제해결운동을 이끌어온 정의연(구 정대 협)이 1990년대부터 불과 몇 년 전까지 위안부 문제를 '전쟁범죄'라고 주장 해온 결과이기도 하다.

한국 이외 국가의 피해자들도 포함해 '전쟁' 중 일어난 '범죄'를 처벌하기

---

* 여성국제전범법정은 2000년과 2001년 위안부제도의 범죄성과 책임의 내용과 소재 를 명확히 하고 피해자의 정의와 존엄의 회복을 도모하는 것을 목적으로 민간 형태 로 개최되었다. 시민단체 '전쟁과 여성에 대한 폭력 일본네트워크', 피해국·지역 지 원단체, 세계 각국의 인권활동가에 의한 국제자문위원회 3자로 구성된 국제실행위원 회가 주최단체가 되어 실행되었다. 대상을 일본군의 성폭력에 대한 개인의 형사책임 과 국가책임, 전후책임으로 나누었는데, 수석판사를 구 유고슬라비아 국제형사법정 전 소장이, 수석검사 중 1명을 이 법정과 르완다 국제형사법정의 젠더 담당 법률고문 이 맡았다. 2000년 12월 도쿄의 '법정'에서는 쇼와 천황에게는 유죄, 일본에는 국가 책임이 있다고 판단했고, 2001년 12월에 헤이그에서 발표된 '최종 판결'에서는 천황 과 도조 히데키 전 수상 등에게 유죄선고를 내림으로써 일본 정부 책임도 인정하고 위안부들에 대한 보상을 권고했다.

위한 재판이었으니 그건 당연한 일이었다. 하지만 이때 북한과 한국은 함께 '남북공동기소장'을 만들어 법정에 제출했고 그 속에서 조선이 타 국가와 다르다는(식민지로서의 피해) 주장을 하기도 했다.

하지만 2000년 도쿄 법정의 판결문은 "국제검사단의 기소에 대하여서만 판단하고 남북공동기소장이나 다른 나라의 기소에 대하여는 별도의 판단을 하지 않았다".(74) 나아가 일본의 한일병합의 '불법성'에 대해서도 언급하지 않았다.(75)[3] 20년 후의 서울중앙지법 재판은 조선인 위안부만이 원고가 되어 일본의 '식민지지배' 책임을 묻는 것이었으니 2021년 서울법정은 2000년 도쿄 법정에서 이룰 수 없었던 일을 재차 시도한 것이기도 했다.

하지만 판결의 전제가 되어야 할 '피해사실'에는 편차가 많다. 판사들이 그런 모순에 주목한 흔적도 없다. 판결에는 위안부 동원방식이 여러 가지로 이루어졌는데, "① 여성들을 폭행, 협박, 납치하여 강제로 동원하는 방식, ② 지역 유지, 공무원, 학교 등을 통하여 모집하는 방식, ③ "취직시켜주겠다. 많은 돈을 벌 수 있다"라고 기망하여 모집하는 방식, ④ 모집업자들에게 위탁하는 방식, ⑤ 근로정신대, 공출 제도를 통한 동원방식" 등을 이용했다고 기술한다. 하지만 원고들의 실제 사례는 이런 설명과 꼭 일치하지는 않는다.

그런데다 일본국가가 "'위안부'가 필요해지자 당시 식민지로 점령 중이었던 한반도에 거주하던 원고 등을 유괴하거나 납치하여 한반도 밖으로 강제 이동시킨 후 위안소에 감금한 채로 상시적 폭력, 고문, 성폭행에 노출시켰다"면서 '식민지' 상태 아닌 '점령 중'으로 간주한다. 이는 위안부를 둘러싸고 벌어진 일을 '불법행위'로 인정하는 법적 논리를 이끌기 위한 것이고, '일본'과 '조선'의 관계를 '교전국'으로 본 결과이기도 하다. 그렇다고 해서 그런 논리가 일관된 것도 아니지만, 판결은 전체적으로 '교전국'의 논리에 의거하면서 '식민지지배'의 죄를 묻는 내용이었다.

"체계적 강간"으로 이해된 위안부 문제

하지만 '점령 중'에 행해진 강제행위일 터인 '강제연행'에 관해서는 학자들의 이해도 크게 바뀌고 있다. 예를 들어 최근 출판된 『식민지 유곽—일본의 군대와 한반도植民地遊廓: 日本の軍隊と朝鮮半島』(김부자金富子 · 김영金栄, 吉川弘文館, 2018년), 『매춘하는 제국—일본군 '위안부' 문제의 기저買春する帝国: 日本軍「慰安婦」問題の基底』(요시미 요시아키吉見義明, 岩波書店, 2019년)의 존재는 그런 변화의 세월을 보여준다. 무엇보다, 이 두 책은 모두 '제국', '식민지'라는 말을 사용하고 있어, 조선의 케이스를 '피점령국'이 아닌 '식민지'로 간주했음을 보여준다.

하지만 이런 책들도 '위안부'가 공창제를 기반으로 한 것임을 드디어 공개적으로 지적하면서도 이제까지의 주장—'강제연행', '불법행위'설—을 철회하고 있지는 않다. 위안부를 둘러싼 상황인식을 진전시켰으면서도, 이번에는 공창제 자체를 국가책임으로 간주하고, 문제 발생 당초의 주장—불법행위 · 국가책임—은 바꾸지 않고 있는 것이다.

지금도 한국에서는 1990년대 유엔 등에 호소해 얻어낸 위안부 동원=군의 강제연행이라는 인식을 담은 유엔 보고서 등을 근거로 '국제사회도 인정한 사실'이라는 주장이 중심이 되어 있다. 하지만 이는 관련학자들이 내부적으로는 '공창제=성노예'라는 인식을 공유하면서도 외부를 향해서는 (의미하는 바를 바꾸어) 강제연행설을 유지해온 결과다. 그런데다 '강제연행' 설은 1990년대에 르완다와 구 유고슬라비아에서 일어난 부족 · 민족 간 강간이 주목받고, 그 여파로 위안부 문제에도 주목이 집중된 정황을 이용해 동시대성 폭력에 관해 열린 법정'에서의 '체계적 강간' '성노예'라는 이해 틀을 위안부 문제에도 적용[4]하면서 유지된 것이었다.[5] 이번 판결은 그런 운동의 세월이 집약된 것이기도 하다.

이번 판결도 위안부 피해를 일본국가가 "원고 등을 유괴하거나 납치하여 한반도 밖으로 강제 이동시킨 후 위안소에 감금한 채로 상시적 폭력, 고문, 성폭행에 노출"시킨 **"체계적"**(강조는 저자)인 행위의 결과로 이해한 것이었다.

하지만 최소한 조선인 위안부 문제를 '목표 집단에 대한 체계적·조직적인 폭력'(맥두걸 보고서)으로 보기는 어렵다. 조선은 피점령국이 아니라 식민지였기 때문이다. 게다가 황민화 교육에 의한 동화 강요까지 받는 등, 배척 아닌 포섭의 대상이기도 했다.

'유괴나 납치', '감금', '폭력'의 직접적이고 중심적인 주체가 군이 아니라 업자였다는 사실이 어느 정도 공유되면서도, 정작 재판에서는 군에 의한 '체계적 폭력'으로 간주된 것은, 원고 측 대리인이 그렇게 해석할 수 있는 정보와 법률을 제공했기 때문이다. 그 결과 위안부를 둘러싸고 일어난 일은 모두 '일본국가'가 주도한 것이 되었고, 전쟁 중에 '피점령국'에서 일어난 '점령국'에 의한 '범죄'로 여겨졌다. 하지만 그건 중국이나 인도네시아 등의 일이고 조선에 해당되는 것은 아니다.

말하자면 조선인의 경험을 동시대 중국이나 인도네시아, 90년대 유고슬라비아 여성들이 당한 일과 똑같은 것처럼 주장해온, 위안부 문제에 대한

---

* 유엔은 1990년대에, 구 유고슬라비아 및 르완다와 그 인근 국가에서 일어난 중대한 범죄 의혹을 소추할 목적을 갖는 두 개의 국제형사재판소를 이사회의 보조기관으로 설치했다. 구 유고슬라비아국제형사재판소는 1993년에 안전보장이사회에 의해 설립되었고 1991년 이후 구 유고슬라비아에서 집단살해, 전쟁범죄, 인도에 반한 죄를 저지른 사람들을 소추. 1991년부터 2001년에 걸쳐 161명을 기소해 90명에게 유죄 판결을 내렸다.

오래된 담론이 그런 판결을 내리도록 만들었다. 하지만 '성폭력'이라는 점에서는 같을지언정 강간과 위안이라는 이름의 성폭력은 분명히 다르다. 물론 가정에서도 때로 강간이 일어나는 것처럼, 조선인 위안부들도 문자 그대로의 강간을 당하기도 했다.[6]

그렇다 하더라도 책임을 묻기 위해서는 먼저 사태를 정확하게 파악해야 한다. 후에 다시 쓰겠지만 이런 사태가 연구보다 운동이 먼저 시작된 결과라 해도 피해자와 진정성을 갖고 마주하는 것이라면 더더욱, 사태를 정확하게 봐야 했다.

그런데 위안부문제해결운동의 30년은 사태를 정확하게 파악하지 못한 채로 (일본)국가책임만을 물었고 그나마도 오로지 '법'에만 의존해 물었기 때문에 여러 문제가 발생했다.

2. 판결문의 논리와 오해

'교전국'으로 간주된 조선

앞서 쓴 것처럼 2021년 1월 8일 서울중앙지법은 위안부 할머니들과 유족 등 12명에 대해 배상하라는 판결을 일본 정부에 내렸다. 판결문에서 일본과 조선의 관계를 '교전국'으로 본 것은 군인이 민간인을 상대로 성범죄를 저지르면 강간이 되지만 같은 행위도 국가 간 '전쟁'범죄로 단죄하려면 쌍방관계가 상대를 적으로 간주하는 '교전국' 관계여야 했기 때문이다.

위안부 문제에서 관련자들이 처벌된 예로 자주 언급되는, 네덜란드인 여성에게 강제 매춘을 시킨 군인을 처벌한 경우도 일본과 네덜란드가 교전국 관계였기 때문에 가능했다. 1월 8일 위안부 소송의 판결이 조선과 일본의 관계를 '점령' 관계—'교전국' 관계—로 간주한 것도 그 때문이다.

그 판결은 위안부들의 피해가 균일하지 않다는 사실, 글자 그대로의 '강제 연행'*에 해당하지 않는다는 사실을 알면서도, 일본국가가 주체가 된 '불법' 행위로 간주하기 위한 '법적' 논리를 구축해온 최근 30년 운동의 결과이기도 했다.

---

* 위안부 강제연행. 위안부 충원 시에 일본군이 직접 나선 물리적 '강제연행'이 있었는 지 아닌지, 관리는 얼마나 강제적이었는지 여부가 오랜 시간 문제시되어왔다. 일본군 이나 관헌이 위안부를 강제연행했다는 사실을 드러내는 공문서는 존재하지 않지만, 일본군이 모집을 의뢰하는 공문서는 존재한다. 위안부나 군인들의 증언이나 기록들 은 '광의의 강제성'이 있음을 보여준다. 위안부 할머니들의 증언에 의하면, 업자들의 감언과 기망에 의해 끌려가 실질적 지배하에 놓인 사례가 많다. 피해 여성 중에는 가 난한 가정에서 자라 초등교육도 받지 못하고 위안부가 될 수밖에 없는 어려운 환경 에 처한 사람이 많았다. 업자에 의해 일상적 업무가 이루어지고 있어도 군위안소 설 치 목적 중 하나가 기밀 유지와 성병 예방이었기 때문에 위생 관리와 위안소 규칙 등 을 통해 군의 관리와 영향력이 미치고 있었다.

'감금'의 주체가 직접적으로는 업자였다는 사실이 이야기되지 않고, 기록되지 않는 것도 그 때문일 터이다. 하지만 업자들 대부분은 위안부를 가불금으로 잡아두고 기한을 늘려가며 일을 시켰다. 위안부가 도망갈 수 없도록 감시하고, 도망간 경우 멀리까지 잡으러 나선 사람들 대부분이 다름아닌 업자였던 이유이기도 하다.

다른 한편으로 군에 의한 위안부의 '감시'란 전쟁터에서는 군인들도 개인행동이 자유롭지 않고 탈영이 금지되는 것과 구조적으로 다르지 않다. '고문'이라고 칭해지는 폭행—신체적 학대—도, 군인에 의한 폭행이 없었던 것은 아니지만, 남아 있는 증언에 의하면 업자의 폭행이 압도적으로 많다. 무엇보다 군인의 폭행은 기본적으로 금지되어 있었다. 위반했을 경우에는 이런저런 징계(192 외)[1]를 받았다.

그러니까 2021년 서울중앙지법 판결은 위안부의 피해=불행을 만든 '가해자'의 다층성을 도외시하고, 피해를 단순화·일원화해 그 죄를 '일본' '국가'에만 집중시킨 것이었다.

문제는 일본만 가해자로 하는 단순화된 판결이 관계자들이 주장하는 '재발 방지'로 이어질 가능성은 낮다는 데에 있다. 일본이든 조선이든 가부장제나 빈곤도 위안부의 비극을 만든 중요한 원인이기 때문이다. 그런 상황에 대한 책임을 일본에만 부과한다 하더라도 그 책임을 '법'에 기대어 판단하려는 시도는 많은 모순을 안도록 만들었다. 조선을 '식민지'로 만든 제국의 문제를 어쨌든 '불법'으로 만들기 위해 '교전국'의 틀을 사용했고, 그 결과 식민지 통치를 지탱한 가부장제나 식민지의 빈곤이라는 통치의 문제, 그리고 계급착취 문제에는 눈감는 판결이 된 것이다.

판결문과 정부 신고서 간의 차이

판결문의 "원고 등의 개인별 '위안부' 동원 과정 및 위안소 생활"에 씌어 있는 위안부 할머니들과 그 유족 12명의 체험 대부분이, 위안부였음을 정부에 신고했을 때의 이야기나 증언집을 위해 남긴 이야기와 차이를 보이는 것은, 이런 모순이 만든 것이다.

예를 들면, 원고로서 맨 위에 이름이 올라와 있는 배춘희 할머니에 대해 판결은 "친구의 집에 40세가량의 일본인과 조선인 남자들이 찾아와 '서울로 취직시켜주겠다'라고 권유"를 받고 따라갔다고 쓴다. 하지만 배 할머니는 스스로 직업소개소에 갔다고 말한 사람이다.[2] 그리고 '강제연행은 없었던 것으로 안다'고 몇 번이고 얘기했던 분이다. 배 할머니가 남긴 그림에도 다른 사람들이 표현한 식의 '강제연행'의 흔적은 없다. '위안소에서의 감금 상태'와도 거리가 멀다. 물론 그렇다고 해서, 얼핏 보았을 때 평화로운 분위기의 그림이 그대로 위안소 생활이 행복했다는 이야기가 되는 것은 아니다. 그렇다 해도 그런 '표현-증언'이 무시되어도 되는 건 아니다.

위안부 지원단체인 정대협(현 정의연)이 만든 증언집에는 판결에서 B로 표기된 김군자 할머니가 '양아버지'에 의해 팔렸다고 나온다. 하지만 판결에는 "심부름을 가던 중 길에서 군인 복장을 한 남자에 의하여 강제로 끌려가" 중국으로 이동한 것으로 나와 있다. 또 어떤 여성이 도망쳤을 때는 (군인이 아닌) "주인(업자)에게 붙잡혔"(82)[3]다고 말한다. 그리고 하루 40명을 상대했다는 이야기가 군인들의 잔혹성을 강조하는 맥락에서 쓰여 있지만, 그런 비참한 숫자를 만든 건 군인만이 아니라 '위안부'를 '사용'하면 할수록 이익을 얻는 구조의 중심에 있던 업자였다는 사실도, 판결에서는 일절 언급되지 않는다. 판결문이 국제노동기구(ILO)의 규약에 근거해 강조하는 '강제노동'을 시킨 주체가 실은 업자였다는 사실이 판결에서는 무시되는 것이다.

군이 한 것처럼 쓰여 있는 '임신 낙태'도 그 주체는 대부분이 "주인(업자)"이었다고 김군자 할머니는 증언집에서 말했다.(82)[3] 그렇다고는 하지만, 일본군에 폭행당해 고막이 파열된 사실은 증언집에도 쓰여 있으니, 군에 대해서는 '폭행'죄를 물어야 할 것이다. 물론 그 경우에도 그 죄는 위안소 규약에서 금지되어 있던 조항을 어긴 군인 개인의 죄이고, 그대로 국가의 죄가 되는 것은 아니다.

C 할머니의 경우(공개된 '판결문'은 원고의 이름이 일부 감춰져 있다) "일본인 순사들이 집으로 찾아와 원고 C의 이름이 기재된 징용문서를 전해주고" 갔다고 판결문에는 나와 있지만, C 할머니로 추정 가능한 사람이 여성가족부에 제출한 신고서에는 마을 '이장'이었던 '형부'가 자신을 "보국대에 보냈다"고 되어 있다. C 할머니는 일본에서도 공개된 영화 〈귀향〉(조정래 감독, 2016년)의 주인공으로도 알려진 분인데, 영화에도 나오는 '산에 데려가 불에 태워 죽인 위안부' 이야기는 실제로는 전염병인 장티푸스가 원인이었던 것으로 신고서나 증언집(137)[4]에는 기재되어 있다. 말하자면 위안부가 경험한 모든 비참한 이야기를 '국가'에 의한 '법적인 죄'로 간주하려 했던 시도가 결과적으로 위안부의 경험을 왜곡한 셈이다. 판결문에 보이는 여러 과장과 소거는 그런 시도의 흔적이기도 하다.

D 할머니의 경우 '납치'되어 '수용소'에 감금되었고 "일본군이 사용하던 비행장을 확대하는 공사에 동원되어 일을 하였는데, 공사장에는 인부들이 도망하지 못하도록 전기가 통하는 철조망이 설치되어 있었다"고 판결문에는 씌어 있다. 하지만 정부를 상대로 위안부였다는 사실을 말한 신고서에는 납치나 감시 주체는 조선인이라고 쓰여 있을 뿐이고 '공사'에 동원되었다는 이야기도 없다. 출산이 불가능해진 이유로 꼽히는 '수은 치료'를 받게 되었는데, 신고서에는 군인이 아니라 업자가 수은 치료를 해줬다고 쓰여 있

다. 판결문에는 또 일본군에 의하여 "귀를 얻어맞아 귓병을 앓게 되었으나 치료를 받지 못하여 귀가 잘 들리지 않게 되었다"고 적혀 있지만, 신고서에는 폭행한 사람은 "조선인 경찰"이었다고 나와 있다. 위안부들이 말을 듣지 않을 때 당했다는 '폭행'은 "주인이 헌병을 불러서" 한 것이라는 이야기는, 군(헌병)이 위안소의 관리자이기도 했음을 보여준다. 남겨진 자료에는 관리자로서 헌병이 한 일은 위안소에서 문제를 일으킨 사람들을 군인을 포함해 소속부대에 보고하고 징계 대상으로 하는 것이었음이 밝혀져 있으니, 헌병이 직접 위안부를 폭행하는 일이 있었는지에 대해서도 확인이 필요하다.

위안부도 업자도 군인의 문제를 '헌병'에게 말해 조치를 취하도록 할 수 있었다. 그리고 위안부의 증언은 "주인이 감시해서 도망은 어렵다", "주인이 쉽게 하지 않았다"는 등, 업자의 가해성을 일관되게 말하는 내용이 대부분이다. "패전 후, 업자는 (위안부들에게) 여기서 기다리라고 하더니 도망쳤다"고 말하고 있어, 위안부를 "버린" 것은 업자라고 인식하고 있었다는 사실도 신고서에는 기록되어 있다. 그런데다 신고서에는 "어떤 사람은 30, 40명(자신은 적을 때 10명, 많을 때 20명)" 상대했다고 쓰여 있는데도 판결문에는 원고 자신이 "30~40명"을 상대한 것으로 나온다.

E 할머니의 경우, 친구가 제안해 "중국에 있는 공장으로 가는 줄 알고 '위안부' 모집책을 따라갔"으며 "수시로 폭행"당했다고 판결문에 쓰여 있지만 신고서에는 "군인이 여자들에게 폭행하거나 하지는 않"고, 패전 후에도 "관리인은 도망치고 군인이 (차에) 태워줬다"고 나와 있다.

F 할머니의 경우, 판결문에는 "'공장으로 가면 돈을 벌 수 있다'라는 말을 듣고 '위안부' 모집책을 따라"갔으며, "위안소의 관리인은 조선인"이었고, "군인들을 적게 상대하거나 병이 나서 일본군의 성적 욕구를 채워주지 못하면 관리인 등으로부터 체벌을 받았"으며, "일본군 장교가 빚을 갚아줄 테

니 집으로 돌아가라고 하여 위안소를 나오게 되었"지만 출산 후에 위안소로 다시 들어갔다고 쓰여 있다. 신고서와 크게 다르지 않은 내용이지만 신고서에는, 부모에게 두 번 팔렸던 체험을 말하면서 훗날 용서할 마음이 들긴 했지만 "부모들을 죽이려고 생각했다"는 말도 있다. 도망갈 생각을 하지 않았던 이유는 "주인(업자)에게 잡힌다" "잡히면 죽게 되"기 때문이었고, 패전 후에는 "부대에서 전화가 왔다. 피난하라"고 했다는 말도 쓰여 있다. 판결에는 적혀 있지 않은 업자의 역할과 가해성이 뚜렷하게 드러나고 있어, '유기'했다고만 이야기되는 일본군의 행적이, 꼭 그렇지만은 않았다는 사실도 보여준다. 자살을 시도하거나 도망한 위안부들을 "목격"한 것이 피해 사실로 언급된다.

무엇보다 판결문에서 원고 A로 언급되는 배춘희 할머니는 일본 정부에 배상을 요구하는 데에 소극적이었다. '피해자 중심주의'에서의 '피해자'란 도대체 누구였을까.

(내가 이 신고서들을 볼 수 있었던 것은 우연히 이 재판의 원고들이 한 사람을 제외하고 '제국의 위안부 소송'[『제국의 위안부—식민지지배와 기억의 투쟁』이 위안부 할머니들의 명예를 훼손했다면서 고발된 소송]의 원고여서 원고들 관련 서류가 법원에 제출되었기 때문이다. 여기서 언급한 분 이외엔 신고서가 법원에 제출되지 않았기 때문에 생략했다.)

다시, 올바른 이해를 향해

이 판결은 처벌 근거가 되는 죄에 대해 물어야 할 '피해'가 정확히 확인되지 않은 채로 결론이 선행된 판결이었다. 그렇기는 하지만 더 중요한 건 왜 이런 피해가 일어났는지를 생각하는 일이다.

판결문이 위안부의 피해를 '일본국가의 범죄'로 간주하고, '법적 책임'을 지우기 위해 근거로 삼은 것은 '헤이그 육전조약'*이다. 판결 근거는 일본이 '교전' 당사자의 의무를 위반—가족 구성원인 여성의 성적 자기결정권을 침해—했다는 점에 있다. 이 밖에도 '백인노예매매의 억제를 위한 국제조약'(성매매 및 성매매를 목적으로 한 납치, 인신매매를 금지하는 조항을 위반=판결문의 논리. 이하 같음), '여성과 아동의 인신매매금지조약'(미성년 여성을 기망, 납치), 노예협약의 노예해방규정(유엔이 위안부를 성노예로 간주한 부분. 일본군에 의해 일부 혹은 모든 권한의 행사가 제한되었다고 간주), 국제노동기구의 여성의 강제노동을 폐지하기로 한 조항, 구 형법 제226조(국외 이송 목적 약취·유인·매매죄를 공무원이 범하고 정부는 조장·방치) 등을 근거로 하고 있다.

이미 말한 것처럼, 이런 법적 논리 적용을 주도해온 것은 꼭 한국 측 관계자만이 아니다.[5] 구체적인 논리를 뒷받침하는 대전제가 된 한일병합의 불법성 주장은 1990년대 초라는 이른 시기에 일본 측에서도 나왔다.[6]

판결문은 일본국가가 위안부를 "기망하거나 강제로 연행하여" "폭행", "기아와 상해, 질병", "죽음의 공포"(판결문)에 빠뜨렸고 위안부들은 "불법적인 식민지배 및 침략전쟁의 수행과 직결된 반인도적인 불법행위를 전제로 위자료를 청구"했다고 쓴다. 분명, 위안소에서의 죽음이나 전쟁터에서의 폭격말고도 위안부를 둘러싼 가혹한 상황은 적지 않은 숫자로 확인된다. 그런 의미에서 전쟁을 일으켜 거기에 식민지화한 조선 사람들을 휘말리게 한

---

* 1899년 제1회 헤이그 평화회의에서 체결되어, 1907년 제2회 헤이그 평화회의에서 개정된 '육전의 법규관례에 관한 조약'. 헤이그 육전조약Hague 陸戰條約으로 약칭된다. 일본은 1911년 비준했다. 구체적인 육전법규는 부속규칙에 의해 기능한다. 부속규칙에는 포로에 대한 취급, 교전자에 대한 가해/적대수단의 규제, 점령지에서의 점령자의 의무 등이 정해져 있다. 조약 3조는, 교전 당사자는 그 군대 구성원의 모든 행위에 대해 책임을 질 것, 부속규칙의 조항을 위반한 교전 당사자는 손해가 생겼을 경우에는 배상책임을 지는 것으로 정해져 있어, 전후보상 재판에서는 그 해석이 쟁점이 되어왔다.

일본의 책임이 크다는 사실도 이미 지적한 바 있다.[7]

하지만 판결이 근거로 삼고 있는 피해 사실이나 가해 주체가 부정확하다면 이 판결을 일본에서 받아들이기란 쉽지 않다. 그런데다 이런 정황이 만들어진 배경으로 역사에 대한 판단을 '법'에 맡기고 '재판'으로 승패를 결정하는 방식에 집착해온 이상, 그런 '역사의 사법화' 자체에 대한 물음이 필요하다. 무엇보다도 이를 지탱한 논리는 도쿄 재판이나 뉘른베르크 재판에서 "전쟁 전 또는 전쟁 중 모든 민간인에 대해 행해진 살인, 잔혹행위, 노예적 혹사, 강제이주 및 그 밖의 비인도적 행위" 및 인도에 반한 범죄로 규정하고 전쟁 범죄자를 소급처벌한 사실을 참고해, 그런 일들이 '전쟁' 시에 행해졌기 때문에 조선과 일본의 관계도 식민지/종주국 관계가 아닌 동등한 '교전국' 관계로 간주해 성립[8]된 사고방식이었다. 그런 이상, 그런 인식이 과연 올바른 이해였는지는 당연히 다시 물어야 한다. 위안부 문제를 꼬이도록 만든 건 바로 그런 인식이었기 때문이다.

3. 위안부 문제를 둘러싼 오해의 시작

'역사의 사법화'

지금까지 위안부 문제는 먼저 '강제동원'으로 이해되었고, 그에 바탕해 위안소에서의 체험까지 포함한 모든 것이 '법적'으로 문제가 있다고 간주되었으며, 조선인 위안부의 경우 식민지 차별의 결과로 보는 경향이 강했다.

예를 들면 일본은 1921년에 여성과 아동의 인신매매금지조약을 비준해, 21세 이상의 '창기'가 아니면 해외로 도항할 수 없게 되어 있었다. 그에 따라 조선인 위안부는 미성년자이고, 21세 미만의 미성년자를 일하게 하는 것은 불법이었다는 논리가 만들어졌다. 한반도는 식민지였으니 본토(이른바 내지)의 법률을 적용하지 않고 미성년자를 많이 모집했다고 보는 생각이다. 즉 식민지를 타깃으로 해서 위안부를 모집했다는 인식이다. 그런데 이런 인식에는 두 가지 모순이 있다. 우선 본토에 적용된 법률을 식민지에 적용하지 않은 건 일본뿐 아니라 식민지를 가진 다른 나라에서도 행했던 일이다. 즉 결과적으로 조선인 위안부가 많았다 해도, 그것이 곧 처음부터 '조선'의 여성을 타깃으로 했다는 증거가 되는 건 아니다. 그런데다 조선에서는 미성년자 모집이 오히려 불법이 되지 않는다는 모순이 생긴다.

거기서 내세워진 것이 위안부들이 '일본 영토로 인정 가능한 일본 선박'을 타고 이동했기 때문에 "일본제국 내 조약 적용"이 가능(83)[1]하다는 주장이었다. 어떻게든 '불법'으로 만들고 싶었기 때문에 한 주장일 것이다. 하지만 이런 모순은 지적되지 않은 채로, 조선에서는 미성년 소녀가 모집 대상이 되었고(그러니까 피해자이고), 일본에서는 성년인 매춘경험자(그러니까 피해자가 아니고)가 모집되었다는 이해가 학계에서조차 오랫동안 이어져왔다. 애초에 창기 허가 연령은 일본에서는 18세, 조선은 17세였으니 사실 크게 다르지 않았음에도.

앞에서 언급한 판결문에 기재되어 있는 몇몇 법률(헤이그 육전조약, 백인 노예매매의 억제를 위한 국제조약, 여성과 아동의 인신매매금지조약 등)의 적용에서도 비슷한 모순을 빈번히 볼 수 있다. 그런 모순들 역시 '법적'으로 문제가 있다는 주장, 즉 '불법'으로 만들기 위해 무리하게 적용한 결과로 보인다. 물론 위안부 문제를 '불법'으로 간주한 재판 과정이 피해자들에게 "삶의 보람"과 "긍지"(하나후사 도시오/에미코, 『관부재판』이 지향한 것: 한국의 할머니들과 함께하며関釜裁判がめざしたもの: 韓国のおばあさんたちに寄り添って』, 白澤社, 2021년)를 부여한 건 큰 의미가 있다. 하지만 결국 재판이라는 해결방식은 피해자들이 원했던 결과를 가져오지 않았다. 2021년 1월 서울중앙지법이 위안부 할머니들에 대한 배상명령을 내린 판결도 일본 정부가 계속 거부하는 한, 내실 없는 승리일 뿐이다. 역사를 둘러싼 판단을 승패, 즉 재판에 맡겨온 '역사의 사법화'를 문제시하는 이유는 거기에 있다.

일본 정부는 위안부 문제에 관해서 두 번, 즉 1995년에 설치되어 1997년부터 2002년에 걸쳐 지급 사업이 행해진 **아시아여성기금**** 과, 2015년 한일합

---

* 제2차 세계대전 중 위안부나 여자근로정신대원으로 강제적으로 일했다며 한국인 여성 10명이 일본 정부를 상대로 사죄와 배상을 요구한 '부산 종군위안부 여자근로정신대 공식 사죄 등 청구 소송', 통칭 '관부재판関釜裁判'. 야마구치지법 시모노세키지부는 1998년 4월, 위안부 피해자 3명에 대해, 1993년의 고노 요헤이 관방장관 담화에 따라 위안부에 대한 배상 입법은 헌법상 의무가 되었다며 국가의 위법을 일부 인정해 총 90만 엔을 지급하라고 명했다. 그 후 2001년 3월 히로시마고법 항소심 판결은 원고들의 손해배상청구를 모두 기각, 2003년 3월 일본 최고재판소에서 원고들의 패소가 확정되었다. 원고를 오랫동안 지원해온 후쿠오카시의 하나후사 도시오와 부인 에미코는 2021년 2월, 위안부 피해자들과 함께한 28년간의 활동을 기록한 저서 『관부재판이 지향한 것—한국의 할머니들과 함께하며』(白澤社 발행, 現代書館 발매)를 출판했다.

** 정식 명칭은 '여성을 위한 아시아평화국민기금'. 1993년의 고노 요헤이 관방장관(당

의를 통해 위안부 할머니들에게 사죄와 보상을 시도했다. 그 사죄와 보상을 받아들인 사람들도 상당수 있다. 그런 사과와 보상 시도를 전부 거부하고 얻은 결과가 결국 돈뿐이라면, 설령 그 돈이 '법적' 책임=지원관계자들이 원한 '배상' 형태를 취하고 있다 해도 그것을 당사자들이 원한 결과라고 과연 말할 수 있을까.

이런 상황은 위안부 문제가 당사자/지원자와 일본 정부 간의 논의를 넘어 정치·외교 문제화하면서 일본 정부에 대한 압박을 목적으로 하는 운동이 되어버린 결과였다. 운동이나 정치는 대중의 지지를 목적으로 한다. 위안부 문제 역시 그런 목적에 맞춰 최대한 자극적인 내용이 되어갔고, 결과적으로 단순한 내용(소녀이거나 매춘부이거나)이 되어버렸다. 이렇게 말할 수 있는 건, 정대협(현 정의연)이 1990년대에 내놓은 증언집을 분석해 2001년에 나온 연구보고서[2]에는, 그 후 한국사회에 널리 정착된 위안부 문제를 둘러싼 일반인들 이해와는 꼭 일치하지 않는 내용들이 담겨 있기 때문이다.

예를 들면 연구보고서에는 위안부를 데리고 간 주체 중에 가장 많았던 것은 '조선인 모집업자'이며 일본 군인과 '가까운 관계'였던 사람이 20퍼센트 이상 있었다고 기록되어 있다. 그리고 군사훈련이나 간호, 군인의 환송을

시) 담화에 근거해, 당시 무라야마 도미이치 내각이 1995년에 설립했다. 보상사업은 국민의 기부금에 근거한 피해자 1인당 200만 엔의 '보상금'과 일본 정부가 지출하는 120만~300만 엔의 의료·복지 지원, 수상의 사죄 편지 등으로 구성된다. 2007년 3월에 해산했다. 국가·지역별 실시 인원수는 한국 61명(그중 1명이 받지 않았다고 주장), 대만 13명, 필리핀 211명, 네덜란드 79명이었다. 2002년 시점에서 한국 정부가 인정한 피해자 207명 중에서 사업을 받아들인 것은 3분의 1 정도였다. 전 전무이사인 와다 하루키 교수가 밝힌 바로는 기부금 수입 5억 6535만 5469엔, 정부 보조금 34억 8431만 2000엔, 정부 기부금 13억 3059만 2497엔. 한편, 보상금 5억 7008만 5616엔, 의료복지 11억 5144만 522엔. 기금 해산 후 일본 정부는 한국, 대만, 필리핀, 인도네시아를 대상으로 후속사업을 9년간 실시했다. 2008년도 이후 실적은 연 720만~1500만 엔으로 한국이 대부분을 차지했다.

경험한 것도 빠뜨리지 않고 위안부의 '경험'으로 정리하고 있다. 지원관계
자들은 일본 패전 후 위안부는 대부분 '버려졌다'고만 강조해왔지만, 군인
의 '보호'와 '안내'를 받은 사람이 15퍼센트 있었다는 사실도 적혀 있다.

다른 한편으로 위안부가 된 사람들의 빈곤과 무학을 당시 식민지의 일반
적인 상황으로 간주해 식민지 전체에서 '무차별적으로 동원되었다'고 이해
하기도 했다. 바깥을 향한 주요 주장과는 상반되는 통계를 내놓으면서도,
기존 '무차별 강제연행'의 틀의 범주(실제로 '범주화'를 고민해야 한다는 말도
있다)에 넣으려 했던 것이다. 그런 '보고'가 의도적인지 단순한 해석상의 실
수인지에 대한 언급은 여기서는 하지 않는다(굳이 말하면 양쪽 다일 것이다).
중요한 건 학자들의 연구결과(이 보고서의 연구대표는 당시 정대협 대표였던
서울대 사회과학부 정진성 교수였다)와 대중을 향한 주요 주장은 달랐다는 점
이다.

은폐된 존재—일본인 위안부와 북한

서울중앙지법 판결 원고의 첫 증언에 위안부로 함께 데려갔던 "조선여자
아홉, 일본여자 여섯, 모두 열다섯"(131)[3] 있었다고 나오는 것처럼 일본인
위안부'가 무시되고 잊혀진 사실 또한 위안부 문제의 이해를 크게 제한시켰
다. 1945년 패전 당시 한반도에는 70만여 명의 일본인들이 살고 있었다. 일

---

*   '디지털기념관 위안부 문제와 아시아여성기금'은 위안부를 "패전 이전 전쟁 시기에,
      일정 기간 동안 일본군의 위안소 등에서 군인들에게 성적 봉사를 강요당한 여성들"
      이라고 정의한다. 그 실제 숫자는 불분명하지만, 연구자들은 최대 40만 명부터 최소
      1만 수천 명 등을 산정한다. 현대사가 하타 이쿠히코秦郁彥는 나라별로 보면 일본인
      이 가장 많고, 2위 현지인(중국인, 필리핀인 등), 3위가 조선인이었다고 추정한다. 일본인
      위안부가 관심 밖에 놓여온 이유로 공창제도하에 있었던 것을 두고 '돈을 벌기 위해
      한 일이라 피해자성이 없다'는 생각이 반영되었다는 지적이 있다. 위안부 문제를 식
      민지지배나 전쟁범죄의 틀로 파악하는 움직임이 있었지만 일본인 위안부는 전후보
      상 문제에서도 그 실태가 조사되지 않았다.

본의 공창제 이식이 위안부 모집을 지탱했다는 지적은 일찍부터 나와 있었고, 위안부가 된 일본인이 한반도에도 있었다는 사실은 정대협(현 정의연)이 만든 또다른 위안부 증언집에도 나온다. 하지만 이런 사실은 거의 주목받지 못했고, 오랫동안 위안부 문제에서 일본인 피해자는 배제되어왔다.

만약 일본인 위안부가 제목소리를 냈더라면 일본국가와 위안부 간 관계의 본질이 제국에 의한 식민지지배하 사람들의 동원 이상으로, 국가에 의한 개인의 동원에 있었다는 사실도 더 깊이 이해되었을 것이다. '법적 책임=배상'을 둘러싼 주장도 그 내용이 조금은 달라졌을 것이다. 물론 여기서는 일본과 전쟁관계였던 국가는 제외한다.

하지만 일본인 위안부들의 존재[4]가 조금씩 알려지면서도 일본인 위안부에 관한 연구서가 나온 건 문제 발생 이후 사반세기나 되는 세월이 흐른 후였다.[5] 조선인 위안부를 둘러싼 혼란은, 그녀들이 어디까지나 '대체 일본인'[6]으로서 동원되었다는 사실이 무시되고 망각되었기 때문이다.

한일 위안부 지원관계자들이 위안부 문제를 '조직적·체계적'으로 이루어진 것으로 규정한 데에는, 1998년 유엔 인권위원회의 차별방지·소수자보호 소위원회에서 채택된 특별보고관 맥두걸 보고서에서의 인식이나 1990년대에 구 유고슬라비아에서 '민족정화'라는 이름으로 자행된 학살과 성폭력 성격의 차용이 있었다.(177)[7] 그 집단성이 전쟁범죄로서의 '인도에 반한 죄'를 구성하기 때문이다. 하지만 그건 일본인 위안부를 소거시켰기 때문에 가능한 발상이었다. 인도에 반한 죄란, '목표'가 된 집단을 '국가기관'이 공격했을 때 비로소 성립되는 개념이기 때문이다. 군인들이 있는 전쟁터에 마지막까지 조선인 위안부들과 함께 있던 일본인 위안부들이 삭제된 결과로, 위안부 문제는 일본과, 조선이나 그 밖의 나라 간의 문제인 것으로만 간주되었다.

지원관계자들이 조선인 위안부란 식민지지배 희생자라는 사실을 알면서도 조선과 일본의 관계를 굳이 '점령'관계, 조선인을 '교전국 국민'으로 자리매김한 것도 그 결과일 것이다. 오랫동안 조선인 위안부 문제를 '전쟁범죄'라고 주장해온 이유이기도 했을 터이다. '전쟁범죄'란, 상당 기간 동안 한국의 위안부문제해결운동의 캐치프레이즈이기도 했지만, 위안부 문제 관련해서는 일인자로 알려진 요시미 요시아키 교수 역시 초기 저서『종군위안부從軍慰安婦』(한국어판은『일본군군대위안부』, 이규태 옮김, 소화, 1998)에서 점령지와 식민지의 차이를 언급하면서도 '전쟁범죄'를 강조했다.

그런데다 이런 일들의 배경에는 '한일협정 바로세우기'라거나 "북한의 대일 협상력(북-일 국교정상화를 향한 교섭력)"(88)[8]을 의식하는 등, 정치적 계산도 있었다. 90년대 초에 북한이 "배상 문제를 포함한 일본과의 수교 협상을 벌이고 있음에 따라 (일본지배의 성격 문제가) 오늘날의 현안"(조시현, 동 73)이라는 지원관계자들의 인식이 존재했던 것이다. 실제로 1990년대 초반에 시도된 북-일 국교정상화 협상 때 북한은 "보상 문제를 해결할 때 교전국 간의 배상 형태와 재산청구권 형태의 두 가지를 적용한다"(316)는 입장을 제시했는데,[9] '교전국'이란 실은 "1950년대 중반 이후 북한에서 대두되기 시작해"(80)[10] 북한이 자신들의 정체성으로 삼아온 개념이기도 하다. 그런데 "최근(주: 1980년대) 남한 학계에서도 검토되기 시작하였"(80)[10]던 것이었으니, 북한발 인식이 수십 년 뒤 한국에서도 정착된 셈이 된다.

하지만 이런 인식은 국가 간 문제로 해결되어야 하는 건 아니라면서 '국가면제(주권면제)'를 부정한 서울중앙지법의 판결과도 모순된다. 그런데다 헤이그 육전조약에는 개전조항도 들어 있는데, 그 제1조에 따르면 전쟁개시 조건으로 '사전통고'가 필요하다. 한일 간에 그런 것이 없었던 이상, 살상이나 강압은 있었을지언정 그것을 '개전'으로 보기는 어렵다. 따라서 그 어떤 전투가 있었다 해도, '법적'으로는 '교전국'관계가 되지 못한다.

아무튼, 이런 정보와 인식이 지원관계자들 다수에게 공유되었을 가능성은 낮다. 아마도 위안부에 대한 문제의식이나 사죄의식을 갖고 활동에 참여한 이들에게는 공유되지 않았을 가능성이 오히려 높아 보인다. 위안부 문제를 둘러싼 운동이나 학문에조차 '북한의 대일 협상력'을 높이기 위한 측면이 존재했다는 사실은 극히 일부만 공유했을 뿐 지원자들 대부분은 알지 못했을 가능성조차 있다.

그럼에도 그런 정치적 의도를 알지 못하고 커다란 틀에서의 '강제연행' 인식을 유지하면서 '법적' 책임을 주장해온 것은 결과적으로 이미 과거에 국가의 이익(목적)을 위해 동원되는 체험을 해야 했던 여성들을 또다시 국가 위주로(구체적으로는 그런 것을 목표로 한 사람들의 의도에 따라) 동원한 것이 된다.

아시아여성기금이나 한일합의 보상금을 받은 위안부 피해자들이 적지 않다는 사실은 지원관계자들이 내세우는 '법적 책임'에 당사자들이 꼭 찬동한 것만은 아니라는 이야기이기도 하다. 위안부 문제를 지원관계자들 설명대로 '불법'(=정의 바로세우기)이라고 간주하고 '법적 책임'을 요구하는 운동에 참가해온 위안부 피해자들조차도 그런 사실은 몰랐을 것이다.

1965년 한일협정이나 아시아여성기금에 대해 국가 중심 사고로 개인의 '인권'을 무시한 것이라고 비난해온 위안부문제해결운동은 구조적으로 북한이라는 '국가'를 위한 것이 되어 있기도 했다. 개인의 '인권'을 내세워온 운동의 가장 큰 모순은, 소중히 취급되어야 할 개인의 의지가, 국가의 의도(혹은 그것을 대변한 사람들)에 가려져 오랫동안 무시되어온 데에 있다.

군속으로서의 기억과 망각

위안부 문제는 냉전체제 붕괴 후 교류를 증진시킨 한일 시민뿐만 아니라 북한과의 교류에 따른 영향도 강하게 받고 있었다. 물론 그 사실 자체가 문제인 건 아니다. 문제는 북한 위안부 피해자의 증언이 "너무 끔찍"하고 "너무 눈에 띄게 다른 증언"이라 "북한 정부의 역사인식을 대신 말한 건 아닌가 하고 우려"되는 내용이었다는 점이 앞서 언급한 『관부재판이 지향한 것─한국의 할머니들과 함께하며』에 적혀 있다.

하지만 그런 우려는 알려지지 않았고, 그런 자극적인 증언이 유엔이나 여성국제전범법정 등 국제공간에서 행해졌다.

물론 1965년의 한일협정이나, 1995년의 아시아여성기금에는 분명 한계도 있었다. 하지만 정치적 (협력) 의도가 식민지지배나 위안부 문제를 어떻게든 '불법'으로 간주하려는 생각에 영향을 끼쳤고, 그런 점이 위안부 문제를 둘러싼 이해를 단순화시켜온 건 분명한 사실이다. 한일 지원관계자들이 강조하고 즐겨 사용해온 '당사자(피해자) 중심주의'란, 실상은 개인의 의사를 배제하고 억압하는 국가 중심주의가 되어 있었다.

여전히 지원관계자들과 위안부 문제를 부정하는 이들 사이에서 대립의 원인이 되고 있는 '강제연행'이라는 용어에 대해서도, 일본의 역사학자 요시미 요시아키 교수는 한국의 지원자들과 함께 '강제성'을 어떻게 정의할 것인지를 둘러싸고 논의하기도 했다.[11] 그런데다 이때 이미 위안부를 '군속'으로 간주해야 한다는 의견도 나왔었다. 한국 정부에 위안부였음을 신고할 때 자신을 '군속'으로 적었던 사람도 있었다는 사실이 이 자리에서의 발언으로 나왔던 것이다.

실제로 위안부 중에는 '군속' 증명서가 부여된 경우도 있었다.(63)[12] 일본 정부에 보상을 요구했던 소송의 원고 중 한 사람으로 1996년에 작고한 문옥주 할머니도 자신을 '군속'으로 인식했다. 이영훈 교수 등의 신우파 쪽에서는 문 할머니에게 저금액이 많았다는 사실에만 주목했지만, 중요한 건 그 부분이 아니다. 문 할머니가 군인들과 함께 이동하면서 이동 중에 희생되는 위안부가 나오면 화장할 것을 지시받거나, '일본인'으로서 전장에 와 있는 자신이 폭행을 당할 이유는 없다며 군인에게 항의하기도 하는 존재였다는 점이야말로 주목되어야 한다. 하지만 이런 부분은 오랫동안 위안부 지원관계자들과 이를 부정하는 이들 모두로부터 무시되었다.

이보다 먼저, 위안부 문제를 한국사회에 널리 알린 정대협의 초대 대표이자 1세대 연구자인 윤정옥도 일본군과 위안부 사이에 "인간과 인간의 만남"이 있었다는 사실을 신문에 연재한 '정신대 취재기'에서 쓴 바 있다.[13] 1990년대에는 위안부가 일본 군인과 영혼결혼식을 했다는 보도가 당연하다는 듯이 메이저신문에 실리기도 했다(이용수 할머니가 자신의 목숨을 구해준 후 죽은 일본인 특공대원의 영혼을 위로하기 위해 대만의 위안소를 찾아가 행해졌다).[14] 하지만 2000년대로 들어서면 그런 인식과 기억은 더이상 공적 장소에는 나오지 않게 된다.

그리고 2007년에는 아베 신조 당시 일본 수상의 강제연행을 둘러싼 '협의狹義'의 강제성 발언에 영향을 받아 미국 하원에서 위안부 문제 결의가 이루어졌고, 2011년에는 주한 일본대사관 앞에 '강제적으로 끌려간' 의미를 담은 소녀 동상이 서게 된다. 그리고 2016년에는 소녀들이 무차별적 강간 대상으로 표현된 영화 〈귀향〉이 한국에서 공개되었다. 300만 명 이상의 사람이 이 작품을 보게 되면서 1990년대의 인식과 기억은 사라지고 위안부를 둘러싼 문자 그대로의 강제연행과 살상 기억만이 이후의 한국의 위안부를 둘러싼 '공적 기억'으로 정착된다.

무시된 업자

2000년 여성국제전범법정에서는 남북공동기소장에 "강제동원에 협력한 조선인들을 기소장에 넣자는 의견"이 나왔음에도 받아들여지지 않았다 (79)[8]고 한다. 하지만 이때 넣으려고 한 것은 "경찰" 등 관리였다.(159)[15] 지원관계자들은 업자의 존재를 일찍부터 인지하고도 업자를 고발할 생각은 하지 않았다. 위안부들을 착취해 경제적 이익을 올리고 위안부들을 글자 그대로의 '노예' 상태로 만든 주체였음에도. 그건 계급 문제에 관심을 가져온 좌파 운동 본연의 자세로서도 걸맞지 않았다.

이후로도 20년간, 업자에 대한 연구는 별로 진행되지 않고 있다. 업자 자신도 지금은 거의 이 세상에 없을 것이고, 동시대에는 적발되면 기소되었음에도 기소 대상조차 되지 않는다. 서울중앙지법이 업자의 존재를 전혀 언급하지 않은 채 '일본'이라는 '국가'의 책임만을 묻는 판결을 내린 것은 그런 세월의 결과다.

업자들 대부분은 위안부 수입의 절반 정도를 가져갔기 때문에 위안부의 고통이 고스란히 업자의 이익이 되는 구조이기도 했다. 또한 일본에서는 조선인 업자만이 다루어지기 쉽지만, 당연히 일본인 업자도 증언이나 자료에는 많이 나타날 뿐 아니라 규모가 큰 위안소를 운영한 것은 오히려 일본인 업자였던 것으로 보인다. 일본 내에 유곽을 17개나 운영하면서 부산에 유곽을 세운 업자가 있었던 것은 그런 정황을 보여준다.(157)[5] 물론 점령지의 "생활 상태는 대개 유부裕富하며 또한 일지사변日支事變으로 의하여 반수 이상은 막대한 물질을 적립하고 있다", "제일 경기 좋기는 위안소업이다"[16]라고 말한 조선인 업자도 있었다.

하지만 전쟁터의 가장 깊숙한 곳까지 이동한 것은 규모가 작았던 조선인 업자였다는 사실을 남겨진 자료들은 말하고 있다.(183~184)[17] 업자들의 존재가 공적으로 논의되지 않았던 사실은 위안부 문제를 이해하는 데에 결정적인 한계를 만들었다.

4. 누구를 위한 운동인가

'피해자'가 된 정의연 전 대표

2021년 4월 서울중앙지법에서 위안부 할머니들이 일본국가를 상대로 제기한 또 하나의 소송 판결이 나왔다. 1월 판결의 원고는 주로 위안부 할머니들을 지원하는 시설 '나눔의집' 거주자였는데, 이쪽은 정의연(구 정대협) 측이 주도한 소송이었다.

이 재판의 판결문에는 16명이 '피해자'라고 적혀 있는데 그중에 판결 시점에서의 생존자는 네 사람밖에 없었다. 이제 실제 '원고'는 대부분 유족과 양녀/양자들이다. 그런데 그중 한 명은 '(사)정신대문제대책협의회'라고 적혀 있다. 당시 대표였던 윤미향 의원이 "전 위안부, 김복동 씨의 승계인"(2021년 4월 21일자 『아사히신문』 인터넷판)이 되었다는 보도에 따르면, 지원단체장이 어느새 '피해자'가 된 결과다. 김복동 할머니는 정대협이 운영했던 서울 소재 '평화의집'에 몸을 의탁했던 분이다(〈김복동〉이라는 다큐멘터리 영화에는 시설 안에서의 친밀한 모습도 등장한다). 서너 분이 그 시설에 계셨고, 김 할머니가 작고했을 때에는 윤미향 전 정대협 대표가 시민장례를 대대적으로 제안, 성대한 장례식과 함께 떠나신 분이기도 하다. 민사소송법 제79조에는 "소송 목적의 전부나 일부가 자기의 권리라고 주장"하는 사람은 "당사자 양쪽 또는 한쪽을 상대방으로 하여 당사자로서 소송에 참가할 수 있다"고 되어 있으니 소송 참가를 신청한 것일 터이다. 일본국가가 '배상금'을 지불하게 되면 수령자는 지원단체라는 이야기가 된다.

하지만 위안부 할머니들의 돈을 횡령했다는 혐의로 기소되어 재판 중인 윤미향 의원(2013년부터 2020년에 걸쳐 정부와 서울시에 허위 신청을 해 총 3억

6000만 원의 보조금을 부정수령한 죄 등으로 기소되었다)이 그 자격이 있는지는 의문이다. 아무튼 피해자를 대신해 여러 활동을 해온 지원단체가, 이제는 배상금에 관해서도 '피해자'를 대신하고 있는 구도는, 지난 30년의 지원단체의 존재방식을 상징적으로 보여주고 있다.

그런데다 판결문에 사망자로 적혀 있는 '피해자' 12명의 대리인이 된 '원고' 중에는 성조차 적혀 있지 않은 사람이 5명이나 된다. 이름조차 명확하게 기록되지 않은 '피해자'들에 의한 이 소송이 누구를 위한 소송인지조차 이제는 명확하지 않다.

그리고 '피해자' 본인을 대신하는 '원고'들은 패소했는데, 2021년 5월 6일 판결에 불복해 서울고법에 항소했다. 제1심의 판결문에서는 '피해자'가 16명이었는데 항소자가 12명으로 줄어든 것은, 2020년 5월에 발생한 이용수 할머니에 의한 정대협/윤미향 비판의 여파일 것이다.

기존 연구인식을 답습한 재판부

2021년 4월 서울중앙지법의 판결은 위안부 문제 소송을 국가면제 예외 대상으로 인정하지 않은 점에서 같은 해 1월 판결과는 정반대의 결과가 나온 것으로 간주되었다. 분명 '주권국가는 타국가의 법원에서 심판할 수 없다'는 국가면제를 둘러싼 사고방식을 비롯해, 1월 판결과는 다른 결론을 제시했다는 것이 확인된다.

예를 들면 2015년 한일합의는 정치적 합의에 불과하다고 주장한 원고 측에 대해 외교부에서 2017년 '한일 일본군위안부 피해자 문제 합의 검토 태스크포스'를 꾸려 발표한 보고서를 근거로 "그 협상 과정에서 피해자 또는 피해자 단체의 의견을 수렴하는 절차를 거쳤"다면서 한일합의를 "대체적인 권리구제수단"으로 인정하고 추가조치를 요청할 것을 제안했다. 한국 정부가 위안부 문제를 해결하기 위해 노력하지 않는 것은 헌법 위반이라는 헌법재판소의 결정 이후, 외교부가 움직인 결과가 바로 한일합의였다는 것을 떠올린다면 판결에서 나타난 사고는 위안부 문제를 둘러싸고 일어난 일들을 과거로 거슬러 올라가 확인한 후 내놓은 것이었던 듯하다.

그렇다고 해서 패소한 판결이 위안부 문제 자체에 대한 생각에서 1월 판결과 근본적으로 다른 것은 아니었다. 판결문에 나타난 위안부 문제 자체에 대한 이해는 1월 판결과 별반 다를 바가 없다.

4월 판결은 국가면제 예외는 아직 국제관습법으로 성립되지 않았으며, 위안부 문제가 국가면제 예외를 적용해야 하는 "심각한 인권 침해"라고 주장한 원고에 대해, 중대한지 여부는 심리를 해야 비로소 알 수 있는 것이며, 그런 판단을 "재판권 존부 판단의 기준"으로 할 수는 없다고 했다. 또한 한반도에서는 실제로 (일본과) 교전이 이루어진 것이 아니기 때문에 일본을 외국으로 간주할 수 없으므로 (일본을) 국가면제 대상으로 할 수 없다고 한 원고 측 주장과는 반대로(1월 판결의 주장과 달리 조선=식민지라는 인식을 제시한 것이 된다) 위안부 문제는 "법정지국의 영토 내에서 무력 분쟁 과정에서 외국의 군대 또는 그와 협력하는 외국의 국가기관에 의하여 이루어진" "주권적 행위"로 간주했다. 그런 인식을 바탕으로 일본을 국가면제 대상이라고 했지만, 일본과 조선의 관계를 '무력 분쟁' 관계로 파악하고 있다는 점에서는 1월 판결문과 다르지 않다.

또 위안부 문제 자체에 대해서는 "피고(일본) 군대의 요청에 따라 총독부가 각 도에 동원할 위안부의 수를 할당하면, 경찰이 모집업자를 선정하여 위안부를 동원하는 등" "행정조직 또는 지역조직 등을 통한 동원방식이 주를 이루었"고 "그중 80%는 조선 여성들이었"다는 원고 측 주장대로 위안부 문제를 '불법행위'로 인식한다. 이대로라면 향후에 어떤 판결이 나오든 위안부 문제를 둘러싼 재판은 문제에 대한 이해를 심화시키는 계기가 될 수 없다.

위안부 문제는, 30년에 걸친 연구가 존재하면서도 (법원이 80퍼센트라고 인식하는) 조선인 여성이 차지하는 비율은 물론, 그 숫자조차 정설이 있는 것은 아니다. 판결이 "8만에서 10만 혹은 20만" 명 설을 인용한 것은 몇 가지 존재하는 설 중에서 원고 측이 가장 자극적인 숫자를 사용했기 때문일 것이다. 이 숫자는 일찍이 1966년에 한국에서 간행된 문헌에도 보이지만, 거기에도 그 근거는 언급되지 않는다.[1] 대신 "이전부터 북한에서는 20만 명으로 추산했다"는 말과 함께 공유된[2] 숫자였다.

위안부 연구자들은 위안부 모집의 주체가 업자임을 일찍부터 인식했으면서도 후속 연구나 운동에서 업자의 존재를 소거했다. 그런데다 연행에서 징모徵募, 동원 등으로 용어를 바꾸거나 '강제성'이 의미하는 바를 모호하게 다루거나 하면서도, '강제연행'의 틀만은 남겨 초기에 제시한 '강제연행'에 대한 인식을 전 세계 사람들이 계속 갖도록 만들었다. 흔히 말하는 위안부 문제를 둘러싼 '세계의 인식'이란 그런 과정을 거쳐 만들어진 것이다.

법원이 증언집 등에서는 오히려 소수에 불과한 '군대에 의한 (강제적인) 직접 동원'(그조차 대부분은 군복이나 국민복을 착용한 납치범이나 업자로 추정된다)을 중심적 사실로 적시한 것도, 그러한 '상식'의 형성 과정을 돌아보는 계기를 갖지 못한 결과일 것이다. 김복동 할머니의 경우도, 나눔의집 거주자가 원고가 된 1월 판결과 마찬가지로, 증언 내용과 사망 당시 정대협 (현 정의연)이 언론에 제공한 내용에는 차이가 있다는 사실을 알지 못한 듯하다.

4월 판결도 "불법적인 식민지배"라는 전제를 바탕으로 "피고 군대와 조선총독부의 지시에 따라 경찰 또는 이들의 지시를 받은 자들로부터 취업을 빙자하여 기망당하거나, 협박, 납치 등 자신의 의사에 반하는 불법적인 방법"이라는 인식을 보이고 있는 것은 원고 측 소장을 그대로 인용한 결과일 것이다.

직접 이런 사태가 벌어지는 이유로 거론되지는 않았지만, 초기 위안부 문제가 "이렇다 할 역사적 연구가 없는 상태에서 피해자 공개증언, 재판 등 급속한 전개, 국제적 논의 등이 진전하여 사실 충분한 역사적 토대에 입각한 법적 논의가 되기 어려운 조건이었다"(312)[3]고 말하는 한국인 연구자의 말은 사태의 핵심을 찌르고 있다. 하지만 더 심각한 건 이후에도 소송이 이어져 한일관계가 심각해지고 있음에도 불구하고 이러한 인식이 공개되지 않는다는 점이다. 하긴 "충분한 역사적 토대"를 전제로 하지 않았다는 사실을 고백하고 혼란을 정리하는 것은 '세계의 인식'을 만든 이들로서는 쉽지는 않을 것이다. 하지만 그런 고백 없이 위안부 문제의 해결은 아마도 없다.

위안부 문제를 '조직적' '체계적'인 '제도=국가행위'라고 주장해왔던 원고 측이 4월 소송에서는 위안부의 동원을 '사법적私法的(상업적) 행위'로 간주한 것은, 국가의 '주권적 행위'로 했을 때 (불법이라 해도) 국가면제가 되는 것을 피하기 위해 취한 전략일 것이다. '역사의 사법화'는 이처럼 어떻게든 위안부 문제를 '불법'으로 만들기 위해 여러 '법' 논리를 자의적으로 이용해왔다. 역사상의 사건을 법에 물어야 할 때는 물론 있지만, 최소한 조선인 위안부 문제를 둘러싼 '역사의 사법화'는 이제 그 자의적 사용의 결과로 수습 불가능한 상황이 되고 말았다.

학자들의 문제적 인식

하지만 판결 후에는, "국가면제론은 문제가 된 해당 사안에 부합하도록 그 적용 여부와 한계에 대해 논리를 구성해야 할 일"이며 "피해의 성질과 중대성, 그 맥락 등을 살폈어야 한다"⁴⁾고 토론회 자료에 있는 것처럼 기존 관례에서 위안부만큼은 예외로 해야 한다는 사고만이 눈에 띄었다. '인권유린'이라는 이유를 든 것이다. 그러나 그렇다면 인권유린의 내용을 보다 정확하게 인식해서 호소했어야 했다. 일본군'위안부'연구회의 회장을 맡고 있는 법학자 양현아 교수도 위안부 문제를 "사기와 위력에 의해서 강제동원"⁴⁾했다고 인식하고 있지만, 그럼에도 위안부 문제를 식민지배의 일환으로 생각하고 있다는 점에서, 지금까지의 '교전국' 논리의 모순을 이해하고 있는 듯하다. 지원관계자들 대부분이 한일병합불법론을 지지하는 데 반해, 양현아 교수는 "일본국과 일본군이 '외국'에 해당한다는 표명은 매우 심각한 언명", "(조선인은) 일본의 차별받는 국민의 일부", "국적법 등 적용이 배제되는 절름발이 상태였을지라도 현재까지 유효한 사법부와 행정부의 판결들이 내려졌고 소유관계가 맺어진 시기라는 것을 부정하기 어렵다. 이것이 전부 무효화될 수 없다고 한다면 당시 '식민지적 법의 지배' 상태에 대한 별도의 논구가 필요", "식민지라는 강점상태로 인한 법적 군사적 정치적 지배가 이루어졌다는 점에 기인한다는 것이 본 손해배상 소송의 피해사실"이라고 핵심을 짚고 있다.⁴⁾

하지만 오랫동안 운동을 지탱해온 논리의 문제점을 지적하는 양현아 교수도 유엔의 권고를 내세워 위안부 문제를 "실정법의 위반"이며, "불법행위"로 간주하고 있는 점과 함께, "제노사이드, 노예제도, 인종차별"이라 말하고 있다. 여타 연구자들과 마찬가지로 조선인 위안부 문제를 90년대의 민족 간 집단공격이나 글자 그대로의 성노예화와 동일시하는 것이다.

그리고 쇼와 천황을 처벌해 일본의 혐한 감정의 도화선이 되었다고 할 수 있는 2000년의 여성국제전범법정(양현아 교수 자신이 법정에 검사로서 참가했다)에 의거해 발언하는 것으로 미루어, 식민지 문제로서의 문제제기가 당장 가능할 것으로 보이지도 않는다. 이 문제에 오랫동안 관계해온 또다른 법학자 김창록 교수는 (일본이 출연한) 10억 엔을 돌려주고 한일합의를 파기하라고 주장해왔는데,[5] 위안부 문제를 둘러싼 판결을 통해 (한국이) "인권 중심의 세계사를 선도해야 한다"면서 마치 "세계사의 선도"[6] 자체가 목적인 듯한 발언마저 한 바 있다.

분명 위안부 문제를 둘러싼 운동의 성공에는 큰 의미가 있다. 하지만 관계자들에게서 자주 볼 수 있는 이런 발언은 운동이 어느새 당사자가 아니라 목표나 조직, 그리고 영예 자체를 위한 것이 되어버린 상황조차 보여주고 있다. 여기서도 개인이 국가의 이익을 위해 동원되는 구조가 답습되고 있는 것이다. 그러나 아무리 훌륭한 목표라도, 개인의 의사를 무시한 폭주가 어떤 결과를 가져왔는지는 지난 30년의 역사가 보여주고 있다.

양현아 교수는 위안부 할머니들에 대한 "손해배상, 만족, 공식사죄와 재활서비스"가 필요하다고 말했지만, 그런 시도가 이제까지 없었던 것은 아니다. 일본은 아시아여성기금 해산 이후에도 매년 국가예산을 설정해 위안부들을 보살펴왔고, 그런 예산을 폐지한 건 한일합의 체결 이후였다. '화해·치유재단'이 존속했다면 양현아 교수가 지적하는 활동도 가능했을 것이다.

토론자 중 한 사람은 판결이란 어느 쪽이 더 '설득적'인지를 보여주는 것일 뿐이고, 옳고 그름의 문제가 아니라고 했다.[7] 또 '당사자'란 다양하며 그런 판결이 국제사회나 국내사회에서 받아들여질지 여부 등도 중요하다고 지적했다. 하지만 아직까지는 그런 지적이 받아들여지고 있는 것으로는 보이지 않는다.

30년에 이르는 운동이나 연구를 선두에 서서 이끌어온 운동가들이나 연구자들은, 선의와 정의감으로 해왔기 때문이겠지만 오류를 공식수정하지 않았다. 자신들과 다른 의견은 모두 '틀린' 의견이나 거짓말로 간주해 억압하고 비난까지 해왔다. 문제는 그런 억압이 피해자들한테까지도 미쳤다는 사실이다. 억압을 두려워한 피해자들 일부는 끝내 목소리를 내지 못한 채 작고하기도 했다. 그중 한 명으로 나눔의집 소송 판결문에서 맨 위에 이름이 올라 있던 배춘희 할머니가 있다.

5. 피해자 중심주의에서 대변자 중심주의로

한일합의 반대운동과 지원단체의 성장

2021년 4월 판결이 나온 서울중앙지법의 소송을 담당한 변호사는 "'위안부' 피해자들이 해당 합의를 인정하지 않아 '화해·치유재단'이 종국적으로 해산"했다고 했다.[1] 이 밖에도 (공식적인 조약이 아니라) 정치적 합의에 지나지 않는다, 피해자의 의사가 반영되지 않았다, 추가조치 요구 등의 외교보호권을 기대할 수 없다, 등의 생각이 원고 측의 이해였다.

하지만 판결문에도 나와 있듯이 외교부는 지원단체와 "2015년에만도 외교부 차원에서 약 15차례에 걸쳐 피해자 및 관련 단체와의 협의, 면담, 접촉 등을 통해 의견을 수렴"하고 "주말을 이용해 대구, 창원, 통영 등 지방에 소재하는 단체를 직접 방문하여 의견을 청취"했다[2]고 말한다. 2022년 5월에는 윤미향 정대협 전 대표와 실제로 회의를 여러 번 했다는 사실이 기록된 문서도 공개되었다.

'화해·치유재단'에 지급신청을 한 사람은 107명인데, 이 재단의 돈을 최종적으로 받은 인원수는 총 99명(생존자 35명, 사망자 64명)이다.(330~331)[3] 이 숫자는 소송을 제기했을 당시 생존자들의 대부분이라고 해야 할지도 모른다.

위안부를 지원해온 단체 정의연(구 정대협)은 한일합의를 반대하는 운동을 통해 모은 국민들의 기부금 중에서 합의에 반대한 여덟 분 할머니들에게 1억 원씩을 여성인권상 명목으로 전달했다.[4] 그 여덟 명 중에는 이미 사망한 분도 여럿 있다. 그런데다 그중 일부는 재일교포 할머니를 통해 다시 일본의 지원단체에 기부되었다.[5]

한일합의가 발표된 직후에 위안부 할머니들의 지원시설 '나눔의집'에서 인터뷰에 응한 유희남 할머니는 "정부의 생각이 그렇다면"이라고 받아들이는 자세를 보였다.[6] 그런데 다음날에는 곧바로 거부자세로 돌아섰다. 이런 일은 더 알려져야 한다.

지원단체의 전국적인 반대운동으로 10억 원 이상이 순식간에 모인 것은, 재판을 지원한 변호사와 같은 생각—지원단체들의 사고방식—이 한국사회에 널리 정착되어 있었기 때문이다. 그 돈을 바탕으로 정대협은 '일본군 성노예제 문제 해결을 위한 정의기억재단'을 만들었고 이어서 한 발 더 나아가 단체 이름을 정의연으로 바꿨다. 그 정당성 여부는 논하지 않더라도, 한일합의가 돈과 사람과 전 국민의 지지를 지원단체에 집중시키는 계기가 된 것만은 분명하다. 소장 등 직원들이 횡령 혐의로 기소된 '나눔의집'에도 (안신권 나눔의집 전 소장 등은 시설을 운영하는 상임이사가 병설된 위안부 역사관의 학예사 업무를 처리한 것처럼 속여, 2009년 5월부터 2010년 12월에 걸쳐 총 20회에 걸쳐 한국박물관협회로부터 지원금 명목으로 합계 2932만 원의 지원금을 부당하게 수령했다는 의혹으로 기소·재판 중이다) 100억 원 이상의 돈이 모인 것은 한일합의 이후였다. 이 모든 것은 위안부 문제에 대한 국민들의 인식이 바뀌기 전에 합의가 이루어진 탓에 생긴 일이었다.

한일합의의 본질을 가린 위안부인식과 운동인식

한일합의 내용은 국민들에게 아직 정확히 인식되지 않고 있다. 합의 발표 당초 일본 측 대응이 전혀 주목받지 못하고 한국 정부의 대응만이 왜곡·강조되었고, 그 부분에 주목이 쏠려 순식간에 비난의 대상이 되고 만 결과다. 합의의 중심이었던 사죄나 보상이 아니라 '불가역적 해결'이며 '소녀상 문제 해결'이라는 말만 강조되어 합의 반대운동이 확산된 과정은 1990년대

아시아여성기금 때와 다르지 않았다. 운동은, 한국 측이 불리한 입장에 섰다는 식의 해석을 결과적으로 확산시킴으로써 한국 사람들의 자부심을 건드려 반발을 불러왔다.

하지만 문제가 된 한일합의로 확인된 "최종적·불가역적 해결"이라는 용어는 한국 쪽에서 먼저 요구한 내용이었다.[7] "한국 정부뿐만 아니라 일본 정부에게도 해당되는 쌍방적인 것"[2]이었다는 것이 당시 담당 국장의 이야기다.

물론 이 표현에는 이것으로 전부 끝낸다는 뉘앙스가 포함되어 있고 실제로 한번으로 끝내는 해결을 목표로 삼았던 것은 사실이다. 하지만 한국에서는 이 말이 일본이 강요한 것인 양 인식되었고(지원단체가 먼저 그런 틀을 만들어 항의한 결과였다), 그 때문에 더 반감을 샀다. 그런 식의 비판으로 많은 한국인들에게 민족적 자부심을 훼손당한 듯한 감각을 불러일으킨 것은, 운동이 민족주의적이라고 비판당한 이후 민족 문제가 아니라 여성 문제라고 주장해왔던 취지에도 어긋나는 대응이었다.

애초에 위안부 문제는 오랫동안 '조선의 소녀들이 (타깃이 되어) 유린당했다'는 틀 안에서 이해되었기 때문에, 남성에게는 지킬 수 없었다는 열패감을, 여성에게는 같은 여성으로서의 수치심과 공감을 불러일으키는 문제이기도 했다. 그런 피해의식에 더해 일본이 역사 문제에 대해 청산도 사죄도 하지 않는다고 생각하는 한국인들에게 '이걸로 끝'이라는 식의 뉘앙스는 자긍심에 상처를 입히기 충분했다.

긍지와 피해자의식은 동전의 앞뒷면처럼 함께 간다. 이런 피해자의식을 제기한 정대협의 초대 공동대표였던 윤정옥 이화여대 명예교수나 이효재 동 대학 명예교수의 운동을 지탱한 감정이기도 했다(두 사람 모두 위안부 문제를 일본의 조선민족말살정책으로 파악하고 있다). 한국 내에서뿐만 아니라 해

외 거주자들까지 자극해 운동을 성공시켜온 것은 바로 이런 의식이었다. 윤정옥 교수는 "조선의 위안부 제도를 일본 정부의 조선지배정책이었던 민족말살정책의 일환"(275)으로 간주하는데, 뒤에 인용할 이효재 교수와 마찬가지로 임신할 수 없는 몸으로 만들었다면서 "재생산 기능"을 말살한 것, "지옥 같은 노동과 지옥 같은 강간", "못 견디겠으면 '죽어라'라는 제도", "살아남은 사람은 또 버리거나 죽이는 제도"(309)[8]라고 주장했다.

물론 위안부 문제는 조선인에게 있어 식민지지배의 결과로 일어난 일이고, 그런 의미에서는 당연히 민족 문제다. 차별이란 비일상적인 국면에서 살해나 강간까지도 범하게 하지만, 그렇다고 해서 위안부 문제가 홀로코스트 같은 (민족)말살정책과 같아지는 것은 아니다. 윤정옥 교수는, 1970년대에 저서『천황의 군대와 조선인 위안부天皇の軍隊と朝鮮人慰安婦』(三一書房, 1976년. 이 책은 1981년에『정신대挺身隊』라는 제목으로 한국어로 번역되었는데, 김일면이 총련 사람이었기 때문인지 저자 실명 대신 임종국 이름으로 출간되었다)를 쓴 재일 조선인 저술가 김일면도 만났다니 그 영향도 받았을 수 있다. 그리고 한국에서는 이런 초기 이해와 주장이 지금까지 영향을 미치고 있다. 1990년대 초부터 유엔에 위안부 문제를 호소하는 활동의 중심 역할을 했던 정대협 전 대표 정진성 서울대 명예교수도 한국에서의 위안부 문제를 "민족말살정책의 일환"(286)[9]으로 파악했다고 밝힌 바 있다.

한일합의는 '당사자가 배제되었다', '피해자 중심주의가 아니었다'는 비난을 받았지만, 외교부에서 한일합의를 담당한 외교부 국장에 따르면 그것도 오해일 뿐이다.

그런데다 합의를 비판하는 이들의 중심을 이루는 한일 양국 관계자들이 한목소리로 강조하는 것은 실은 그런 것조차 아니다. 한일합의는 '법적' 책임을 진 것이 아니라는 주장이야말로 실은 비판과 반대의 중심 이유였다.(14)[10] 게다가 그런 주장이 피해자를 위한 것 이상으로 운동이나 연구를 위한 양상을 띠는 것은 이미 보았지만, 피해자 중심주의를 내세우는 법학자의 "한국과 일본의 외교장관이 공표한 일본군 '위안부' 문제에 대한 합의(이하 '2015년 합의')를 지켜보면서 위안부 연구자의 한 사람으로서 그동안 해온 연구와 활동이 물거품이 되어버리는 느낌을 받았다"(12)[11]는 말에서도 드러난다.

1990년대 이후 위안부 문제를 둘러싼 연구와 운동은 어느새 피해자 중심주의에서 한없이 멀어져 있었다. 운동이 피해자 중심주의가 아닌 대변자 중심주의가 된 것은 "범죄에 대한 책임이니 법적 책임이며, 일본의 책임이니 국가 책임"(7)[12]이라는, 또다른 법학자의 주장에도 응축되어 있다. 한일합의에 '상호 비판을 자제한다'는 말이 담긴 데 대해 "한국 정부는 세계적 아젠다로 떠오른 이 운동의 깊은 역사와 의미를 스스로 폄훼"(123)[13]했다고 주장한 이나영 정의연 이사장의 말 또한, 운동이 관계자들에게 당사자 이상의 의미를 지니고 있음을 보여준다.

대등하지 못한 한일 운동구조

운동의 의미나 성과를 모두 부정하려는 것은 아니다. 하지만 뒤에 다시 보게 될 모순은 차치하고라도, 운동의 성과가 아무리 중요했다 해도 피해자 한 사람 한 사람을 놔두고 가서는 안 되었던 것은 아닐까. 한 사람 한 사람 성실하게 마주보고, 일어난 일을 있는 그대로 파악하면서 서로 다른 개개인의 생각이나 뜻에 좀더 다가가 판단해야 했던 건 아닐까. 세계적 여성연대라는 빛나는 성과를 거두면서도 정작 중요한 당사자의 반발이나 저항에 맞닥뜨리게 된 건 아마도 그렇게 하지 않았기 때문일 것이다. 거의 주목받지 못했지만, 반발의 목소리는 작고한 심미자 할머니를 위시해 이미 2000년대 초부터 있었고, 법적 책임 같은 건 "필요 없다"면서 지원단체가 아니라 "직접" 일본의 사죄금을 받고 싶다고 호소한 사람도 있었다.[14]

이런 엇갈림도, 애초에 위안부 할머니들의 경험과 생각이 지원관계자들의 주장과 꼭 일치하는 건 아니라는 것을 알게 된 사람들의 생각이나 시도를, 그저 "(갈등을) 끝내기 위한 것"으로 간주하면서 "피해자와 가해자를 소거"하는 것으로만 이해한 사태의 연장선상에 있다. 다른 생각을 가진 사람들을 단순히 "(일본국가의) 변호인"으로 간주해 비난했던 사태 역시 마찬가지다.(14)[10]

역사학자 요시미 요시아키 교수도 "주된 책임은 업자에게 있다고 하고 싶은 것일 터이다"[15]라면서 업자를 단순한 "일본군의 손발"로 규정해 업자에 대한 주목을 왜곡하고 일본국가의 책임만을 강조한다. 업자에 대한 주목이 그대로 국가의 책임을 부정하게 되는 것이 아님에도.

그런데 요시미 교수는 2016년 시점에서 위안부를 "무급군속 혹은 군종속자"로 간주하기도 했다.(41)[15] 그리고 그보다 빠른 1990년대 초에 일본의 지원관계자들은 이미 업자의 존재를 알고 있었다. (일본변호사연합회가) 그런 인식을 바탕으로 기소 대상에 넣으려 했던 것은[16] 업자의 범죄성을 인정했다는 얘기가 된다.

그리고 "피해자 본인이나 정대협 등이 "'성노예'는 일본 제국군이 저지른 범죄의 피해자이므로 가해자 일본 제국군의 군속으로 취급해서는 안 된다"고 주장한 사실에 동의해 피해자 감정을 존중(71)[16]해서 위안부가 군속이기도 했다는 사실을 공적으로 언급하지 않게 된 것이었다.

아무튼 위안부도 업자도 군속으로 간주했으면서도 업자에게는 책임이 없는 것 같은, 즉 업자를 단순한 국가의 손발로 간주한 주장은, 1990년대에 지원관계자들이 갖고 있었던 업자=가해자라는 인식을 망각 혹은 무시한 결과일 뿐이다.

일본인들 역시 학자를 포함해 운동의 중심에 있던 지원자들은 사실 그 자체를 마주하기보다 눈앞에 있는 '(전 피식민지인의) 입장을 존중'하는 선택을 했었다는 이야기가 된다. 말하자면 과거를 있는 그대로, 종합적으로 바라보는 것이 아니라 현재의 필요에 따라 단선적으로 보고 있었다.

하지만 그건 역사에 대해 성실하다고 말하기는 어려운 대응일 뿐이다. "제국주의적 온정주의"[17]라 할 수 있는 감정의 발로이기도 하다. 냉전체제 붕괴 후인 1990년대에 들어 한일 양국은 본격적으로 시민사회의 교류를 시작할 수 있었지만, 그런 의미에서는 양국 사람들은 여전히 꼭 대등한 관계는 아니었다. 선의에서 하는 일이라 해도, 자존심이나 기만을 일방적으로 허용했다는 점에서 평등한 관계가 아니고, 무의식이라고는 하지만 그 결과로 만들어진 차별적 심리는, 위안부 문제를 둘러싸고 노골적인 부정론을 펼쳐온 우파뿐만 아니라 좌파 속에도 남아 있다. 그런 구조 속에서 한일 양 국민이 대등하게—제국주의나 식민지주의와—마주하는 것은 불가능하다. 그런 상황은 과거의 불평등한 관계가 이어지는 것을 의미하기 때문이다.

기만 속의 운동—교전국인가 식민지인가

위안부 지원관계자들은 한일합의를 규탄해야 하는 이유로 유엔 여성차별철폐위원회에 의한 비판도 꼽았다. 하지만 이는 운동의 성과를 올려온 이들에게 '세계'란 아시아가 아닌 서양이라는 것을 보여줄 뿐이다. 그런데다 그렇게 미국이나 유럽의 '승인'을 얻기 위한 일련의 운동은, 일본과 마찬가지로 제국주의 국가였던 서구 나라들에 조선인 위안부 문제를 식민지지배의 문제로 묻지 않았다. 식민지를 둘러싼 싸움이기도 한 '제국 전쟁'의 주체였던 서구와 마치 똑같은 '교전국'의 얼굴을 내세우면서도 필요에 따라 식민지 논리를 내세우는 운동이기도 했기 때문이다.

2000년 여성국제전범법정 최종판결을 앞두고 주고받은 관계자 간의 메일에는 그런 모순이 명백히 드러나 있다. 정대협 초대 대표를 맡은 윤정옥 교수가 여성법정에 함께 관여한 법학자 조시현 교수에게 보낸 메일도 그중 하나다.

우리의 성노예제가 필리핀이나 중국의 점령하의 강간하고 다르다는 점이 (저자 주: 판결에 있어서) 부각되지 않은 것이 우리의 기소장에서 우리가 식민지라는 단어를 쓰지 않았기 때문이 아니냐라는 의견이 있습니다. 대만기소장에는 식민지라는 낱말이 여러 번 나옵니다. 우리 기소장에는 점령, 합병이라는 말은 나오는데 식민지라는 낱말이 없으니까 (저자 주: 판사들이) 젠더 관점에서만 이 문제를 보지 않았나 합니다. 그래서 이것은 김부자 씨의 제안입니다만은 "소위"라는 말을 써서 "소위 식민지"하에서 성노예 제도 밑에서 끌려가 당했다고 하면 식민지 제도를 우리가 인정하지 않는 것이 되리라 생각됩니다. 점령했다, 강점했다 하면, 마파니케(저자 주: 필리핀의 마을 이름)나 남경이 점령당한 것하고 구별하기 힘들 것이니까요. 백인들은 합병이 무엇인지 모를 터이고.[18]

위안부문제해결운동의 세계적인 성공이란 실은 한국 자신뿐만 아니라 서양=전 제국까지도 기만하는 것이었음을 이 메일은 아프도록 드러내고 있다. 윤 교수는 위안부와 병사의 관계에 관해서 위안부 중에는 30세 여성이나 아이를 낳은 여성이 있었다는 사실도 일찍부터 알고 있었다. 그럼에도 불구하고 "(여성들을) 강제적으로 동원"해 "성노예를 강요", "여성의 재생산 기능을 파괴하려는 민족말살", "제노사이드"(312, 337)[19]라는 이효재 교수의

인식도 공유하면서 이후의 위안부 인식의 토대를 만들어왔다. '민족'으로
서의 책임을 묻는 것에 대한 집착을 만들고 결과적으로 개인을 억압하도록
만든 것도 바로 그런 인식이었다.

6. 냉전체제와 위안부 문제

북한과의 연대

정대협은 위안부 출신인 김학순 할머니'가 목소리를 내면서 위안부 문제가 시작된 직후부터 필리핀이나 북한 등과 연계를 시작했다. 그런 움직임이 일본인 위안부의 존재를 간과시켰고, 결국 일본인·조선인·대만인 위안부의 실태나 문제의 본질—일본 제국의 전쟁에 여성들이 국적을 불문하고 법률 바깥에서 동원된 사실—을 보이지 않게 만들었다. 그 기간 동안 뿌리내린 것은 일본인 위안부는 '매춘부'이고 조선인 위안부는 '순수한 소녀'로 간주하는 여성들의 차이화였다. 그러면서 식민지화되었던 나라 사람들이 목소리를 낸 초기에는 누구에게나 보였을 조선인 위안부 문제=식민지 문제라는 구도는 사라지고, 위안부 문제는 중국이나 필리핀 등과 연계하면서 '전쟁범죄'의 틀 안에서만 이해되게 되었다. 그 결과, 한국 관계자들에게는 앞서의 메일에서처럼 '제국' '식민지' 문제로 인식되면서도 그런 이해가 공유되지는 않았다. 2021년 서울중앙지법에서 열린 재판이 교전국과 식민지 사이에서 애매한 모습으로 존재한 것도 그런 과거의 결과일 터이다. 전략적으로 교전국의 정체성을 선택하면서도 전 식민지로서의 자각도 잊지 않았다.

하긴 '강제연행'과 마찬가지로 운동의 중심에 있던 사람들은 그런 모순

---

* 1924년 구 만주(현 중국 동북부) 출생. 1991년 여름에 위안부였다는 사실을 처음 실명으로 증언하고, 같은 해 12월에 일본 정부를 상대로 1인당 2000만 엔, 총 7억 엔의 보상청구 소송이 제소되었을 때 원고단에 합류했다. 또 1993년 '한국정신대연구회'가 발행한 증언집에서 체험을 상세히 밝혔다. 김 할머니는 위안부였음을 공표한 이후 매주 수요일 주한 일본대사관 앞에서 열리는 항의집회에 빠지지 않고 참석하며 일본 정부의 사죄와 보상을 요구했다. 1997년 12월 16일 73세로 사망. 그보다 20 수년 전에 남편과 아이를 잃고 서울에서 혼자 살고 있었다.

을 깨달았던 것 같다. 2000년 여성국제전범법정을 가능케 한 국제연대에는 "전시하 여성폭력 문제로 구속했다는 한계"(197)[1]가 있었다고 지원단체 전 대표는 일찌감치 저서에 쓴 바 있다. 하지만 2021년 1월과 4월, 한국의 위안 부 소송 판결문에서 원고 측은 일본과 조선은 '교전국'이었다는 논리를 전 면적으로 내세우고 있다. 동시에 '불법'이라는 전제는 '교전국'에서 찾으면 서도 세부 논리는 '식민지지배'라는 인식에 의존하기도 했다. 식민지 문제 로 묻고 싶으면서도 재판 승리를 위해서는 '교전국'에 의지해야 했다는 이 야기가 된다.

한국의 지원관계자들이 식민지가 아닌 교전국 논리를 사용한 배경에 위 안부 문제를 '불법'으로 간주하고, 북-일 국교정상화 교섭에서 협상력을 강 화할 의도가 있었다는 사실은 앞에서 본 대로다. 그 계기는 유엔에 이 문제 를 호소하는 과정에서 지원관계자들이 재일 조선인이나 북한 사람들을 만 난 데 있었다.

말하자면 위안부 문제에 대한 한국의 시각이나 운동의 방식에 영향을 준 것은 일본의 학자나 지원자만이 아니었다. 한일 지원자들의 운동으로 한국 에 정착해 상식이 된 "20만 명의 소녀·강제연행·'유례를 찾기 힘든' 잔학 함"이라는 인식도 1990년대 초 북한의 주장과 만나면서 강화된 것으로 보 인다.[2]

북한은 1991년 1월 평양에서 열린 제1회 북-일 국교정상화 협상에서 위 안부 문제를 제기하고 보상조치를 강구하라고 일본 측에 요구했다.[3] 그 이 후 일본 변호사들, 그리고 정대협(현 정의연) 등 한국의 지원관계자들과 함 께 유엔에서도 문제를 제기하게 된다. 북한 역시 운동 초기부터 한일 양국 의 지원자들과 연계하면서 활동했던 것이다. 이는 1965년 한일협정과는 다 른 대일 배상을 요구하기 위한 활동이기도 했다. 식민지지배의 피해로 파악된 위안부 문제를 '불법'으로 간주해야 했던 이유이기도 했다.

1991년 5월에는 도쿄에서, 1991년 11월에는 서울에서, 정대협(현 정의연) 과 북한의 지원단체는 회의를 이어갔다.[4] 나중에 지원단체의 대표가 되는 윤미향 전 정대협 대표는 1992년 8월이라는 아직 이른 시기에, "북에서는 정치적으로 조·일수교협상을 진행하면서 (일본에 대해-역자주) 전쟁범죄 배상을 확실히 받아내려고 하고 있다. 지금은 그 어느 때보다도 남과 북 모두가 일본으로부터 정신대 문제에 대한 진상 규명을 촉구해내고 배상을 받아내기에 충분한 주체역량이 마련되어가고 있는 때이다"[5]라고 말했다. '전쟁범죄'나 '배상'이라는 사고방식은 '북한'발이었다는 사실, '남한'도 '배상을 받는 방식'으로 그 입장에 연대하려고 했던 사실이 드러난다. 실제로 '전쟁범죄'와 '배상'은 이후 한국에서도 중심적인 주장이 되었다. 교전국 인식이 북한에서 시작되어 머지않아 한국에도 정착한 것처럼 위안부문제해결 운동 주장의 핵심도 북한을 경유한 흔적이 보인다.

위안부 문제 해결을 목표로 북한이 만든 단체 '종군위안부 및 태평양전쟁피해자보상대책위원회'는 "사실상 정부의 한 부분"(123)[1]이었고, 유엔에 참석해 위안부 문제를 한국 단체와 함께 호소한 일본의 '조선인강제연행진상조사단'도 대표들은 "북한 국적"(366)[6]이었다. 이후 한국 단체와 이들 단체는 1992년 9월 평양에서도 회의를 가지면서 "긴밀하게 협력하는 관계"(366)[6]가 된다. 유엔의 인권위원회에서도 1년에 두 번은 만났다니(366)[6] 한국의 지원관계자들이 북한 정부의 입장을 의식하게 된 것은 당연한 일이기도 했다.

'체계적'인 '집단공격'과 인도에 반한 죄

한국의 지원단체는 1992년부터 유엔에 위안부 문제를 제기해왔다. 북한 단체와 일본 '조선인강제연행진상조사단'도 같은 시기에 유엔 인권소위원회 등에 참석하거나 도쿄에서 개최된 국제공청회 등에서 피해자와 함께 발언했다.[1], [6], [7] 하지만 세계를 향해 발신된 북한 위안부의 증언은 한국에서 일반적으로 이야기된 위안부의 이야기와는 극단적으로 달랐다. 일본인 지원자도 북한 위안부의 증언의 특출성에 대해 언급한 사실을 앞서 말했지만, 이런 증언이 이후 서구 국가들의 인식 조성에 영향을 미쳤을 가능성은 작지 않다.

1992년에 도쿄에서 열린 '일본의 전후보상에 관한 국제공청회'와 1994년에 나온 국제법학자위원회(ICJ)의 보고서에 등장하는 북한 위안부의 증언은 아기를 낳았다거나 병을 이유로 "아이와 함께 강에 던져"졌다, "3명의 소녀가 살해당하는 것을 보았다"(김영실)(134)[8]라는 내용이거나, 패전 후 "여성을 죽였습니다"(김태일)(140)[8]라는 등의 내용이었다. 국제공청회에 참석한 북한의 위안부 피해자 김영실 할머니는 조선어를 사용했다는 이유로 위안부의 "목이 잘렸다"는 말도 했다. 유엔의 '노예제 실무회의'에서도 남북의 위안부들은 함께 발언해 "회의장을 완전히 압도"(371)[6]했다.

2000년 여성국제전범법정 원고였던 북한의 위안부 피해자 박영심 할머니도 "(저항하면) 칼을 빼더니 그녀의 목을 찌르면서, 제국군의 맛을 보여주겠다", "(목구멍의) 피를 삼키고 있는 동안 장교는 강제로 그녀를 강간했다"(55)[9]고 말했다. 유엔의 쿠마라스와미 보고서에 기재된 북한의 위안부 증언도 목을 잘라 국물에 넣으라고 군인이 명령했다거나 목을 잘리고 몸을 토막내기도 했다는 내용이었다.

한국 위안부의 증언에도 비슷한 이야기는 나오지만, 최소한 유엔이나 ICJ 등의 조사에 응한 증언에는 보이지 않는다. 유방을 베어냈다거나 배나 질을 군도로 찌르거나 했다는 등 잔혹하고 피냄새로 가득한 이야기는 북한 위안

부 쪽에 압도적으로 많다.[10)]

하지만 예를 들어 앞서 소개한 박영심 할머니의 경우는 도쿄 여성국제전범법정 기소장에는 "12명의 위안부들 중 8명은 공중폭격으로 죽었고, 4명만이 살아남"아 "중국군에 의해 포로로 잡혔다"(50)[9)]고 쓰여 있는데도 같은 기소장에 검사들은 "의도적인 방치", "대량 학살", "학살은 특히 위안부에 대한 일본 군대와 정부의 범죄 증거를 체계적으로 파괴하기 위해 고의적으로 행해진 것으로 보인다"(55)[9)]고 썼다. 참수도 언급하면서 "**체계적이고 광범위한 공격·집단강간·노예**(강조는 저자) 사냥"이라고 고발했던 것이다.

위안부 문제를 둘러싼 지원자들의 말에 '의도적', '대량', '집단', '체계적'이라는 표현이 자주 나오는 이유는 그런 이해가 '국가기관'에 의한 '인도에 반한 죄'로서 '불법' 성립의 요인이기 때문이다. 하지만 이런 내용은 사실 그 자체라기보다는 '해석'이거나 과장한 사실일 뿐이다. 물론 그런 사태가 전혀 없었다고 단언할 수는 없다. 하지만 조선인 위안부에 한해서 말한다면, 그런 일이 설사 있었다 해도, 이런 해석은 특수한 상황을 일반화한 것이라고 말해야 한다(혹은 앞에서 설명한 '기억의 전이'현상이 존재했을 수 있다).

르완다와 유고의 집단강간과 동일시된 위안부 문제

애초에 위안소 설치도 '체계적'이라기보다는 어떤 부대가 설치했기 때문에 다른 부대도 흉내내 설치한 경우가 많았던 것 같다. 점차 군사령부나 정부의 결재가 필요한 사안이 되었지만, 그조차 처음부터 계획을 세우는 등 '체계적'으로 이루어진 상황은 그다지 보이지 않는다. 위안부는 일종의 "군수품"(『제국의 위안부—식민지지배와 기억의 투쟁』)이었고, 군인들에 대한 복지 개념으로 위안소가 설치·공급되었기 때문에 '조직적'일래야 조직적일 수도 없었다.

같은 시기에 르완다나 구 유고슬라비아에서 일어난 부족·민족 간 강간이 위안부 문제에 대한 관심을 높이는 계기가 되었다는 사실은 유엔에서 활동한 지원관계자들도 한결같이 말하고 있다. "보스니아에서의 조직적, 집단적 강간 사태" 때문에 "(위안부 문제가) 국제적 관심과 지지를 받게 된" "큰 계기가 되었"(369)[6]던 것이다.

그리고 위안부 문제는 "전쟁 중 모든 민간인에 대해 행해진 살인, 잔혹행위, 노예적 혹사, 강제이주(추방)"로 간주되어 90년대에 참고된 "독일 전범을 처벌하기 위해 제정된 국제재판소 조례 제6조 C항"과 도쿄 재판의 "비인도적 범죄"라는 인식을 바탕으로 "책임자에 대한 형사처벌"(박원순, 461, 상동)이 요구되었다. 도쿄 법정에 구 유고슬라비아 국제형사법정에서 판사나 검사를 맡았던 이들이 참가한 것은 우연이 아니다.

실제로 2000년에 열린 여성국제전범법정은 위안부 문제에 대해 보스니아와 르완다의 참사를 언급하면서 위안부 문제를 "국가기관 또는 대리인"(273)에 의한 "민간인에 대하여 저질러진 대규모나 조직적인 공격"(293)이며, "조직적이고 체계적인 강간"(295)으로 판단, 필리핀 마파닉에서 일어난 "대량강간"(279)[17]을 특히 강조했다.

하지만 조선인 위안부의 피해를 '인도에 반한 죄' 중에서도 특히 적국 시민에 대한 조직적 범죄로 간주되던 르완다나 구 유고슬라비아의 경우에 적용하는 것은 역시 무리가 있다.

전쟁터에서의 강간은 적의 여성을 소유하는 것으로 정복이라는 전술적 의미를 갖는다. 보스니아 사건도 세르비아계 남성들이 이슬람계 여성들을 집단강간하고 낙태할 수 없도록 감금한 사태였다.

조선인은 일본에게 '식민지'로서 사용·이용되어야 할 자원이었을 뿐 절멸시켜야 할 '적'이 아니었다. 조선인 위안부는 유사 '일본인'이었으니 전쟁터에서 '인도에 반한 죄'로 성립되는 조건인 집단성을 갖고 있지 않았다. 중국 등 일본의 적으로서 싸운 상대국 여성이 갖고 있던 독립된 집단성을 조선인 위안부는 가질 수 없었다. 심리적으로는 어땠을지 모르나 구조적으로는 그랬다. 물론 일본군은 때때로 폭행을 가했고, 때로 일방적이고 폭력적인 우격다짐으로 위안부에게 함께 죽자고 강요하는 경우도 있었다. 하지만 일본인과 조선인이 중심이었던 위안소는 북한 위안부들의 증언에서 이야기되는 일들이 쉽게 행해질 수 있는 공간이 아니었다. 위안부들은 이용규범을 무시하는 군인들을 헌병에게 문제제기할 수 있었기 때문이다. 번번이 어기는 일이 많았지만, 위안소 규정에는 음주도 폭행도 금지였다.

위안부 피해가 유럽이나 아프리카에서의 '전쟁범죄'에 해당되지 않는다 해도, 그 사실이 위안부의 참상을 희석하는 건 아니다. 하지만 '불법성'에 집착한 지원관계자들은 그렇게 생각하지 않았다. 결과적으로, 위안부 문제에 대한 이해는 한없이 단순화되었고, 자의적 '해석'들이 '사실'로 이야기되었다.

'민족말살'로 이해된 위안부 문제

위안소란, 처음에는 병사의 성욕 해소를 위해 발안되었지만, 그러다가 전쟁에 '지친' 병사들을 위안한다는 효과가 발견되어 그런 방향으로 강화되었다.(239~240)[11] 그런 효과를 낳는 역할이 기대된 것은 같은 민족인 일본인 위안부들이었지만, 전쟁이 장기화·격화되면서 교통편 등의 이유로 비교적 이동이 쉬웠던 조선인 위안부들에게 그 역할이 옮겨갔다. 위안소의 명칭에 '애국', '평화' 등의 단어가 많이 사용되고 있는 건, 개설 초기의 위안부들이 군인들의 고향에서 충원된(39~40)[12] 일본인 위안부였기 때문이다.

하긴 그런 '효과'는 국가적 사고가 만든 기대일 뿐이고, 그에 대한 비판은 당연히 필요하다. 하지만 그렇다고 해서 위안소의 본래 기능이 은폐되어도 되는 건 아니다. 본질 직시는 위안부의 비참성에 대한 직시를 방해하기는커녕 오히려 도울 수 있다.

식민지가 된 조선인 위안부에 대한 차별과 멸시는 분명히 존재했다. 하지만 그 사실을 두고 중국이나 네덜란드 등 연합국 측 여성에 대한 정복의 의미를 가진 적대시와 같은 것으로 간주해버리는 것은 역사에 대해 불성실한 태도일 수밖에 없다. 정력적으로 활동해온 이용수 할머니조차 '성노예'라는 말은 받아들이지 않았다.[13] 그건 그 차이를 누구보다도 잘 알고 있기 때문일 것이다.

군인이 위안부를 잔인하게 '죽였다'는 이야기나, 배나 자궁을 훼손했다는 이야기(149 외)[10]는, 조선인 위안부 문제를 '민족말살'로 생각한 지원단체 관계자들의 이해에 맞는 일이긴 했을 것이다. 한국의 전 지원단체장들은 위안부를 둘러싼 일본군의 행위를 "재생산할 수 없는 몸으로 만들기 위한 정책"으로서 의도적인 것으로 생각했기 때문이다. 그리고 북한 역시 똑같은 방식으로 이해했다. 일본군이 위안부들의 "사지를 찢어 죽였다", "유방을 베어냈다", "태아를 칼끝에 꽂아 쳐들었"다, "환자에게는 총을 발사"[14]했다는 등의 이야기도 그런 이해를 뒷받침했다.

그렇기 때문에 위안부를 "전쟁 수행과 관련해 일본 정부와 군부의 **정책**(강조는 저자)에 근거해 조직적인 집단강간과 윤간 관리 제도하에서 피해를 입은 여성"이라면서 "주로 조선 여성으로 채우는 것을 정책화"하고 "조선민족말살정책을 보다 적극적으로 추진하는 기도의 일환으로 강행"했다고 이해했던 것이다. "그녀들의 거의 대다수를 섬멸"하고 "장기간의 구금"을 하고 "노예로서 연행"한 "정책"이라는 북한의 이해가 이렇게 해서 한국에도 성립·정착되었다.[14]

냉전체제의 후유증

위안부 문제를 인권 문제로 주장해야 한다고 조언했던 것은 네덜란드의 테오 판 보벤Theo Van Boven(인권 전문가. 유엔 인권소위원회 위원으로서 쿠마라스와미에 앞서 위안부에 관한 보고서도 썼다. ICJ의 조사가 행해졌을 무렵, 멤버이기도 했다)이었다. 판 보벤이 조선인 위안부 문제를 **스마랑 사건**과 같은 것으로 이해했다는 사실은 한국에서 나온 보고서에서 확인 가능하다.[15]

2000년대 이후 현재까지 유엔의 인권위원회·여성차별철폐위원회·고문금지위원회 등이 위안부 문제에 대해 발언하면서 일본 정부에 대한 권고를 내놓고 있지만, 기본적으로는 이런 보고나 재판의 인식을 계승한 것이었다. 전쟁에 관련된 성폭력 문제에 보편적인 '여성' 문제로 접근하면서도 위안부 문제를 집단강간 같은 공격적 성격을 가진 '성폭력'으로만 파악하고 유럽·아프리카의 경우와 조선인 피해자들 사이에 차이가 있다는 사실은 인식되지 않았다.

위안부 문제를 둘러싼 1990년대 이후 활동에는 냉전체제의 붕괴가 강한 영향을 미쳤다. 장기간의 냉전체제가 끝나고 마침내 식민지지배 문제와 마주할 수 있게 되었음에도 불구하고, 그 이해과정에서 여전히 냉전체제가 발목을 잡았다.

---

* 일부 일본군 관계자가 옛 네덜란드령 동인도, 현재 인도네시아의 수용소에 억류된 네덜란드 여성들을 위안소에 강제적으로 연행해, 일본 장병에 대한 성적 봉사를 강요한 사건. 아시아여성기금 자료위원회 보고서에 수록된 논문에 따르면, 1944년 초, 중부 자바의 암바라와와 스마랑에 있던 암바라와 제4 또는 제6 수용소, 암바라와 제9 수용소, 할마헤라 수용소, 겐당간 수용소에서 네덜란드인과 혼혈 여성 약 35명이 연행되어 위안부가 되었다. 추진한 것은 남방군 간부후보생대 장교들이었다. 사건은, 도쿄에서 시찰왔던 장교가 네덜란드인의 호소를 듣고 보고했고, 군 상층부가 아는 사건이 되었다. 자카르타 군사령부의 명령으로 위안소는 폐쇄되었고 여성들은 해방되었다. 하지만 위안소 중 일부는 이후 같은 장소에서 재개되었다. 패전 후, 네덜란드인을 강제적으로 위안소에 연행해간 일본군 장교들은 B·C급 전범재판으로 심판되었다.

훗날 관계자들이 운동을 회고하면서, "명실공히 '남북통일'을 이루"었다, "아무런 문제 없이 완전히 통일된 기소를 진행했다"(24)[16], "위안부 문제를 넘어 미래의 남북한 통합에 중요한 기틀이 되고 있다"(149)[18] 등 자부심 가득히 이야기할 수 있었던 것도 이런 경위의 결과였다.

그러나 교류와 연대는 평가할 수 있다고 해도 세계에 대한 소구력을 높이기 위한 논지에 적지 않은 과장과 자기기만이 있었던 것은 분명하다. 그리고 '처벌'을 목표로 단순화된 피해자상은 이에 맞서는 또다른 위안부상이 대두하는 사태를 만들었다. 위안부 문제를 둘러싼 혼란은 대부분 거기서 시작됐다.

7. 혼란의 시대

'불법' '배상'인식과 냉전 마인드

윤미향 의원이 2000년대 이후 전 정대협(현 정의연) 공동대표가 된 이후로 위안부 운동은 "분단선을 끊어내는 통일이 바로 위안부 문제의 근본 해결"[1]이라는 경향이 강화된다. 그런 남북 공조는 20만 명 강제연행설 등 북한발 인식을 전면에 앞세우는 형태로 한국사회에 정착되어왔다.

지금도 한국 인터넷에 떠도는 위안부 이야기 중 가장 잔혹한 것은 대부분 북한 위안부 할머니들의 이야기에 근거한 것들이다. 북한 위안부 구술이 들어 있는 증언사진집이 출판되어 있는데, 그것도 그중 하나다.[2] 그런데다 그 책에 실려 있는 이야기는 1990년대 초에 국제법학자위원회(ICJ)를 향해 이야기된 것보다 잔혹성이 한층 더 강조된 내용들이다. 위안부 김태일 할머니의 경우 일본군이 세 사람을 죽였다던 이야기가 150명 여성의 목을 베었다는 이야기가 되어 있는 식으로. 원래 '화해'를 지향하는 것이었을 위안부문제해결운동은 지난 30년 동안 그와 반대로 일본에 대한 증오를 불러일으키는 가장 큰 요인이 되었다. 물론 위안부 동원을 어떻게든 '불법'으로 간주해 일본에 대한 '배상' 요구에 초점을 맞춘 결과다.

그 배경에 식민지시대가 남긴 감정뿐 아니라 냉전체제에 의한 냉전 마인드(좌우라는 정치적 입장에 서 있는 사람들이 냉전시대 때와 같은 적대감정을 온존하면서 그 결과 진영만으로 옳고 그름을 판단하고 상대의 의견은 처음부터 부정해버리는 경향)가 있었다는 의미에서는, 일본과 북한이 국교정상화를 했었다면 위안부 문제가 이렇게까지 꼬이지 않았을지도 모른다. 처음에는 병합

불법과 배상을 주장했던 북한도 2002년 **북-일 평양선언**'에서는 한일 국교
정상화 때처럼 경제협력 방식으로 청구권 문제를 해결하는 방식에 동의했
기 때문이다. 최소한 한국에서 현재 진행 중인, 위안부 문제를 어떻게든 '불
법'으로 간주해 배상을 요구하려 하는 재판은 없었을 것이다.

하지만 북-일 평양선언은 재부상한 일본인 납치사건 및 핵문제로 인한
감정 악화로 인해 허공에 떠버렸고, 그 후 세계는 2007년 미국 하원의 '위안
부 문제를 둘러싼 대일 비난 결의'를 시작으로, 캐나다 하원의 위안부 문제
사죄 요구 결의와 **유럽의회 '위안부' 결의**'' 등에서도 2000년 여성국제전범
법정의 인식을 공유하게 되었다.

같은 시기에 한국에서는 1965년 한일협정 당시 문서가 공개된 결과로 징
용·징병자 등의 문제는 한일협정 때 해결되었지만 위안부 문제는 해결되
지 않았다는 민관공동위원회의 결론이 나와, 위안부 할머니들은 2006년 헌
법재판소에 한국 정부를 제소했다. 그리고 헌법재판소는 2011년, 한국 정

---

* 2002년 9월 17일 북한을 방문한 당시 고이즈미 준이치로 수상과 김정일 국방위원장
이 서명한 문서. 일본은 과거 식민지지배에 의해 "다대한 손해와 고통을 줬다"며 "통
절한 반성과 진심에서의 사죄"를 표명하고, 국교정상화 이후 경제지원을 하겠다고 했
다. 납치 문제에 대해서는 "일본 국민의 생명과 안전에 관련된 현안 문제"라는 표현
을 했고, 북한은 재발 방지를 약속했다. 핵문제를 해결할 필요성에 대해서도 언급했
고 북한은 탄도미사일 발사 실험을 하지 않겠다는 의사표시를 했다. 회담에서는 또
북한 측이 일본인 납치 사실을 처음으로 공식 인정하고 사죄를 표명했다.

** 유럽연합(EU 27개국)으로 이루어진 유럽의회(프랑스 스트라스부르에 소재)는 2007년 12월
13일 본회의에서, 제2차 세계대전 중 구 일본군에 의한 위안부 문제에 대해 일본 정
부에 공식 사죄 등을 요구하는 결의안을 찬성 다수로 채택했다. 결의안은 위안부 문
제를 "20세기 최대 인신매매 중 하나"로 규정하고, 일본 법정이 피해를 호소하는 여
성에 대한 배상을 각하하고 일본 정부가 문제를 해명하지 않았다고 비판했다. 그런
인식 위에서 일본에 대해 공적 사죄·배상과 역사교육의 재검토 등을 요구했다. 결의
에 법적 구속력은 없지만 EU 정책에 큰 영향력이 있다. 미 하원은 같은 해 7월 30일
본회의에서 위안부 문제에 대해 일본 수상이 공식적으로 사과하도록 요구하는 결의
를 채택했다. 네덜란드 하원, 캐나다 하원도 11월 일본에 사죄를 요구하는 결의안을
채택했다.

부가 위안부 문제 해결을 위한 외교 노력을 게을리 하는 것은 위헌이라는 결정을 내린다. 같은 해 12월에는 '평화비'라는 이름의 소녀상도 세워졌다. 이후, 그때까지는 지원단체와 어느 정도 거리를 두었던 한국 정부는 지원단체와 함께 움직이기 시작했고, 한일합의라는 성과를 내면서도 또다시 지원단체의 반대에 부딪혀 일본 정부와의 대립을 심화시켜왔다.

포스트 냉전시대의 위안부 문제

북한의 핵미사일 문제가 있어 예단할 수는 없지만, 북-일 국교정상화가 위안부 문제나 징용 문제를 둘러싼 한일 대립을 완화할 가능성은 크다. 하지만 그렇다고 그날이 오기까지 현재와 같은 대립을 계속해도 좋을 리는 없다. 지난 10년 동안 양국 국민은 이미 충분히 내상을 입어왔기 때문이다. 냉전체제 해체 이후 30년, 한국 헌법재판소의 판결 이후 10년 동안 이어진 갈등의 결과는 이미 양 국민 사이에 깊은 균열을 만들었다. 양국 사람들의 마음을 좀먹은 분노와 혐오, 체념과 무관심은 각 정부가 현상유지를 이어가기 위한 빌미마저 되어왔다.

한국의 지원관계자들은 위안부 문제를 세계에 유례없는 것으로 강조해 일본에 대한 증오를 키워왔지만, 그런 주장은 오히려 위안부에 대한 올바른 이해로부터 멀어지게 만들었다.

위안부 문제를 둘러싼 일본의 특이성은 지원관계자들이 강조한 잔혹성 이상으로 전쟁터에서 자결조차 마다하지 않도록 만든 정신교육(황민화 교육)에 있다. 조선인이나 대만인은 그런 틀에 휘말린 것이었으며, 오히려 그런 상황을 같이 논의할 수 있게 될 때 위안부 문제는 비로소 탈식민지시대에 걸맞은 보편적인 문제로서의 의미를 갖게 될 터이다. 수년 전부터 지원관계자들도 위안부 문제를 식민지지배의 문제로 공개적으로 말하기 시작했지만, 주장의 내용은 거의 변하지 않았다.

30년의 세월이 지났으니 위안부 문제를 둘러싼 연구에서도 새로운 견해가 생기는 것은 당연한 일이다. 하지만 위안부 문제의 경우 처음부터 정치화해버린 것이 초기의 인식 틀을 유지시켰다. 그에 더해 단어의 정의를 둘러싼 '비틀기'나 확장이 그런 시도를 뒷받침했다. 조금이라도 다른 견해는, 우경화 증거로 간주되어 '정치적'으로 비난·적대시의 대상이 되었다.

그런 상황이, 학문적으로 보였어도 실상은 냉전체제 붕괴 이후에도 살아있던 냉전 마인드 때문이었다는 것은 이제 분명하다. 그런 상황은 이제 '좌우 대립'을 넘어 '좌좌 대립'의 양상까지도 보여주고 있다. 그 '좌' 쪽 중에서도 극단적인 한쪽이 위안부 문제를 점유해왔다.

2000년 여성국제전범법정의 증언자 중 한 사람이었던 위안부 피해자 하상숙 할머니에 따르면 위안소에 도착하면 "일본 사람의 허가"를 받아야했고, 18세 이상이라야 비로소 허가장이 나왔기 때문에 "주인(업자)은 허가 내주는 관리에게 돈을 먹여서" 그녀의 나이를 올려 18세로 했다고 한다.(66~67)[3] 이 증언집의 주석에는 위안부가 도착하면 "사진, 호적등본, 계약서, 부모의 승낙서, 경찰의 허가서, 시정촌장市町村長이 발행한 신분증명서"를 제출해야 했고, "이것으로 위안계의 하사관이 신상조서를 만들어 헌병대로 회부했다"(67)고 쓰여 있다. 이 내용은 『우한 병참 중국파견군 위안계장의 수기武漢兵站 支那派遣軍慰安係長の手記』(야마다 세이키치山田清吉, 図書出版社, 1978년)에 나오는 내용이다. 위안부 문제의 중심에 있던 관계자들은 이런 내용을 알면서도(지원단체가 만든 증언집에 나오는 이야기다) 오랫동안 공적으로 이야기하지 않았다(물론 여기에 나와 있는 것처럼 업자가 서류를 위조했을 가능성을 잊지 말아야 한다).

불충분했던 식민지 이해

미성년이면서 위안부로 가는 등 자신의 의사에 반해 위안부 일로 내몰린 여성들이 있었던 것은, 중개인이나 업자에 의한 유괴, 속임수, 호적 위조나 계약서 위조가 빈발했던 결과였다. 일본인 위안부로 알려진 시로타 스즈코城田すず子도, 위안부로 가게 된 나이는 17세였다. '창기'가 될 수 있는 나이를 일본은 18세, 조선은 17세, 대만은 16세로 설정한 것은,[4] 이런 제도가 우선은 주둔한 군대나 장사 등의 목적을 앞세워 식민지로 나간 일본인 남성을 위한 것이었음을 보여준다. 일본인이라도 업자들이 식민지로 데려간 사람은 많았다.

그렇다고는 해도, 전쟁터에 데려온 미성년자나 속아서 온 위안부를, 군인이 때로 다른 곳에 취직시키거나 고향으로 다시 보낸 것은, 일본군이나 일본 정부의 명령에 의한 제국 내 여성들에 대한 납치나 속임수가 구조적으로는 있을 수 없는 일이었기 때문이다.

한국의 연구자들은 많은 위안부들이 돌아오지 않았다는 전제하에 그 이유를 대부분 학살되거나 버림받았기 때문으로 본다. 하지만 돌아오지 않았던 이유는 꼭 버림받았기 때문이 아니다. 조선에 가는 것은 가능했지만, "이 몸으로 조선 가서 뭘 할까 하는 생각이 들어서" "(돌아가자는 사람에게) 안 간다고 했다"(75)거나 "적경리에 있던 여자들 중 조선으로 돌아간 여자가 더 많았다"(75)[3]라고 말하는 사람이 적지 않다. 여성들을 그런 심리로 만든 일본 정부를 비판할 수는 있어도, 귀국하지 않은 책임을 일본 정부에만 요구하는 것은 오히려 문제의 본질을 이해하지 못하게 만든다. 그런데다 그녀들을 전쟁터로 보내고 무관심했던 사람들을 면죄하는 셈이 된다.

최근에 와서야 위안부 문제에는 가부장제 영향이나 업자가 관련되어 있던 일 등이 지적되고 있지만 여전히 그 안에서 다루어지는 것은 일본군의 책임뿐이다. 하지만 그런 방식의 접근으로는 아무리 시간이 지나도 위안부 문제의 전체상은 보이지 않을 뿐 아니라, 과거로부터 이어지는 현재를 살아가는 인간으로서의 책임에 대해 생각할 수도 없을 것이다. 물론 재발 방지도 불가능하다.

이런 혼란이 이어진 이유는 여러 가지가 있지만 식민지 자체에 대한 연구가 불충분했기 때문이기도 하다. 분명 지배자들에게 있어, 식민지 측의 사람들은 아주 쉽게 죽일 수 있는 존재였다. (위안부 관련 자료로 말하면, 야마타니 데쓰오 감독의 다큐 영화 〈오키나와의 할머니—증언·종군위안부〉[1979년]에 나오는, 도둑질을 당했다는 오키나와인의 고발만으로 조선인 군속을 그 자리에서 베었다고 말하는 전 일본 군인의 고백이 그런 예 중 하나다.) 하지만 식민지인들은 기본적으로는 국민 취급을 받는 제국의 '자원'이었다. 따라서 언제라도 죽일 수 있지만, 섬멸해야 한다고 여겨졌던 '적'과는 다를 수밖에 없는 존재였다.

지체됐던 위안부 연구

위안부 문제 연구가 늦어진 것도 혼란을 초래한 원인이었다. 1999년에 제기되어 2006년까지 이어진 미국에서의 위안부 소송을 이끈 어떤 이는, 그 시점에서의 연구가 별로 존재하지 않아 북한과 일본에 의지해야 한다면서 탄식했다.(198)[5] 실제로 위안부 문제를 둘러싼 연구물 숫자는 일본이 압도적으로 많았고, 한국에는 몇 년 전까지만 해도 얼마 되지 않았다.

그런 구조 속에서 권위를 형성한 위안부 문제 연구자들은 자신들과 다른 의견은 무조건 '역사수정주의', '역사 부정', '반反역사'로 간주하면서 비난해왔다. 하지만 '반역사'라는 말에서 드러나는 건, 바람직한 '역사'가 미리 상정되고 있다는 점에서 오히려 역사적이지 않다. 역사를 있는 그대로,

자신의 위치를 바꾸면서 바라보지 않고 고정된 위치에서만 바라보기 때문이다.

중요한 건 매춘부인지 성노예인지 하는 논쟁이 아니다. 어떤 형태였든, 어느 민족인지 상관없이 제국 국가에 의해 여성들이 동원되어 비참한 처지에 놓였고, 때로 부상을 입거나 목숨을 잃었으며 아직 유골 수습을 못한 채로 이국땅에 잠들어 있다는 사실이고, 그 사실에 대해 보다 많은 이들이 생각하도록 하는 것이 훨씬 더 중요하다.

위안부를 향한 군인의 생각을 젠더 이론을 사용해 비판하는 시도도 일각에서 보이지만, 엘리트에 의한 그런 '세련'된 비판은, '자신이 바라는 모습'을 미리 상정한다는 점에서 당사자를 왜곡하는 것일 뿐이다. '정의'를 요구하는 그런 엘리트의 시도야말로 수많은 '말하지 못하는 서벌턴(피억압 민중, 하층민)'을 만든 것이기도 했다.

또 교과서에서 위안부 문제 기술을 삭제해야 한다는 일본 일각의 목소리에 이런 문제 이상의 문제가 있다는 건 말할 필요도 없다. 위안부에게 '종군'을 붙여야 하는지의 문제 같은 건 그다지 중요하지 않다. 국가의 세력 확장과 함께 이동당해 희생된 위안부들의 처지를 기억하는 차세대를 키울 의사가 지금의 일본에 있는지부터 오히려 물어봐야 한다. 이미 지적한 것처럼 위안부들은 군인과 달리 '법'이 필요하다는 생각조차 없이 전쟁터와 주둔지에 동원되었다(『제국의 위안부─식민지지배와 기억의 투쟁』). 역사의 정치화나 사법화에서 자유로워지면, 위안부 동원에 존재했던 여성차별과 민족차별, 한 발 더 나아가 계급 문제에 대해서 국경을 넘어 함께 이야기할 수 있을 것이다.

1993년에 나온 고노 담화(1991년, 한국의 위안부 등이 일본 정부에 보상을 요구하며 제소하자, 이에 부응해 1993년에 고노 요헤이 당시 관방장관이 "사죄와 반성" 담화를 발표했다)를 파기해야 한다고 주장하는 이도 있지만, 고노 담화의 의미는 오히려 그 모호성에 있다. 그리고 그 모호성이란 '법'으로는 할 수 없는 일이었다. '정치'란 그 모호성에 따라 정확성을 요하는 '법'보다 때로 도움이 될 수 있다. 그리고 때로, 가해와 피해의 경계가 애매해지는 식민지지배 등의 역사와 마주할 때 하나의 지혜가 될 수 있다.

세계에 확산된 소녀상도 일본군 위안부로 최초 동원된 것은 일본인이었다는 인식을 담을 수 있다면, 동상을 둘러싼 이 10여 년의 대립도 해소될 수 있다. 그렇게 된다면 비로소 아무도 배제하지 않는 '여성의 인권' 문제가 될 수 있을 터이다.

서울중앙지법의 2021년 4월 재판에서 패소한 원고 측은 항소했다. 원고 대리인들은 재판이 '마지막 구제 수단'이라는 말로 판결을 촉구했다. 하지만 오로지 '법'만이 피해자를 구해낼 수 있는 건 아니다. 그럼에도 그렇게 생각하게 된 과정에 무슨 일이 있었는지를 지금이라도 돌아본다면 다른 길도 보이지 않을까. 바람직한 '기억계승'이란 어떤 것일지도, 비로소 처음으로 보일 것이다.

8. 30년 갈등 역사와 마주하기

오류를 수정하지 않았던 연구

일본의 지원자들과 한국의 지원단체가 협력해 위안부 문제를 국제사회에 문제제기하고 전장에서의 성폭력 문제를 크게 어필해, 지금은 전 세계 많은 이들이 문제의 심각성을 공유할 수 있게 된 건 당연히 높이 평가되어야 한다. 하지만 '법'에만 의존해 위안부를 둘러싸고 일어난 일을 모두 '범법' '법률위반'으로 자리매김하려 한 탓에 적지 않은 모순과 문제들이 생긴 것도 사실이다. 2021년 한국에서 열린 어떤 심포지엄에서 '운동부터 시작했는데, 연구를 시작해보니 이건 조금 다르네, 싶은 것들도 있었다. 그런 것들이 지금까지 엉망으로 섞여 있었다'[1]는 취지의 말을 어느 연구자가 말한 적이 있다. 더 빨리, 그리고 공개적으로 그런 자각이나 반성이 동반되었다면, 한일관계가 이렇게까지 꼬이는 일은 없었을 것이다. 물론 운동이 타격을 받지도 않았을 것이다.

위안부 문제가 '문제'로서 주목받았던 이후 30년은 일본인 위안부와 업자의 존재가 줄곧 배제된 세월이었다. 가해국의 피해자도 피해국의 가해자도 아직껏 '당사자'권을 얻지 못한 채로 있다. 1990년대 후반부터 2000년대에 걸쳐 지급된 아시아여성기금을 받아들인 할머니들과 2015년 한일합의를 받아들인 35명의 할머니들, 유족 64명(265)[2]도 아직 이름이 밝혀지지 않은 채 '어둠 속 인물'이 되었다. 위안부 문제는 당사자가 목소리를 내어 밝혀진 것이면서도, 그동안 공개적으로 개인의 생각이 알려진 건 대변자와 함께한 당사자들뿐이었다.

2000년 이후 위안부를 둘러싼 사회의 집단기억이 연구자의 보고와는 다른 형태로 정착되고 공적 기억이 된 것은 정대협(현 정의연) 대표들의 이해가 자리잡힌 것이기도 하다. 2000년 이후 기억은 1990년대가 망각되면서 형성된 것이다. 1990년대에는 아직 '씨'라는 호칭으로 불리던 위안부 피해자들은 나이가 들면서 '할머니'로 불리게 되면서 유교적인 경로의식과 가족적 친밀감으로 우리 사회에 받아들여졌지만, 대신 개인으로서의 주체성은 사라졌다. 그러면서 소녀와 할머니의 이미지는 겹쳐졌고 그저 지켜야할, 균일한 존재로서 심플하게 이해되는 투명한 존재가 되었다.

이 30년 동안 구 종주국=일본 측 역시 구 식민지 측의 과거와 마주한 방식은 왕왕 피해자 측이 이상理想시한 해결 형태를 따라가는 선택적인 것이었다.

이제는 운동에 이어, 연구를 둘러싼 논의가 미국에까지 확산되었다. 위안부를 '자발적 매춘부'로 규정했다는 말로 주목받았던 미국 하버드대학 램지어 교수의 논문*을 둘러싼 혼란도 그런 30년이 만든 결과다. 램지어 교수는 위안부(나 주변 인물)와 업자 사이에 맺었던 계약을 강조하지만, 설사 계약 관계가 있었다 해도, 그것이 그대로 '자발적'이라는 증거가 되는 것은 아니다. 속아서 간 사람은 계약(서)의 존재 같은 건 알지 못했고, 호적이나 계약서를 위조한 업자는 다수 존재했기[3] 때문이다.

하지만 램지어 교수를 비판한다면, 한국의 위안부 문제 연구자들조차 위

---

* 하버드대학 로스쿨의 J. 마크 램지어 교수가 쓴 논문 「태평양전쟁에서의 성행위 계약 Contracting for Sex in the Pacific War」이 2020년 12월 국제적 학술지 『법과 경제학의 국제 리뷰International Review of Law and Economics』 온라인판에 게재되었다. 램지어 교수는 위안부에 대해 "고소득이 기대되는 경우에만 일을 했다. 계약기간을 마치거나 부채를 갚으면 귀국 가능했다"고 썼다. 이에 대해 한국의 각료가 "연구자로서의 기본이 갖추어지지 않은 내용"이라고 비판했고, 일본 역사연구자들의 4개 단체가 "선행연구를 무시했다", "업자와 조선인 위안부 계약서를 제시하지 않았다"면서 학술지 게재 철회를 요구하는 긴급성명을 발표했다.

안부와 공창제의 관계에 대해 언급하게 된 현실 역시 봐두어야 한다. 어느 연구자는 공창제에 대한 언급을 우려하는 시선을 비판적으로 언급하기도 했다.[4]

지원관계자들은 지금은 공창제를 운영한 것 자체가 불법이고 일본국가 책임이라고 주장한다. 하지만 그렇게 말하기 전에 공창제와의 관계를 일찍이 알았으면서도 공개적으로는 덮어왔다는 사실, 그 이면에 그들 자신의 '매춘' 차별의식이 있었다는 사실도 자각되어야 한다.

책임으로서의 해결

위안부 문제에 혼란을 초래한 건 연구라고 할 만한 축적이 많지 않은 가운데 갑자기 '문제'로 부상하는 바람에 연구가 따라가게 된 정황이다. 2015년 한일합의가 좌절한 건 연구 내용을 둘러싼 대립도 원인이었지만 일반인들의 올바른 이해가 불충분한 채로 이루어졌기 때문이었다.

1990년대부터 2000년대에 걸쳐 지급된 아시아여성기금의 '속죄금'은 당초 민간의 기부금으로 지불되었다. 하지만 정부-국가가 아닌 민간의 기부금이라는 점에 비판이 모아지면서 이후엔 국고금에서 전액을 충당했다. 그것이 바로 한일합의의 성과이자 의의였다. 이 사실은 더 주목받아야 한다. 2021년 봄, **와다 하루키 교수 등 일본 지식인들이 새로운 해결책**으로서 합의

---

*   한일관계나 전후보상 문제에 임하는 일본의 연구자와 법조인들이 2021년 3월 24일, 「위안부 문제의 해결을 향해—우리는 이렇게 생각한다」라는 제목의 공동논문을 발표했다. 와다 하루키 도쿄대학 명예교수와 다나카 히로시田中宏 히토쓰바시대학 명예교수 등 8명으로, 피해자의 "마음에 와 닿는 성실한 사죄"가 필요하다고 일본 정부를 향해 제언했다. 서울중앙지법이 위안부 할머니들에 대한 배상을 일본 정부에 명한 판결에 대해서는 인권을 우선시하는 "국제법의 최근 사고방식을 반영한 판결"이라고 평가하면서도 "판결에 의해 즉각 역사 문제가 해결 가능하다고는 생각하지 않습니다"라는 말로 유보적 자세를 취했다. 2015년 한일합의로 제시된 아베 수상(당시)의 '사죄와 반성의 마음'을 문서로 만들어 스가 전 수상이 서명하고 주한 일본대사가

내용을 문서로 만들어 주한 일본대사가 위안부 할머니들과 유족들에게 전달하자고 한 제안도 경청할 가치가 있다.

어떤 식으로든 위안부 문제를 둘러싼 해결과 화해를 모색한다면, 지난 30년의 위안부 문제를 둘러싼 대립의 역사 역시 양국 국민들에게 제시되어야 한다. 일본 정부가 해온 대응과 하지 못한 부분에 대한 이유가 함께 제시된다면 우리는 지난 30년 동안의 역사에 대해 더 깊이 이해할 수 있을 것이다. 수많은 시행착오가 있었지만, 한일 지원자·연구자들의 노력도 상찬되어야 할 것이다. 물론 운동의 선두에 섰던 위안부 할머니들의 활약은 말할 것도 없다. 1995년 아시아여성기금을 설립하기 위해 노력했던 발기인들과 그 호소에 응한 일본 국민들의 마음, 그리고 한국 외교부와 일본 외무성의 노력도 함께 기록되어야 한다. 아시아여성기금과 '화해·치유재단'을 통해 속죄금 등을 받은 사람들의 숫자도 공식적으로 발표되어야 하고, 전달식 같은 이벤트를 마련해 이름 공표를 수락한 분들은 한 사람씩 이름을 불러도 좋을 것이다. 그건 오랫동안 침묵이 강요된 위안부 피해자들에게 존재공간을 내어드리는 일이기도 하다. 서울시 지원으로 정대협(현 정의연) 관계자들이 만든 서울의 '기억의 터'에는 아시아여성기금을 받은 분들의 이름은 빠져 있다.

이 30년 동안 위안부 문제에 관여한 사람들은 셀 수 없을 만큼 많다. 모두가 각자의 위치에서 위안부 피해자의 처지에 마음 아파하면서, 마음을 모아왔다. 그러면서도 위안부 문제는 그렇게 관여한 사람들에게 다양한 형태로 상처를 입히기도 했다. 그간의 노력과 마음이 위로받을 때 아마도 위안부 문제는 비로소 미래를 향한 역사가 될 것이다.

위안부 피해자에게 전달할 것을 제안하고, 위안부 문제를 계속 기억해나가는 증거로서 연구소를 설립하는 데 대해 한일 양국 정부가 협의할 것을 요구했다.

한국 대통령은 일본 측 노력을 인정하고, 일본 측은 한일합의에서 부족했던 부분을 보완하겠다고 명언하면 좋을 것이다(예를 들어, 일본은 아시아여성기금 때는 직접 했던 수상의 편지 전달이나 편지를 포함한 이후의 보살핌활동을, 한일합의에서는 한국 측에 맡겨버렸다). 아시아여성기금이나 한일합의까지의 경과도 양국 국민이 납득이 가도록 다시 한번 이해하기 쉬운 형태로 공개되어야 한다.

그런 공적 이벤트와 함께 '화해·치유재단'을 복구시켜 남아 있는 돈을 아직 수령하지 못한 몇몇 분들에게도 전달해야 한다. 물론 '법적 해결'이라는 그간의 주장에 대한 새로운 설명과 이해가 그전에 필요하다.

한국이 마련한 100억 원을 사용해 새로운 재단을 만들거나, 동아시아 화해 프로젝트를 시작하는 등 징용 피해자 문제를 포함해 앞으로 더 발생할지도 모르는 문제를 맡아갈 수 있도록 하면 좋을 것이다. 가능하면 일본의 위안소 흔적이 남은 곳에 위령비도 세울 수 있으면 좋겠다. 전쟁 때 이미 "위안부 공양탑"(184)[5]이 세워졌지만, 그녀들말고도 위령해야 할 사람은 적지 않을 터이므로.

그런 조치를 실행하거나 이를 위한 대화의 장에 임하는 것은 문제 발생 이후 30년을 살아온 사람들의 책임이기도 하다.

제4장

한일병합·한일협정

1. 역사 문제와 한일병합불법론의 관계

위안부 문제와 한일병합불법론의 등장

1990년대 이후 위안부 피해자나 징용 피해자 등 조선인 피해자들 문제가 제기되었을 때 지원관계자들은 해결을 '법'에 의존하려 했다. 위안부 문제의 경우, 문제 발생 초기에 '강제연행=불법=배상'의 도식이 만들어졌고, 소송 지원에 나선 법률가를 비롯한 지원관계자들이 도쿄 재판(정식 명칭은 '극동국제군사재판'. 영·미 등 연합국 측이 일본의 전쟁 지도자를 심판했다)에서 하지 못한 처벌을 목표로 했던 것이 그런 도식으로의 경향을 강화시켜 오늘에 이르고 있다. 하지만 각각의 문제에 대한, 꼭 옳지만은 않은 역사 이해를 관철해온 것과 목표를 '처벌'에 두는 운동방식은 역사 그 자체와 있는 그대로 마주하는 것을 오히려 방해했다. 2021년 1월과 4월 위안부 피해자가 일본정부에 손해배상을 요구한 소송의 판결로 드러난 것은 '승리'를 목표로 하는 역사와 마주하기였다. 이런 방식은 미래를 여는 게 아니라 오히려 닫아 버렸다.

그런 시도를 저변에서 지지한 것은 식민지지배 자체를 불법으로 간주하는 논리였는데, 그건 개별 사건들을 불법으로 간주하기 위한 것이기도 했다.

이미 말한 것처럼 한국사회를 향해 식민지지배의 불법성을 오랫동안 발신해온 것은 이태진 서울대 명예교수다. 이태진 교수는 1995년에 그의 문제제기를 담은 책을 내놓은 이후 지난 사반세기 동안 같은 테마로 책을 여러 권 냈다. 그의 초기 저서에는 그런 인식의 뿌리에 있던 것이 무엇이었는지가 명료하게 드러나 있다.

"일본인은 왜 '과거'의 잘못을 솔직히 인정하고 진정한 사죄를 하는 데에 인색한가? 역사학도에게는 '과거사'의 실상이 적나라하게 그 모습이 파헤쳐지지 않은 것이 일차적 원인이라고 생각된다. 일본인들은 자신들의 식민지통치가 한국의 근대화에 크게 기여했을 뿐더러 합방도 합법적으로 이루어졌다는 생각을 하고 있기 때문에 사과를 거부한다. 이런 상대방에 대해 피해자 측은 구차스럽더라도 그따위 생각은 허위이며 잘못되었다는 것을 낱낱이 밝히는 일을 하지 않을 수 없다. 그렇게 해도 그들의 강변은 쉽게 거두어들여지지 않을 것이지만, 이것조차 하지 않고 상대방이 나아지기를 기대할 수는 없다"('서문', 이태진 편저, 『일본의 대한제국 강점─보호조약에서 병합조약까지』, 까치, 1995년, 3~4쪽).

현재적 필요성과 '학문'의 등장

이태진 교수도 일본이 과거에 대해 '진정한 사죄'를 하지 않는 이유는 식민지지배에 대한 일본인의 인식에 있다고 생각했다. 이 무렵엔 고노 요헤이 당시 관방장관 담화 등이 한국사회에 별로 알려지지 않았기 때문일지도 모른다. 정대협(현 정의연)은 한참 뒤에야 고노 담화의 의의를 인정했지만, 오랫동안, 고노 담화를 '미봉책'이라면서 비난해왔으니까. '일본은 사죄를 하지 않는다'는 인식은 위안부 문제가 제기된 1990년대 이후 한국사회에서는 상식이 되었는데 이 교수 역시 그 한 사람이었다.

   이 교수는 '식민지화는 근대화였고 일본은 한국의 근대화에 기여했다'는 것이 일본인의 주된 인식이라고 생각했다. 1980년대 후반에는 경제사와 한국사 전문가들 사이에서 현대 한국의 경제발전 배경을 찾는 논쟁이 시작되는 등 한국의 근현대와 미·일 등과의 관계에 대한 비판적 고찰이 본격화된 시기이기도 하다. 이 교수의 저서 『일본의 대한제국 강점─보호조약에서 병합조약까지』는 그런 흐름 속에서 나온 것이었고, 현재의 한일병합불법론의 '기원'이기도 하다. 이후 '일본의 사죄 거부=식민지지배 긍정=식민지 근대화론'이라는 사고방식은 한국사회의 상식이 되었다.

중요한 건 이 교수의 이런 주장이 '해결'이라는 현실의 필요성=정치적 요인에서 시작되었다는 점이다. "'과거'를 반성하지 않은 '현재'는 '과거'의 잘못을 재현시킬 위험성이 항상 내재하며, 그것이 표출되면 모든 것이 도로 아미타불이다"(3)라는 인식에서는, 전후 일본에 대한 이해가 불충분하다는 점, 해방 이후에도 일본의 재침략이 있지는 않을까 두려워하고 있다는 점, 또한 재침략하기 전에 일본을 반성시키고 싶다는 마음이 엿보인다. 작금의 인식은 이런 인식에서 비롯되었다.

위안부 문제의 경우, 북한이 식민지지배의 불법성을 주장하게 된 것은 북-일 국교정상화라는 '현실' 문제가 있어서였다. 그 배경에 한국과 차별화되는 아이덴티티 구축의 욕망―대등한 전승국으로서의 자기의 자리매김―이 있었다는 것도 앞에서 말했다. 그런 생각을 한국도 받아들인 셈인데, 그런 의미에서는 '위안부 운동은 남북통일'이라는 인식이 옳았다. 일찍이 하지 못한 것을 북한이 대신 해주기를 바랐고, 그에 필요한 역사인식을 받아들였던 것이다.

하지만 그런 욕망과 선택은 수많은 기만을 낳는 등 일본을 상대로 하는 역사청산 시도 속에서 갖가지 뒤틀림을 만들었다.

위안부 문제에 관한 유엔 활동에 깊이 관여한 변호사 도쓰카 에쓰로도 일찍부터 1910년 한일병합에 대해 "체결 때부터 효력을 발생하지 않았다"1)고 말해 불법성을 주장한 바 있다. 병합조약 시 서명 주체가 천황이 아니라 한국통감이고 그 이전의 보호조약이 성립되지 않았으니 '한국통감'이라는 지위 자체가 무효라는 것이 그 이유였다. 그리고 한국 대표는 "사실상 전자, 즉 일본으로부터의 '통감'의 의사를 대표하는"1) 일본의 괴뢰에 지나지 않았다고 덧붙인다. "1905년의 주권상실이 효력을 발하지 않았다면 원래의 완전한 주권은 최소한 법적으로는 잔존했다"[1]고 하면서 "대일본제국 지배관계 제반입법은 전부 합법성을 잃"기 때문에 "조선에서의 징병 등, 경우에 따라서는 국제법상 정당화될 수 있는 강제행위(예를 들면 강제노동조약에서는 징병을 강제노동에 포함시키지 않는다)라도 국제법적으로 '위법'인 강제노동으로 평가될 가능성도 있다"[1]고 말한다. 이태진 교수와 비슷한 인식인데, 북한이나 일본 등과도 공유하게 되는 이런 인식이 언제, 어디서 최초로 제기되었는지는 확실치 않다. 부당하다는 기분을 '불법'이라는 말로 표현한 것은 한일협정 당시 이미 볼 수 있는데, 아무튼 한일병합불법론이라는 '학문'이 전후보상 문제라는 현실의 필요에 보조를 맞춰 전면화된 것만은 분명하다.

법률가들의 역할과 위안부 문제

보호조약을 발생되지 않고, 성립되지 않은 것으로 간주한다면 "대일본제국의 조선 지배는, 국제법상 위법인 외국에 의한 군사점령지배였던" 것이 되며, "조선의 식민지지배 전체가 국제불법행위로서 국가에 대한 '배상' 지불의무의 성립원인이 된다"[1]는 인식이 나타나는 것도 1993년에 발행된 일본인 법률가의 논문에서였다. 2021년 위안부 피해자와 징용 피해자들을 둘러싼 재판의 판결문에 나타난 논리는 일찍이 이 시기부터 그 형태를 이루고 있었던 것이다. "조선 인민 전체의 '노예로부터의 자유'를 침해했다는 법적 평가를 더 확고하고 움직일 수 없는 것으로 만들 것이다."[1] "유엔에서 많은 NGO가 종군위안부·강제연행 피해에 대해 주장하는, 일본에 의한 '노예'(성적 노예뿐만 아니라, 강제노동도 포함하는)라는 주장도 한층 설득력 있게 할 것이 틀림없다"[1]라고 이 논문에서 언급한 도쓰카 변호사의 견해는 위안부 문제를 둘러싸고 유엔을 상대로 한 운동에서 관련 논리와 학문이 태어났다는 사실도 보여준다. 위안부 문제나 징용 피해자 문제를 유대인 문제와 같은 것처럼 보는 주장은 2000년대 이후의 운동에 차용되었는데, 도쓰카 변호사는 벌써 이 시기에 "나치에 의한 유대인 피해와도 나란히 놓아야 할 지극히 고도의 불법성이 있는 행위"[1]라고 말하고 있다. 이 역시 비슷한 시기의 북한이나 한국 측의 '노예' '민족말살'론과 통하는 내용이었다. 그리고 이때 이후로 위안부 문제=민족말살=홀로코스트라는 논리를 지원단체는 내세우게 된다.

위안부 문제의 대립의 중심에 있던 '성노예'라는 개념을 제시한 도쓰카 변호사가 일본 일각에서 한국을 비난하는 원인이 되는 개념들이 꼭 한국이 처음 만들어낸 건 아니라는 것도 가르쳐준다. 하지만 그 이상으로 강조해 두고 싶은 것은, 과거(역사)에 대한 인식이 현재의 필요성에 따라 형성되었다는 사실이다. 1994년에 나온 국제법학자위원회(ICJ) 보고서는 이후의 유엔 보고서에도 영향을 주었지만, 일본에서의 조사 당시 도쓰카 변호사를 비롯한 몇 사람들이 '원조'했다는 사실도 ICJ 보고서의 일본어 번역본에는 기술되어 있다.(11)[2] 그리고 도쓰카 변호사는 저서 『위안부가 아니라 성노예이다』에서 1994년 8월 "상설중재재판소에서 해결한 방법을 제안하는 문서를 유엔 인권소위원회에 제출했고 그것은 유엔문서가 되었다"며 "이러한 NGO는 유엔 자문기관이기는 해도 그 국제적 영향력이라는 점에서 반드시 결정적이지 못"지만, "ICJ는 유엔도 존중하는 NGO 중진"이고 "엄청난 권위를 지니는 단체"이며, "유엔에서 일본의 국가책임에 대한 논의는 이 ICJ 최종보고서를 기반으로 해야 했다"(133)[3]고 말한다. 도쓰카 변호사에게 "인권 문제로 간주해 배상을 청구해야 한다"고 조언한 네덜란드의 데오 판 보벤은 ICJ의 위원이기도 했다.(126)[3]

1992년에 도쓰카 변호사는 "유엔 인권위원회에서 〈'성노예'는 '인도에 반한 죄'에 해당되므로 일본에는 피해자 개인에게 배상해야 할 법적 책임이 있다〉고 주장"(131)[3]했다. 당시 일본 안에서도 법적 논의가 전혀 없는 가운데, "『주간법률신문』과 『법학세미나』 등에 국제법상의 국가책임에 관한 의견과 정보를 계속 공표했"지만 "학자들의 반응은 거의 없었다"(132)면서 법학자 아베 고키阿部浩己의 1994년 이후 일련의 논문만을 예외로서 소개하고 있다.[3] 여기서 언급된 아베 교수는 현재 한국에서 진행 중인 위안부 소송을 둘러싼 한국 측 지원관계자들을 돕고 있는 한 사람이다.

도쓰카 변호사는, 이런 인식을 바탕으로 "'1965년 한일협정'의 재검토"[1]를 생각해야 한다고 주장하기도 했다. 그 후 본격화되는 1965년 한일협정 부족론(한일협정은 식민지지배 문제를 배제한 것으로 파기 또는 다른 조약을 맺어야 한다고 주장) 또한, 이른 시기에 일본에서 나온 주장이었다. 조선인 위안부 문제 자체를 충분히 모르는 채로, 일본에 "배상의무", "법적 책임의 인정"[3]이 요구된다고 말하기도 했다.

한일병합불법론의 타당성

이미 본 것처럼, 최종적으로 '법'적 해결을 요구하는 이런 주장은 역사를 매개로 했을 뿐 정치론일 뿐이다. 그런데도 이런 주장은 위안부·징용 피해자 문제를 둘러싼 논의의 중심이 되어 지난 30년간 한일 양국의 역사논의를 이끌어왔다.

북한의 학자가 한일병합을 '무효/불평등/강박'으로 간주하고 "배상보상을 받아낼 당당한 권리"(448)[4]가 있다는 주장의 근거로 삼았던 것도 그 하나일 것이다. 이렇게 말한 북한의 정남용 사회과학원 교수는 유엔 쿠마라스와미 보고서 중에서도 "인권센터의 대표단이 북한을 방문"했을 때 "일본 정부의 법적 책임의 근거에 대해 질문을 받"고 "(일본이) 20만 명의 한국 여성들을 종군 성노예로 강제징집"하고 "그들 중 대부분을 사살했"으므로 "인도주의에 대한 범죄에 해당"(178~179)[5]한다고 말했다. 정 교수는 위안부 문제를 둘러싸고 2000년 도쿄에서 열린 여성국제전범법정에 검사로 참여하기도 했다.

이태진 서울대 교수는 1910년 한일병합 전, 1905년 체결된 을사조약(제2차 한일협약)에는 내용 변조, 타이틀 부재, 대한제국 황제의 인감이 찍히지 않은 등의 문제가 있다고 주장한다.[6] 을사조약이 불법이라는 논의는 이미 조인 당시 존재했다는 의견도 있다.[7]

이런 논의에 일관된 것은, 1905년의 을사조약은 강제된 것이었다는 점이다. 다소간의 차이는 있어도, 한일병합불법론자들의 공통된 인식인데, 군사력으로 강제된 것이기 때문에 조약 불성립=식민지화 무효라는 논리다.

분명히 일본은 정한론征韓論(메이지 초기의 일본에서 주창된, 무력으로 조선의 문호를 열게 하자는 주장)에서 보듯 일찍이 메이지시대 초기부터 조선으로의 출병을 논의하고 있었고, 그렇게까지 해서라도 일본의 생각에 한국을 따르게 한다는 데에 집착했다. 그리고 청일전쟁과 러일전쟁이라는, 일본이 체험한 두 개의 근대전쟁을 통해 당초의 생각을 행동으로 옮겼다. 그동안 이미 식민지를 갖고 있던 영국과 미국은 각각 영일동맹·가쓰라-태프트협약을 통해 조선에서의 일본의 권리 보장=식민지화를 용인했다. 그 과정에서의 일방성·강제성은 부정할 수 없고, 그런 의미에서 이 교수의 주장은 조약을 둘러싼 구체적인 미비에 관계없이 타당한 논의로 보이기도 한다.

또 당사자인 조선이 인지하지 못하는 사이에 유력 강대국이 연계한 약속 같은 건 지금이라면 당연히 '무효'화될 것이다. 그 공간에서 이루어진 것은 '만국공법'을 다른 곳보다 먼저 공유한 강대국 간의 약속(='법'. '법'이란 룰=

규칙이며, 관계자의 양해를 전제로 한다)이었고, 지구상 모든 나라들이 양해한 보편적인 것은 아니었기 때문이다.

"조약의 무효화에 관련된 대부분의 중요한 요인들을 검토"한 후에 "강박, 부패 및 비준 결여의 요소는 일본의 한국병합의 경우에 모두 작용하였다", "한국 및 한국 국민의 진정한 동의는 전혀 존재하지 않았음을 입증"(477)[8] 했다는 백충현 교수(서울대 국제법, 작고)의 고찰도 대체로 납득 가능하다.

'대화' 아닌 '일방적' 비난의 결과

그렇기는 해도 '현실 문제 해결'을 의식하고 있는 이런 주장은 정작 일본이 그 논리를 받아들이지 않는 한 학문적으로는 성립 가능할지언정 현실사회에서는 무력할 수밖에 없다. 그리고 실제로, 이태진 교수를 비롯해 뜻을 같이한 사람들이 30년 가까이 이어온 이 주장은 그 점에서 실패했다. 아무리 언론에 유포해 한국에서 상식이 된다 해도 현실을 움직일 수 없는 한 결국 '무효'가 될 수밖에 없기 때문이다. 실제로 일본과 미국에서 제기했던 재판에서 패소하고 한국에서 재판을 다시 제기한 것이 그 증거이기도 하다.

그렇게 되어버린 원인은 다양하지만, 이 교수의 당초 일본인식에서 볼 수 있듯이, 전후 일본의 변화나 현대 일본에서 이루어진 일에 대한 관심이 너무 적었던 데에도 있다. 그 점에서 지난 30년 역사 문제에 관련된 양극단 사람들은 다른 의견도 경청하는 '다이얼로그=대화'가 아니라 자기주장으로 끝나는 모놀로그=독백 자세로 일관했다. 정치적으로 다른 입장에 있는 것으로 여겨진 사람들은, 적대시조차 해왔다. '우경화'라는 프레임 만들기는 냉전체제 붕괴 후의 역사 논쟁을 좌파가 이끄는 상황 속에서 자신과 다른 의견을 무너뜨리기에 가장 편리하기도 했다.

하지만 운동이란 의견이 다른 사람도 설득하여 공감자를 늘리는 작업이어야 하지 않나. 그런데 실상은 그 반대였다는 것은 그 공간이 극도로 닫힌 공간이었음을 보여준다. 그런데다 그런 경향은 정치에서 떨어져 있어야 할 학문마저 침범했다. 역사 문제를 둘러싼 일본의 '운동'이 점차 쇠퇴해온 이유는 아마도 거기에 있을 것이다.

1990년대 후반 일본에서의 '새로운 역사교과서를 만드는 모임'의 대두나, 2000년대 이후 한국에서의 뉴라이트의 움직임도, 생각하면 그런 닫힌 태도—타자와 마주하는 방식—가 만든 산물이다. 그리고 그러한 '태도' 아래 초기 이해를 유지하기 위해 시도되었던 다양한 시도는 일본 정부와 국민들의 추가 반성과 사죄(법적 책임)를 이끌어내기는커녕 오히려 그 반대의 상황을 만들어버렸다. 운동 30년 후의 현재, 과거를 둘러싼 일본의 인식이 1990년대에 비해 후퇴한 것이 그것을 증명한다.

그런 공간에서는 약한 조선, 무력한 조선 등 당시 조선인들까지도 자각했던 조선의 문제는 결코 고찰 대상으로 삼지 않는다. 조선왕조의 부패와 당쟁, 개화파들의 도전과 국민의 빈곤 등에 관한 논의는 그저 일본의 책임을 면죄하는 것으로 치부한다. 하지만 그런 '태도'는 '역사'(=일어난 일들) 자체와 마주하는 것을 점점 더 어렵게 만든다.

무엇보다도, 한일병합이 처음부터 성립되지 않았고 식민지화가 '없었다'는 것이 되면 조선총독부 통치하에서 제정된 모든 법률은 무효가 된다. 그렇게 되면 그 시대를 살았던 사람들의 모든 '법적' 영위도 무효가 될 수밖에 없다.

타자와 마주하기

'한일병합불법론' 중에는 식민지지배하에서 살았던 사람들을 노예로 간주하는 설명이 많이 보이는데, 대부분 지배라는 '상징적 노예'화를 '사실상의 노예'화와 동일시한다.

　물론, 식민지화는 이민족 사이에 힘의 불균형을 만드는 시스템이니, 그런 의미에서는 '노예'라는 인식이 상징적으로는 틀린 건 아니다. 하지만 이런 거친 담론은 '노예'의 낙인을 찍은 것(부정적 인식 딱지)일 뿐이다. 이미 위안부 피해자도 '노예'라는 단어에 이의를 제기했던 것처럼 그런 단정은 폭력일 뿐이다. 또, 그런 거친 호명은 섬세하게 접근해야 하는 '역사'는 물론 '학문'으로부터도 오히려 멀어지게 만든다.

　이태진 교수의 주장을 큰 틀에서 인정하고 나서 2000년도 서울대학교 한국문화연구소 연구보고로 엮인 『한국병합의 불법성 연구』(이태진 외, 서울대학교출판부, 2003년) 등에서 전개되는, 강제성 대상을 국가와 국가대표로 구분하는 논의에 눈을 돌려보면, "국가 자체에 대한 강박 및 국가대표에 대한 강박 간의 구분을 둘러싼 고찰에 비추어볼 때, 한국 병합에 관련된 조약의 합법성을 주장하는 일본 학자들은 이 구분과 관련하여 빈발하는 개념상 혼동을 범하고 있는 것으로 보인다"(284)[9]는 기술이 보인다. 하지만 1905년 조약은 "국가대표에 대한 강박의 전형적 예"(286)[9]라고 말한 국제법학자조차도 이런 식의 견해가 어디까지나 "일본에 의한 한국병합이라는 대단히 복잡한 그림 짜맞추기의 퍼즐jig-saw puzzle의 그림조각 하나에 불과"할 뿐이고 "1905년 협약의 무효를 입증한다 해도 일본에 의한 한국병합에 관련된 모든 문제가 한꺼번에 해결되는 것은 아니다", "오랜 세월에 걸쳐 한일관계 장애물이 되어왔던 이 문제가 갖는 법적·역사적 의미를 제대로 이해하고 평가하기 위해서는 병합 이후의 사건 및 역사에 대해서도 충분한 고려를 해야 할 것이다"(287)[9]라고 말한다. 그런데다 "객관적인 역사적 진실에 튼튼한 기초를 둔 가운데 상호이해에 도달하기 위한 이성적인 토론 및 설득(하버마스)"이 필요하다고 했다.

하지만 20년 전의 이런 지적은 아직 거의 살려지지 못하고 있다. 예를 들어 한국은 도요토미 히데요시의 침략에 이어 한일병합이 이뤄졌기 때문에 일본의 침략을 본질주의적으로 생각하기 쉽다. 식민지화에 대한 반발도 그만큼 크고 미래에 대한 불안까지 부추겨지곤 한다.

예를 들어, 메이지 초기 일본의 대조선 인식에 대해 메이지시대 사상가인 오카쿠라 덴신岡倉天心은 저서 『일본의 각성』에서 이렇게 말한다. "13세기에 몽골이 침략을 기도했는데, 이때 몽골의 길 안내를 한 조선에 대해 우리는 적의를 불태웠다. 그러나 조선에 대한 우리의 보복행위는 히데요시의 원정뿐이다. 그는 16세기에 그가 숙적이라고 생각한 조선인과 싸우기 위해 군대를 보낸 것이었다." 이런 생각의 옳고 그름을 떠나 아무튼 '조선에 대한 일본의 적개심'에 대해 한국은 상상한 적이 없는 만큼, 이런 생각을 인지해 두는 것은 일본을 이해하는 첫걸음이 될 터이다. 자국의 입장에만 집착해 타자를 재단하는 식의 모놀로그화한 '학문'이 다이얼로그가 되려면 타자의 목소리를 듣는 일에서부터 시작해야 한다.

2. '배상' 수단화한 역사를 제자리로

조선에 대한 지배력 강화

앞에서 소개한 오카쿠라 덴신의 생각은, 청나라와의 관계를 확실히 하라고 겁박하는(183)[1] 식의, 일본이 조선에 대해 약간 과한 듯한 관심을 보인 배경을 좀더 이해할 수 있게 해준다. 현재의 시각으로 보면 내정간섭이라고 할 수밖에 없는 이런 관심이 텐진조약에서 시모노세키조약, 그리고 포츠머스조약에까지 '조선'이라는 항목을 등장시켰다고 할 수 있을지도 모르겠다. 아무튼 확인해두어야 하는 건, 메이지시대 내내 일본은 조선에 대한 관심을 유지했고, 1910년 한일병합은 그런 관심의 귀결이었다는 사실이다.

잘 알려진 것처럼 청일전쟁이 일어나기 10년 정도 전인 1885년에 맺어진 텐진조약에서 청일 양국 군대는 조선에서 동시 철수하고, 다시 조선에 출병할 경우 상호 통지하기로 약속했었다. 그 상호 통지 조항을 구실로 일으킨 청일전쟁 이후 1895년에 맺어진 시모노세키조약 제1조 내용은 조선이 독립국임을 청이 인정한다는 것이었다. 그런데다 그로부터 10년 후인 러일전쟁을 종식하기 위해 맺어진 포츠머스조약 제1조는, 일본이 조선에서 '정치·군사·경제적인 우월권'이 있음을 승인하고, 일본의 조선에 대한 지도·보호·감독권을 승인한다는 항목이었다. 러일전쟁의 원인을 단순히 중국이나 러시아의 위협으로부터 일본을 지키기 위한 것으로 생각하는 일본인들도 많지만, 이런 여러 국가들과의 조약이 보여주는 것은 조선에 대한 지배력 강화라는 건 혼동할 여지가 없다.

신화의 역사화/욕망의 정당화

한일병합을 "점진적인 병합"(214)[2]으로 간주하는 견해는 핵심을 찌른 것이라고 할 수 있을 것이다.

그런데, 메이지 일본이 이런 과정을 걸으면서 전쟁과 지배의 근거로 사용한 것은 진구神功 황후의 삼한 정벌(일본의 진구 황후가 신라에 군대를 보내 고대 조선의 삼한 중 나머지 두 지역, 백제와 고구려를 복속하에 둔 전투로 인식)이었다.[3] 지금은 "고대 일본의 왕권과 한반도 남부 지역을 지배와 복속의 관계로 파악하는 연구자는 거의 없"(156)[3]지만, 일본에서는 역사상의 사실로 간주된 시기가 있었고, 거슬러 올라가면 "청일전쟁부터 **한일병합에 이르는 과정**"에 그 시도가 있었다. "히데요시의 조선 침략도 메이지 정부의 정한론도 고대가 반복된 것처럼 파악되어"(동 158), "소박한 설화가 역사학의 서술로 바뀌는 과정"(동 160)이 있었으니, 메이지시대의 전쟁을 지탱한 것은 그런 신화의 역사화이기도 했다.

실제로 "진구 황후의 삼한 정벌은 1700년 전의 옛날이었고, 도요토미 히데요시의 출사도 이미 300년이 지났으나 인민은 아직 이를 잊지 않고 있다. 오늘에 이르러 정한을 논하고 있는 것은 일본의 인민이 백, 천 년의 옛날을 떠올리며 그 영욕을 잊지 않은 증거다"(후주 1의 336)[1], [4]라는 인식이 여러 자료에서 확인된다. 눈앞에 있는 목적을 위해 과거가 이용되는 건 꼭 현대

---

*　'한국병합' 100년에 즈음한 2010년 5월 한일 지식인 200여 명(나중에 추가 모집돼 1000여 명에 달했다)의 공동성명이 도쿄와 서울에서 발표되었다. "'한국병합조약'을 어떻게 보아야 할 것인가에 대하여 한국, 일본 양국의 정부와 국민이 공감하는 인식을 확인하는 것이 중요하다"며 와다 하루키 도쿄대학 명예교수, 이태진 서울대 명예교수 등이 발기인이 되었다. 성명에서 한일병합에 대해 "대한제국의 황제로부터 민중에 이르기까지 모든 사람의 격렬한 항의를 군대의 힘으로 짓누르고 실현시킨, 문자 그대로 제국주의 행위이며, 불의부정不義不正한 행위"라며 "'한국병합'에 이른 과정이 불의부당하듯이 '한국병합조약'도 불의부당하다"고 한다.

만이 아니다. 그저 욕망에 지나지 않는 감정을 역사상의 필연=정의라고 생각하도록 만든 것은, 이런 바꿔치기이기도 했다.

하지만 그 어떤 정의건 독선적인 주장은 정당성을 잃는다. 실제로 천황을 옹립하는 새로운 국가체제에 맞춰 조선과 국교를 하고 싶어했던 일본이 자신들의 새 체제를 인정하려고 하지 않았던 조선을 그저 '무례'로 파악하고 관계를 강요하는 것은 '친교 상대 선택의 자유'를 침범하는 것일 뿐이다. 앞서의 오카쿠라 덴신도 저서 『일본의 각성』에서, "두려운 흑선함대가 나타나, 조약을 맺지 않는 한 돌아가지 않겠다"던 사태에 대해 "도대체 외국에 무슨 권리가 있어서 원하지도 않는 통상, 부탁하지도 않은 우호를 강요하는가?"라고, 당시 일본의 심정을 쓰기도 했다.

일본도 서양 나라들로부터 가해진 똑같은 압박을 만나 개국하고 불평등 조약을 맺은 경험이 있었음에도 불구하고, 결국 구 제국들에 강제당한 일을 그대로 반복한 것이 된다.

청일전쟁 또한 청나라 출병에 자극을 받은 것이라고는 해도 일본 출병이라는 사태가 당사자인 조선이 원하지 않았던 것임은 분명하다.(199)[1] 이미 힘의 균형을 잃은 상태였던 조선에 설사 '합의'의 의사가 있었다 해도, 그건 문자 그대로의 합의라고 할 수 없을 것이다.

한일병합이 이런 식의 메이지 초기 생각을 40년에 걸쳐 실현한 것이라면 보아야 할 것은 각각의 조약 자체가 아니라 조약까지의 과정일 것이다. 그래야만 비로소, 조약에 담긴 욕망이나 생각이 정확하게 보이기 때문이다. 보호조약이나 병합조약 자체를 둘러싼 수순이 미비했다거나 충분했다는 논의 이상으로 그런 인식이 더 필요하다.

"조선은 일본의 심장을 겨누는 단도 같은 위치에 있으므로 한반도를 점령하는 적국은 일본에도 쉽게 군대를 보낼 수 있다. 그런데다 조선과 만주의 독립은 일본 민족의 존속을 위해 경제적으로 필요하다. 왜냐하면, 이런 나라들의 미개발 지역에 합법적인 통로를 찾아낼 수 없게 되었을 경우, 끝없이 늘어나는 인구를 안고 있는 일본의 앞길에는 기아가 기다리고 있기 때문이다"(오카쿠라 덴신, 『일본의 각성』).

병합을 정당화하는 논의에서 흔히 볼 수 있는 '일본 쪽을 겨눈 검'이라는 조선 이미지를 이미 메이지시대 사람들은 가지고 있었다. 그건 일종의 공포심이라고 할 수 있지만, 그런 인식이 뒷받침한 '방어선' 인식은 그대로 '이익선' 인식으로 이어졌으므로 그 공포심이란 욕망을 정당화하는 레토릭에 지나지 않았던 것이 된다. 무엇보다 메이지 초기의 정한론이 그것을 보여주고 있다.

"개량"이라는 이름의 지배

당시 상황을 보여주는 많은 문헌들은 한심하리만큼 유약한 조선의 모습을 보여주고 있지만, 약하다는 사실이 지배를 정당화시켜주는 것은 아니다. 조선의 왕 또한 "(일본은 조선을) 개량시키겠다고 했다"는데 "실제는 반대"(후주 6의 32)[5], [6]라며 이토 히로부미에게 항의했다. 이런 생각이야말로 역사의 현장에 있던 당사자의 인식이었다.

청일전쟁 때 아산만 앞에서는 메이지 천황이 가사를 붙인 군가가 울려 퍼졌다.(후주 6의 394)[5], [6] 청일전쟁을 일으켰을 때 일본은 마지막으로 대원군을 이용하는데 "대원군을 데려오기 힘들다", "입궐을 권유했으나 들으려 하지 않았"고 "오히려 내게 왕비의 안부를 물었다"(후주 7의 199)[1], [7]는 정황도 보인다. 그리고 얼마 지나지 않아 "왕비"는 살해되었고, 그 후 "왕"(고종)도 폐위되었다.

'개량', '개혁'을 내세운 조치는 폭력으로 작동했다. 왕을 "현명함과 자애

로움의 결정체", "천자天子", "절대선"(87)[8]으로 보는 조선 사람들의 충성심 같은 것을 돌아볼 여지가 당시의 일본에는 없었다. 훗날 근대 일본을 대표하는 지식인이 되는 젊은 나쓰메 긴노스케夏目金之助(나쓰메 소세키夏目漱石)조차 "왕비" 시해를 다행이라 했고, '러일전쟁'에서의 승리를 기뻐했으니[9] 그건 당연한 것이었을지도 모른다. "왕비"를 살해당한 왕은 "중전마마를 생각하며 울"고, "복수를 하는 자에게는 자신의 머리칼이라도 잘라 신을 삼아주겠다(정성을 다해 은혜에 보답하겠다는 뜻)"(271)[8]고 말했다는데 그런 상황 속에서 그 어떤 '합의'가 있었다 한들, 그것을 그대로 받아들일 수는 없을 것이다.

일본은 이런 과정을 거쳐 조선 문명화의 상징이기도 했던 철도 부설권을 손에 넣고, 압록강이나 울릉도의 벌목권을 러시아로부터 빼앗았다. 이는 자원과 이동수단 확보야말로 일본의 욕망이 도달한 장소였음을 보여준다. 철도 부설 과정에서는 많은 조선인들이 토지를 수용당했고 조상의 무덤을 옮겨야 했다.(212)[10]

일본인 인부들이 난동을 부려 관노官奴(지방 관아에 소속된 노비)를 죽이고 관아의 수장에게 폭행을 가하는 경우도 많이 있었다.(69)[11] 경부철도가 "한국에서의 우리 제국의 군사경제 외교에 지대한 편익을 가져다줄 것은 타오르는 불을 보듯 뻔한"(212)[10] 것이라고 인식된 과정 속의 일이었다. 식민지화는 일본의 '방어선'을 그대로 '이익선'으로 만드는 과정이었다.

---

* 나쓰메 소세키와 러일전쟁. 예를 들어 졸저 『내셔널 아이덴티티와 젠더―나쓰메 소세키·문학·근대ナショナルアイデンティティとジェンダー漱石·文学·近代』(クレイン, 2007)에서는 나쓰메 소세키의 '개인주의'에 대해 논하고, "국가라는 것이 위험해지면 누구든 국가의 안전을 생각하지 않는 자는 한 사람도 없다"는 소세키의 '국가' 중심 사상을 지적했다. 그리고 일본은 '가난'하고 '작은' 나라라는 판단이 러일전쟁에서의 승리를 잊게 만들었고 그런 사고가 내셔널리즘의 기본형이라 할 수 있는 '자국=피해자(혹은 지금도 그럴 수 있는 입장)' 의식을 형성했다고 논했다.

1876년의 한일수호조약(강화도조약) 이후, 일본은 적극적으로 조선에 자신들의 흔적을 만들었고 1894년에는 이미 부산이나 한성에는 "일본인 거주지"가 생겨났다.(20)[12] 실제로 일본은 이미 "국민의 이식"[9]이 필요하다고 생각했으니 메이지시대의 일본이 끊임없이 확장주의를 펼쳤다는 것도 명백하다.

청일전쟁 이전부터 조선의 일본화는 그렇게 진행 중이었다. 청일전쟁 때 군대 파견 구실이기도 했던 '자국민 보호'[1]를 주창할 만큼 이미 이주자가 많았다. 말하자면 일본인이 있을 자리를 조선 안에 유지해 자국민을 더 이주시키는 것이 바로 청일·러일, 두 전쟁의 목적이었다고 할 수 있을 터이다. 제국주의란 마이너리티였던 자국민들에게 식민 지역에서 주도권을 쥐게 함으로써 머저리티majority가 되게 하는 것이기도 하다. 중요한 것은 거주민 숫자가 아니라 그 땅의 규칙(룰)=법을 만드는 주체가 누구인지였다.

당시 조선을 방문해 현장을 보고 들었던 외국인들도 "조선의 독립"이란 일본의 "책략"이자 "간섭"(후주 8의 253, 후주 12의 202)[8], [12]이라고 생각했다. 물론 중국을 비롯해 다른 열강들도 일본과 같은 욕망을 가지고 있기는 했다. 그리고 일본은 "외국의 토지를 측량하거나 조사하는 일은 공공연하게 내놓고 할 수 있는 일이 아"닌 때에, "약장수가 되기도 했고 박물학자가 되어 이름을 적을 때 곤충 채집가라 기입하거나 광업 시찰꾼이라 칭하며 산지와 임야를 답사했"다.(후주 1의 257)[1], [13] 탐험이나 개척이라는 이름의 '조사' 자체가 문명인의 영위로서 제국주의를 지탱했던 시대의 일이다. 그렇게 조사한 토지(국가)의 이름이, 고종의 거부에도 불구하고, 대한·한국의 용어 대신 조선이라는 근대 이전의 이름으로 붙여진 것도 그 관계가 자유롭고 평등한 관계일 수 없었음을 보여준다.

당시 국제법규를 연구하기 위해 참고했던 『만국공법萬國公法』을 일본은 그 책이 세상에 나온 지 2년 후인 1865년에 일본어로 번역했다. 말 그대로 근대의 여명을 앞두고 준비한 무기였을 터이다. 조선에서도 이보다 앞선 1864년에 한문번역판이 읽히기는 했지만 "강화도조약 당시 개화파 지식인들은 아직 정부정책을 좌우할 정도는 아니었"다.(206)[6]

그러나 국제법규의 인지를 문명화라고 말한다면 그런 문명화로의 참여는 늦었을지 모르지만 근대적 개혁으로 간주되는 "호적제도나 징병제도는 이미 존재"했다.(20)[14] 그건 '유교적 문명주의'하에서의 일이었다는데, 아무튼 '근대화=문명화'의 개념은 오늘날의 시각으로 본다면 서양 중심주의적 획일화라고 할 수밖에 없다. 각각 다른 체제하에서의 다른 발전방식이 있다해도 문제가 될 일이 아님에도, 근대화=문명화는 타자의 지배를 허용하기위한 구실로 사용되기도 했다. 물론 그렇다고 당시 사람들의 '문명화'에 대한 노력 자체가 모두 부정되어야 한다는 건 아니다.

식민지화와 마주하기

엘리트주의는 약육강식을 용인하는 강자주의가 될 때 타자를 물건 취급한다. 그런 강자주의를 장착한 일본이 청일전쟁이나 러일전쟁의 희생자에 대해 충분히 생각하지 않았던 사실은 이후 일본 국민들의 더 큰 희생을 낳았다.

하지만 그런 사실에 대한 비판은 가능해도 그 비판은 이후의 식민지주의나 통치의 실상과 통치 이후의 반성까지 함께 평가될 때 보다 설득력이 있을 수 있다. 그런 의미에서 이태진 교수 같은 인식—현대에서의 일본의 미사죄 인식과 미래에 대한 공포—은, 그 자체로서는 식민지시대나 전후 일본을 아직 몰랐기 때문에 나온 필연이었다고 해야 할지도 모른다. 그런 의미에서도 식민지시대와 그 전후에 대한 보다 깊고 넓은 이해가 필요하다.

하지만 식민지 통치에 대한 일면적인 인식과 전후 일본에 대한 불충분한 인식은 지난 30년간 기본적으로 변함이 없었다. 현대 한국을 1919년 상해 임시정부를 계승하는 체제로 간주해 마치 식민지화된 시기가 없었던 것처럼 인식하는 1987년 헌법개정 이후 한국이 역사를 제대로 마주하고 있다고는 할 수 없을 것이다.

중요한 건 한일병합불법론이나 병합론 자체가 아니다. 식민지화란 어떤 사태였는지, 통치의 실상은 어떠한 것이었는지, 제국 붕괴 이후의 일본과 해방 후 한국은 어떤 길을 걸었는지, 어떤 가능성을 지향했고, 그럼에도 어떤 한계를 안았었는지를 생각하는 편이, 새로운 미래 만들기를 위해서는 더 중요하다. 물론 그런 시도가 지금까지 없었던 것은 아니다. 하지만 아는 것에 비해 알려지지 않은 일들이 훨씬 더 많다. 오늘의 난관은 그런 인식 부족 때문이기도 하다.

식민지화에 대한 문명주의적인 긍정이나 자기반성 없는 규탄만으로는 미래를 만들지 못한다. 미래를 만드는 건 역사와 '제대로' 마주하는 그 자세 자체다. 마주하는 방식은 정확한 사실을 아는 것뿐만 아니라, 그 사실과 어떻게 마주보고 이해하는지(해석)의 '태도'가 만든다.

피해를 입은 희생자에 대한 보상·배상은 당연히 중요하다. 하지만 역사(과거)가 그저 배상(현재)을 위한 수단으로만 간주되는 것은 서글픈 일이다. 증오나 경멸을 키우는 주체로 떨어지는 건 더 슬프다.

미국은 하와이병합에 대해 "선주민과 합법적 하와이 정부의 동의"가 없었다는 것을 인정하고 "국제법 위반"임을 국가로서 인정하며 **사과했다.**'(550)[15] 일본에서도 이미 1984년에 와다 하루키 교수 등이 국가로서 인

---

* 미국의 하와이병합 사죄. 하와이에서는 카메하메하 왕조가 1810년 통일왕조를 수립했지만, 1893년 백인 주민이 쿠데타를 일으켜 릴리우오칼라니 여왕을 퇴위시키고,

정하고 사과하기 위한 국회 결의를 제안했었다.(268)[16] 그로부터 약 40년이 지난 지금, 그런 논의는 전혀 들리지 않는다. 법을 '위반'했는지 여부에 의존하지 않고도 역사에 대해 대화하는 건 가능하다. 위반=강제성 여부가 그대로 식민지지배의 옳고 그름을 결정하는 것도 아니다. 지배는 어떤 형태로든 인간 사이에 불평등체계를 만들어 양쪽 다 불행하게 만들기 때문이다.

그런 의미에서도 한국이 병합을 스스로 바라 일본의 천황이 승낙한 것 같은 형태로 만들어진 한일병합조약은 바로 그 형태 때문에 "조선 민족을 욕보이는 불의부당한 행위"(122)[17]였다. 하지만 역사를 둘러싼 강제·자발(불법·합의)이라는 이분법적 사고방식과 강제/자발 여부를 결정하는 잣대로 여겨져온 '법지상주의'는 오히려 그 부당성에 대한 물음을 어렵게 만들어왔다. 지금의 꽉 막힌 상황을 뚫는 건 원점으로 돌아가 다시 시작하는 것뿐이다.

1898년 미 의회에서 병합을 정식으로 결정했다. 1993년, 하와이 원주민에 대한 '사죄 결의'가 미국 연방의회를 통과했고, 클린턴 대통령(당시)은 하와이 왕조의 전복에 미국 정부가 관여했던 사실과 이후의 병합이 하와이 원주민의 의사를 충분히 확인하지 않고 강행된 사실을 공식적으로 인정하고, 앞으로 그들의 문화적 정체성 유지를 그때까지 이상으로 촉진해야 한다고 말했다. 금전적인 보상 등은 언급하지 않았다.

3. 한일협정을 다시 본다

청구권을 둘러싼 일본과 한국의 생각

한일 간 역사 문제 소송에서 일본에 '위자료'를 지불하도록 명령한 2018년 대법원의 판결은 한일병합불법론에 의거해 나온 것이다. 1965년 한일협정 내용이 식민지지배에 대한 배상이 아니었다는 생각에 기반한 판결이었다. 판결은, 일본이 '청구권'에 부응해 배상으로서 지불하는 것이 아니라고 분명히 주장했다는 지적도 했다.

분명 당시 일본은 "(한국에 대한) 경제협력은 단순한 경제협력이고, 배상과는 그 어떤 관계도 없다. 경제협력과 청구권은 심의 경위를 생각하면 관계가 있지만 법률상 인과관계는 전혀 없다"(1005)[1, 2]라고 단언했다. 한국측은 그런 일본의 논리—돈은 지불하지만 배상청구권에 응한 것이 아니라 경제협력을 위한 독립축하금일 뿐이다—를 역으로 이용한 셈이 된다.

판결의 이런 논리는 한일 양국에 제기된 1990년대 이후 몇몇 소송과 한일협정의 재검토를 둘러싼 학계 움직임의 성과이기도 했다. 한국 헌법재판소는 2011년 위안부 피해자의 배상청구권에 대해 한국 정부가 해결을 위한 구체적인 노력을 하지 않는 것은 '헌법 위반'이라고 판단했다. 그리고 징용 피해자들이 일본 기업을 상대로 미지급 임금 지불과 손해배상을 요구한 소송의 상고심 판결에서, 한국 대법원이 2012년 원고가 패소한 판결을 고법으로 환송파기한 판결을 수용해 한일협정체제가 "법적으로 붕괴 직전의 상태"(18)[2]에 이른 것으로 간주한 것도 그런 과정에서 일어난 일이었다. 한일협정이 식민지지배에 대한 사죄의식을 반영하지 않은 것은 당시 한국의 "다급함과 미숙함"(173)[3] 때문이라며 협정에 대해 "역사의 결락"(167)[3]을 지적하는 목소리도 있다.

하지만 일본은 한일협정에서 청구권 문제는 "완전히 그리고 최종적으로" 끝난 것으로 간주하고 있는 것이 현실이다. 과연 한일협정이란 어떤 것이었을까.

일본의 패전 후, 한국인들은 일찍부터 일본에 대해 손해배상을 요구했다.(39~46)⁴⁾ 1951년에 시작되었지만 좀처럼 진행되지 않던 회담을 성사시키기 위해 1962년 2월에 이케다 하야토池田勇人 당시 수상과 마주한 김종필 당시 중앙정보부장이 "과거청산으로서 반환"하는 형식을 희망한다고 하자 이케다 수상은 "그렇게 되면 일본이 한국에 두고 온 재산을 어떻게 할 것인가라는 문제가 생긴다"(515)²⁾라고 말했다.

"일본이 한국에 두고 온 재산"이란 조선에서 패전을 맞고 의사에 반해 귀국한 재조 일본인들이 한국에 남긴 재산을 말한다. 이런 충돌은 회담 초기부터 있었고 일본 측은 미군에 의한 '처리'를 인정했을 뿐 "재한 일본인 재산에 대한 본래의 권리 및 청구권을 포기한 것은 아니다"(131)²⁾라고 주장했다. 이 말이 한일회담 초기 일본 외무성의 발언임을 감안하면 일본의 사고 방식은 최소한 10년은 변하지 않았던 것이 된다.

'문명화'의 조건

한국 측에서 재조 일본인의 재산은 "불법" 지배에 의한 "비합법적 성격"(141)²⁾을 가지는 것이고 "더이상 (일본은) 아무런 권리도 갖고 있지 않"다고 주장했다고 일본 외무성 기록에 정리되어 있다. 이후 좀처럼 접점을 찾지 못한 채로 일본이 권리를 주장하자, 한국 측도 (말하지 않을 생각이었던) "(식민지하에서의) 36년간의 피해를 상환하라고 말해야 한다"(202)²⁾고 말했다. 한국에서 악명 높은 일본 측 수석대표 구보타 간이치로久保田貫一

郎의 이른바 '**구보타 망언**'은 그런 과정에서 나온 것이었다. "철도를 깐 것", "항만을 건설", "대장성의 돈을 1년에 많게는 2천만 엔, 적어도 1천만 엔이나 갖고 나왔"으니 그것으로 "한국 측의 요구를 상쇄할 것이다"(203)[2]는 선언이었다.

하지만 구보타가 말하는 "한국 경제를 배양"(203)[2]했다는 것이 물질적 인프라 중심의 문명주의적 사고방식이라는 것은 이미 본 대로다. 또, "일본인이 오지 않았으면 한국은 더 잘했을지도 모른다"(203)[2]라며 반발하는 한국에 대해 "일본이 가지 않았다면 중국 또는 러시아가 들어왔을 것"(203)[2]이라는 주장이, 문명화된 공간 속에서도 꺾이기 쉬웠던 식민지 사람들의 마음에 대한 상상력이 부족한 발언이었음은 말할 것도 없다.

눈에 띄는 반체제파가 아니어도, 식민지인으로서의 일상은 자주 굴욕감을 느낄 수밖에 없는 시간이었다. 식민지에서 어린 시절을 보낸 일본인 소년 소녀들은 그런 일상을 마음에 담아두었다가 훗날 작품화하기도 했다. 예를 들어 황민화 정책에 따라 창씨개명을 한 조선인들 이름은 일본인 귀에는 일본인스럽지 않은 위화감 있는 이름이어서 웃음거리가 되거나, 똑같은 군사훈련을 받으면서도 조선인 학생에게는 진짜 총 아닌 목총이 건네져 마찬가지로 일본인 학생들의 조롱을 받기도 했다(박유하, 『귀환문학론 서설引揚げ文学論序説』, 人文書院, 2016년).

---

* 한일의 국교정상화 협상을 위한 회담은 1951년 예비회담 개시로 시작되었고, 회담은 간헐적으로 이루어졌다. 1965년 타결까지 약 14년이 걸리는 어려운 교섭이 되었다. 회담은 다양한 현안을 놓고 양국의 입장과 주장이 간극이 있다는 것을 보여주는 장이 되었지만, 배경에는 병합에 의한 식민지지배 역사를 어떻게 생각하는지, 그 시점이나 평가를 둘러싼 근본적인 차이가 있었다. 그것을 상징한 것이 1953년 10월의 '구보타 발언'이다. 당시 일본 측 수석대표였던 구보타 간이치로가 "식민지 통치에는 좋은 면도 있었다"고 발언한 것으로 회담은 격해졌고, 1958년 재개까지 4년여 동안 한일 간 협상 자체가 정지되는 사태로 이어졌다.

무엇보다 일본에 의한 근대적 교육이란 일본인이 되는 교육=황민화 교육이었다. 식민지에서의 '경제 배양'=문명화란, 어디까지나 '일본인'이 된다는 조건하에서만 누릴 수 있는 것이었다.

한일협정을 넘어선 전후 일본의 조치

구 지배자들은 식민지지배가 "조선 사람들을 노예적으로 착취하였고 그들의 행복을 유린했다는 논고에 대해서는 정당한 항변의 여지가 있다"(후주 6의 11)[5], [6]고 생각했다. 분명히 무상으로 일한 것도 아니고, 똑같은 '일본인' 범주에 넣으려는 시도도 했으니, 그렇게 생각하는 것도 이상하지는 않다. 하지만 시인 무라마쓰 다케시村松武司는 저서『조선식민자朝鮮植民者』(삼성당, 1973년)에서, 털스웨터 등을 풀어 실로 만드는 작업을 맡았다가 반환 시 털실 양을 속였다는 이유로 조선인 여성에게 쏟아진 조부의 "고함소리"와 여성의 "울음소리"를 달리 볼 여지가 없는 "식민자의 채찍"으로 인식하고 기록했다. "채찍"이라는 것이, 지배·피지배 관계가 만든 것임은 말할 것도 없다. 거기에 설사 '행복'이 있었다 해도 그것은 노예의 행복일 수밖에 없다.

물론 노예의 행복임을 감수하고라도 근대화=문명화로 상징되는 '선진'이나 물질적 풍요를 바라는 사람은 피지배 측에도 있었고, 그 선택 자체가 모두 비난받아야 하는 것은 아니다. 하지만 그런 사고방식은 쉽게 타자·타국에 대한 공격과 지배를 허용한다. 문명화를 보편적 가치로만 단순히 말하기 어려운 이유다.

식민지지배를 사죄해서는 안 되는 것으로 간주하는 사고는 그 뒤에도 이어져 "일한 간 관계는 과거에 얽매이지 않고 긍정적인 태도로 임하겠다는 방침으로 과거를 사죄한다는 의도를 공식적으로 표명하는 것을 피해왔"

다.(694)[2]

한일협정을 통해 일본 측이 징용이나 징병 피해 등을 둘러싼 피해 요구를 받아들여 경제지원 형태로 무상 3억 달러, 유상 2억 달러, 합계 5억 달러를 지급했다는 사실은 2005년 한국 정부도 인정한 사실이다. 그렇기 때문에 1970년대에 이어 2000년대에도 한국은 피해자에 대한 신고·조사·보상을 해왔다. 그러면서도 일본이 어떻게든 협정에 '사죄' 의미를 담지 않으려 한 것은 구보타 발언에 나타난 것 같은 생각을 공유했기 때문일 터이다. 일본 은 1965년 당시 징용자를 약 72만 명으로 인식하고 우편저금 반환도 염두 에 두고 있었다.(490~491)[2] 그건 어디까지나 징병·징용의 동원 주체인 국 가의 의무로 인식했기 때문일 것이다. '청구권'에 응하는 형태이면서도 거 기에 담은 것은 식민지지배에 따른 타민족 동원에 대한 것이 아니라 구 '일 본인'에 대한 것이었을 터이다. 따라서 거기에 감사는 존재할지언정 사죄는 존재할 수 없었다.

하지만 그 후 일본이 실시한, 1965년 협정 때 논의되지 않았던 **사할린 잔 류 조선인**'이나 조선인 원폭 피해자, 나아가 조선인 위안부들을 대상으로 행 했던 보상이나 보살핌에는, 사죄(보상) 의미가 포함되어 있었을 것이다.

그렇다면 현재 한일 양국 사이에 가로놓인 징용 문제에서 무엇이 부족한

---

*   사할린 남부가 1905~45년 일본 영토였기 때문에 한반도에서 많은 조선인들이 이주 했다. 제2차 세계대전 후에는 소련(현 러시아)의 지배 치하가 되었고, 당시 사할린에는 4만 3000명의 조선인과 약 30만 명의 일본인이 있었다. 1946년 소련지구귀환 미-소 협정과 1956년 일-소 공동선언으로 일본인 대부분은 귀환했지만 조선인은 방치되었 다. 조선인들이 원했던 조선으로의 귀환과 가족 재회는 오랜 세월 이루어지지 않았지 만, 1980년대 이후 소련의 페레스트로이카나 1990년 한·소 국교수립 등으로 정세가 변화. 한국의 부재가족회나 일본인을 부인으로 둔 일부 한인들이 귀환해 만든 사할 린귀환재일한인회, 그리고 그런 지원단체의 협력으로 1988~90년에 약 1000명이 일 본에 초청받아 한국 가족과 상봉이 이루어졌다. 일본 국회의원들 모임도 성사를 위 해 각 방면에서 노력했다. 1990~2010년에 약 1만 6500명의 고향 방문과 약 3000명 의 한국으로의 영주귀국이 실현되었다.

지는 명확하지 않을까. 애초에 전후 일본이 1965년 협정의 범위를 벗어나 사실상의 보상을 해온 사실은, "완전히 그리고 최종적으로" 해결되었다고 했던 한일협정의 약정을, 일본 스스로가 깨뜨린 것이기도 하다. 1990년대 이후 일본은 1960년대의 "정산"을 새롭게 "청산"할 것을 시도했었다. 그만큼 인식의 진전이 있었다는 이야기가 된다.

그런 의미에서는 "완전히 그리고 최종적으로" 해결되었다는 말은 일본이 해온 것조차 부정하는 게 된다. 1990년대 일본이 "식민지시대에 일본은 좋은 일도 했다"고 발언한 당시의 각료(에토 다카미 총무청 장관)를 경질했던 것도, 말하자면 한일협정 당시의 생각을 넘어선 조치였다.

한일협정을 넘어선 현대 일본의 조치

1965년 당시 한국 측이 '불법'이라는 말에 담았던 것은 징병·징용은 말할 것도 없고, '의사에 반해' 타자와 동등한 평등성이 보장되지 않는 비틀린 일상을 살아야 했던 원통함의 감정이라고 할 수 있다. 지배를 직접 경험한 당시 사람들이 일본에 바랐던 것은 경제적 지원 이상으로 그 원통한 심경에 대한 이해였을 것이다. '청구권'이라는 단어는 짓밟힌 긍지의 회복을 위해서라도 필요했을 터다. 즉, 일상이 된 굴욕감을 씻어내기 위해 '청구권'이라는 말을 사용했을 텐데, 한일협정이 체결된 1965년 당시 일본은 그런 기분을 이해하지 못했고 또 불식하려는 노력도 하지 않았다.

그렇다고는 하지만 한일회담을 성사시킨 시나 에쓰사부로 외무상(당시)이 김포공항에서 기자회견을 하여 사죄한 이래, 전후 일본은 여러 번 사죄를 표명해왔다. 1990년대 이후 호소카와 모리히로細川護熙 수상 (1993~94년), 오부치 게이조小渕恵三 수상(1998~2000년), 간 나오토菅直人 수상(2010~11년)의 사죄는 전후 일본이 1965년에 설정했던 '기본관계'를 보완하려는 노력을 조금씩 해온 흔적이 아니었나. 박정희 전 대통령은 일본을 향해 "앞으로 우리 두 나라 국민이 참다운 선린과 우방이 될 수 있고 없는 것은 이제부터에 달려 있는 것입니다"(971)[7]라고 했는데, 그런 의미에서 전후 일본은 의식하지는 않았으나 그런 한국의 말에 조금씩 부응해온 것이 된다.

1995년에 발족된 아시아여성기금은 (한일과 그 국민 사이의 재산, 권리, 이익 및 청구권에 관한 문제가) "완전히 그리고 최종적으로" 해결되었다고 했던 1965년 협정에 발목을 잡힌 조치였지만, 2015년 한일합의는 그런 굴레를 걷어낸 것이었다. '민간기금'이라는 비난을 받고 좌절된 아시아여성기금 대신 일본 국가예산—국고에서 기부금—을 사용한 사실상의 보상조치였기 때문이다. 본질적으로는 1960년대의 사고를 넘어서고 보완한 것이기도 했다.

과거 사람들이 만든 틀은 존중해야 하지만 '오늘'을 살고 표현하는 것으로 역사는 새로운 양상을 띠게 된다. 미래를 만드는 것은 과거가 아니라 '지금 여기'에 있는 '우리'이고, 그런 의미에서 일본은 조금씩 전진했다.

하지만 1990년대 이후 "완전히 그리고 최종적으로"라는 단어만 반복적으로 전해지면서 한국인들은 일본이 처음부터 아무것도 하고 있지 않았다는 이미지만 갖게 되었다. 그건 30년 동안 서울의 일본대사관 앞에서 호소해온 위안부 피해자들에 대해 변함없이 굳게 닫혀 있던 '대사관의 문' 이미지일지도 모른다. 대사관 앞에서 지금도 '소녀상(평화비)을 지키는' 학생들 역시 위안부 문제를 둘러싼 몇 가지 모순을 알지는 못한다는 점에서 문제이긴 하다. 하지만 대화에 대한 일본의 거부는 위안부의 고통을 충분히 보지 않고 철거를 외치는 위안부 문제 부정자들과 일본 정부를 동일시하도록 만들고 있다. 그런데다 어느새 위안부 문제와 징용 피해자 문제는 같은 문제인 것처럼 다루어지면서 양쪽 다 '사죄하지 않는 일본'을 표상하게 되었다.

그 결과, 지금 한국에서는 일본이 해온 일에 대한 기억은 사라지고 없고, 하지 않은 일들이 기억되고 있다. 집단 간 관계에서 중요한 것은 누구를 보는지, 무엇을 보는지일 텐데, 그렇게 이제, 서로의 부정적인 면에만 주목하면서 규탄하는 상황이 이어지고 있다.

책임이란 무엇인가

그렇다고는 하지만 1965년 한일협정이 한일 양국에서 주고받은 공식 약속이었던 것만은 분명하다. 그 협정에 어떤 불충분함이 있다 한들, 그것만으로 약속 자체를 휴지조각으로 할 수 있을 리가 없다. 설령 한일병합은 불법이라는 인식을 전제로 하는 '배상'이 아니었다 해도 일본이 아무튼 조선인 징병·징용자를 의식하면서, "1939년 9월 이후 종전 시까지 집단적으로 일본에 온 한국인 노무자의 총수는 66만 7684명"(147)[6]이라고 파악했던 것만은 확실하기 때문이다. 그리고 "개인의 권리로서도 구체적인 신고를 받은 다음에 지불하는 것이 타당하지 않겠는가"(126)[6]라고 했던 일본 측 생각을 거부하고, 개인이 아니라 정부가 한꺼번에 받겠다고 했던 건 한국 쪽이었다. 그리고 한국 쪽 장관은 1965년 8월 국회의 '한일간조약과 제협정비준동의안심사특별위원회'에서 "무상 3억 달러는 청구권이 아니라 한 발자국 나아가 실질적으로 배상적인 성격을 가진 것"(207~208)[6]이라고 답변했다.

한국 정부가 2006년에 대책을 마련해 1970년대에 이어 보상을 한 건 이런 사실이 뒤늦게 알려졌기 때문이다. 위안부 문제는 1965년에 논의되지 않았으니 배상 대상이라고 하는 사람들도 있다. 하지만 그런 논리라면 징용 피해자들에 대한 보상은 끝난 게 된다. "식민지지배 청산은 이뤄지지 않았다"(122)[8]는 의견도 있지만, 한계가 있었다고 해서 아무것도 없었던 것으로 치부할 수는 없다.

그렇다면 남은 일은 두 번의 보상에서 누락된 사람이나 부족한 부분의 보충이다. 그런데다 일본의 경제적 지원은 전두환 전 대통령 시절에 새롭게 40억 달러어치 이루어졌다.[9] 의무로서의 '배상'이 아니라 해도 일본이 한국에 대해 막대한 원조를 한 것은 부정할 수 없는 사실이기도 하다.

한국이 병합을 '불법'으로 간주하거나 한일관계를 '교전국'으로 여기는 관점을 국제적으로 인정받지 못한 것은, 샌프란시스코평화조약 체결에 참가했던 서구 나라들이 한일의 관계를 그렇게 보지 않았던 결과이다. 그것이 설사 식민지를 가진 나라로서 식민지 문제를 언급받고 싶지 않다는 생각이 있어 한 일이라 해도 그것이 1950년대의 '역사'임은 확실하다. 그렇다면 그런 사고를 비판할 수는 있어도 식민지화라는 사실 자체를 부정하는 건 역사를 다시 만드는 것일 수밖에 없다. 그렇게 생각해온 사람들이 비난해온 역사수정주의자들과 아무런 차이가 없어지는 것이기도 하다. 후대를 살아가는 사람들의 '기대'에 불과한 감정을 사실화·역사화하고 있는 점에서도 그렇다.

다른 나라를 식민지화해서는 안 된다는 '법'이 존재하지 않았다 해도 식민지화가 부당한 것임은 말할 필요도 없다. 한때 존재했던 시스템을 인정하지 않는 것은 그야말로 홀로코스트를 부인하는 것과 다르지 않은 '역사 부정'일 뿐이다. 정신적 긍지를 시스템화하고 싶은 욕망이 구 식민지로서의 정체성을 인정하지 않도록 만든다. 그런데다 그 욕망은 대부분 국가를 이끌었던(그리고 잃고 만) 주체로서의 남성들의 욕망일 수밖에 없다.

같은 이유로 불법이라고 명확히 단정 가능한 법률(식민지화라고 인정하는 것)이 당시 존재하지 않았더라도 '합법'이라고 말할 수는 없다. 제5차 한일회담의 수석대표를 맡은 유진오(1906~87)도 "구한말 선조의 잘못"(후주 2의

420)[2],[10]이라고 말한 적이 있다. 아마도 일본을 비판하고 배상을 청구할 권리를 주장하면서도 '당사자'로서 자신의 책임을 온전히 지려는 자세가 만든 말이었을 것이다.

한일협정을 만든 것들

한일협정에 참석한 관계자는 "(회담 성립까지) 협상 상대인 김동조 대사는 규슈제국대학 출신으로 고문시험(고등문관시험, 고위 관료의 채용시험)을 통과하고 후생성에 근무한 적도 있어서 심대한 노력을 해주었다"(112)[11]고 회고한다. 좋은 의미로든 나쁜 의미로든 구 식민지/구 종주국 관계가 있고 나서의 조약 성립이었지만, 전체적으로는 굴욕감을 억누르고 회담을 진행한 것으로 보이지는 않는다. 구보타 발언에 대한 반발과 회담 중지 선언도 그중 하나다. 한일협정은 양국이 파국의 위기 앞에서 벼랑에 선 듯 팽팽하게 대립하면서 "상호 양보"(800)[2]한 결과라는 것이 남아 있는 회담 기록에서는 다양한 모습으로 드러난다.

그런데다 한국은 식민지배에 대한 "무효" 선언이라든가 "새롭게 손해배상을 청구한다든가, 그런 것은 전혀 생각하지 않고 있다"고 확실하게 말했다.(705)[2] "문서를 만들면 국회 비준을 얻기가 불가능"[2]하기 때문일 뿐, 일본 측이 걱정하는 일은 "일어날 리가 없지 않느냐"(후주 2의 705)[2],[12]고 단언하기도 했다. 1980년대 이후 다시 이어진 두 번째 추가요구는 그런 **당사자들의**(강조는 저자) 자존심을 오히려 휴지조각으로 만드는 게 아닐까. 분명 일본은 '청구권'을 인정하고 싶지 않았던 것으로 보이지만, 협정은 최종적으로 '청구권'이라는 단어도 '경제협력'이라는 단어도 나란히 써두었다.

역사에 잘못은 따르기 마련이다. 그 잘못에 대한 비판은 가능하지만, 비판이란 과거로부터 배우기 위한 것일 뿐, '바람직한 과거'를 다시 만들기 위한 것은 아닐 터이다. 잘못된 선택 등이 초래한 굴욕도 긍지도 함께 받아들여야 비로소 진정한 의미에서의 역사와 마주하는 것이 될 수 있다. 그리고 각각의 책임을 온전히 받아들일 때 역사는 우리 자신의 것이 될 수 있다. 과거를 생각하는 것은 과거로 돌아가기 위한 것이 아니라, 역사로부터 배워 잘못이 적은 미래로 한 걸음 내딛기 위해서다.

협정에 임한 한국인들은 식민지지배가 "해악만"(224~225)[2] 있었다고 주장했다. 하지만 그런 주장은 식민지지배는 좋은 일도 있었다는 일본 측 주장을 뒤집어놓은 것일 수밖에 없다. 역사란 더 복잡하다. 가해국의 피해자라든가, 그런 존재가 은폐되어온 세월만을 생각해도 알 수 있는 일이다.

'굴욕'이라고 비난받은 한일회담은, 일본 측에서는 일본 대장성(현 재무성)의 불만을 억누르고 외무성이 성사시킨 형태가 되었다. 협정을 둘러싼 마지막 협상에서는 "한국 측과의 짜증나는 교섭에서 몇 번이나 회의를 포기할까 고민했는지 모른다"면서도 어업 문제로 반발하는 수산청과 대립하면서 몇 가지 방안을 만들었고, "막판이 되면 다시 한번 한국 측의 자존심을 세워줘도 좋다고 생각했다"(후주 2의 869)[2], [12]고 한다. 그런 결과 한국 측의 신뢰를 얻었고 "(일본의) 과장을 한국 외무부 조약부 과장으로 삼고 싶다"라고 한국 측 대사가 말했다고 전해질 만큼 "한마음이 되어 회담 타결을 위해 매진"(822)[2]했다는 장면도 있다. 조인식 때 한국 측이 "눈물"(968)[2]을 보인 것도 그런 상황을 나타내는 것이었을 터이다. 그 '눈물'을 비판할 수는 있어도, 그 공간에 존재한 열정이나 진심을 부정하는 건 그 누구에게도 허용되지 않는 일이다. 결과적으로 반공체제로 이어지게 되었지만 정치적 의도만으로 눈물이 나오지는 않는 법이다.

당시 한국은 일본과 마주했을 때 자신을 동생으로, 일본을 "형"으로 칭했다.(217)[2] 일본이 내부의 이견을 넘어서기 위해 "남자답게" "수용"(778)[2]해줄 것을 외무성대신이 대장성대신에게 요구하면서 한국 측 희망을 가능한 한 반영시키기 위해 노력(778)²⁾했던 것은 그런 관계 때문이었을 것이다. 이런 부분에서 정치경제를 장악했던 남성 간의 유착관계를 보는 것은 쉬운 일이다. 하지만 일본인은 물론 후대 한국인들도, 일본에 의해 성장하거나 억압당했을 '당사자'들의 자부심과 열등감을 이해하려 한 적은 없다.

협상 막바지엔 "특공대 정신"(821, 869)²⁾으로 진행했다는 기록도 있다. 그 풍경은, "한국인과 일본인은 역시 동질적인 면이 있어"서이고, "서양인을 상대로 했다면" "불가능했을 것"(821)²⁾이라고 국교정상화 교섭에 관여했던 현장 사람들은 자평하고 있다. 그야말로 식민지시대를 겪은 구 종주국/구 식민지인이었기에 가능했던 일이었을 것이다. 좋든 나쁘든, 한일협정은 그러한 관계를 기반으로 진행되고 성사된 것이었다. 그런 의미에서도 한일협정이 포스트 식민지·포스트 제국 남성들의 합작품이었다는 사실을 부정할 수는 없다. 그 시대적 공간에 존재한 '특공대 정신'에 대한 비판은 가능하지만, 회담을 그저 '굴욕'으로만 간주하는 것은 그곳에 존재했던 것들을 다 보지 않았다는 얘기밖에 되지 않는다.

"역사의 결락"(167)³⁾은 분명 존재했다. 그곳엔 "문제의 봉인"(167)³⁾도 있었다. 하지만 그런 견해는 한일협정 이면에 존재한 다양한 마음들—감정의 역사—을 무시하는 게 된다.

4. 한국은 '반공' 방파제인가?

한일회담과 한국 측 안보인식

한일협정은, 샌프란시스코평화조약 이후 더이상 '일본인'이 아니게 된(샌프란시스코평화조약 발효에 따라 재일 조선인들은 일본 국적을 잃게 되었다) 재일 조선인이 북한으로 '귀국'하는 기간 중에 체결된 것이었다. 남북의 체제경쟁 한가운데서 진행된 일이었던 것이다. 한일협정이, 한일 양국이 제국·식민지시대의 정신교육을 통해 장착한 '특공대 정신'으로 어떻게든 성사된 것은 중국의 핵실험을 의식한 군사적 의도(49~52)[1] 때문이기도 했다.

일본은 미일안보조약 연장을 앞두고 미국의 일본 기지 사용에 규제를 마련하는 조치를 취하고 싶어했다.(101~102)[1] 박정희 대통령(당시)도 "6·25동란(한국전쟁) 당시 우리가 체험한 것처럼 일본을 후방보급기지로 확보"(135)[2]하기 위해 "즉 안보적인 측면에서 반드시 타결시켜야만 한다"고 생각했다. 한일협정은 경제적 측면에만 관심이 모이기 쉽지만, 그 역시도 "경제발전이야말로 공산주의에 대한 가장 좋은 대책"(『아사히신문』 1960년 9월 7일자)(119)[2]으로 간주된 결과였다.

'이승만 라인'*을 만들어 일본인 어민들을 잇달아 나포하면서 한일회담을 원했던 이승만 대통령도 '공산주의의 위험'을 강조했고, 한일 양국이 "과거를 잊고 밀접하게 협력"해야 하는 이유로 거론했다(『아사히신문』 1950년

---

* 이승만 대통령이 1952년 1월 18일 한반도 주변 수역에 주권을 선언한 구역. '이승만 라인' '해양주권선'이라 부르다가 후에 '평화선平和線'으로 호칭했다. 한국 정부는 1953년 12월 어업자원보호법을 제정해 구역 안에 들어간 일본 어민을 대량으로 나포. 일본은 1952년부터 시작된 한일회담에서 그 철폐를 주장했고, 1965년 한일협정 체결과 함께 폐지되었다.

2월 27일자).(24)[2] 그리고 한국은 동맹은 맺지 않았어도 일본을 "미국의 맹방"(후주 4의 418)[3],[4]으로 인식하고 교류하게 되었다. 일본의 대한 경제원조는 "미국의 대한국 원조를 떠맡게 된"(807)[4] 것으로 여겨지기도 했지만 일본은 과거에 잘못하지 않았다고 생각하면서도 그런 역할을 받아들였다. 협정이 불충분한 것이었다면, 이런 배경과 생각들이 있었기 때문이라 말할 수 있을 것이다. 한일협정 조약 문안에 한마디도 적혀 있지 않은 것은 꼭 식민지지배뿐만은 아니다.

한일회담과 일본 측 안보인식

한일회담 당시 자민당 중의원 의원이었던 가야 오키노리賀屋興宣[*]는 일본의 『중앙공론中央公論』(1963년 1월호)에 게재한 글 '한일 교섭에 대한 사견'에서 '공산진영'과의 대립을 염두에 두면서 한국과의 협정에 반대하는 "공산당이라든지 사회당의 일부"[5]가 반대 이유로 꼽던 독재정권·남북통일 저해·군사동맹으로의 단계라는 생각에 대해, 사회당이 "예찬하는 소련·중공"이야말로 "군사독재정권의 표본"이며 한국에 대한 비난은 "모순"[5]이라고 비판했다. 그리고 한일협정은 "미국 전략의 일환을 담당하는 것"[5]이라는 비판에 "이런 바보 같은 이야기는 없을 것이다", "설사 방위전쟁이라 한들 한국이나 대만에 파병하는 일은 절대로 하지 않는다는 게 자민당 정부의 명료한 생각"이라고 썼다.[5]

그리고 가야는 "한일 협상도, 단지 한국을 경제적으로 더 행복하게 해서

---

[*] 중의원 의원, 자민당 정무조사회 회장(당시)이었던 가야 오키노리가 '한일 교섭에 대한 사견'이라는 제목의 논고를 『중앙공론』 1963년 1월호에 발표했다. "현재 세계에서의 기본적인 갈등은 자유진영과 공산진영의 갈등이다. 그리고 한국은 물론 자유주의국에 속한다. 일본이 강화조약을 맺은 지 12년, 이미 모든 자유진영 국가들과 국교를 맺었음에도 불구하고 여전히 그 한국과 국교정상화를 하지 않은 것이 부자연스럽다"는 말 등으로 막바지를 향한 한일 간 협상에 관해 정부 자민당의 진의를 밝혔다.

민생을 안정시키는 일말고 다른 건 없다"[5]라고 쓴다. 이런 말을 그대로 받아들여야 하는지 여부는 제쳐두고 한일회담 과정을 보면, 분명 애증이 공존하는 모습과 과거의 '인연'이 영향을 끼쳤음을 알 수 있다.

식민지지배에 대한 사람들의 인식이 다양한 것처럼, 지배받은 세월의 약 절반에 가까운 14년간의 한일회담 협상을 둘러싼 생각들이 한 가지 모습이 아니었던 건 당연한 일일지도 모른다. 회담 평가는 차치하고라도 이제까지 이런 미묘한 '감정'은 그다지 주목받지 못했다. 한일회담은 말하자면 과거를 둘러싼 한일 쌍방의 치열한 자존심 싸움이었다. 20년 전의 유사형제로서의 '동질감'을 때로 상기하면서도, 각각의 과거를 순백(무죄)인 채로 두고 싶다는 마음이 교차하는 공간이 된 것은 그 때문일 것이다.

기억을 둘러싼 그런 갈등은 지금도 이어지는 중이다. 이런 감정이나 기억에 공감하더라도 조금 거리를 두었을 때 작금의 한일 대립은 비로소 출구가 보일 수 있다.

가야는 앞의 글에서 당시 한국이 "한국전쟁의 영향"으로 "산업 발달도 부족하고 국민소득도 낮다"는 점을 지적하면서 "공산주의의 온상이 되기 쉽"기 때문에 "한국의 경제향상과 민생안정에 기여하면 그만큼 확실하게 한국의 공산주의를 물리칠 힘이 커져 공산화를 방해할 것"이라고 말한다. 공산화를 우려하는 사람들이 말하는 투자처의 안정성에 대한 우려에 대해서는 "한국의 방위에 대한 노력은 앞으로도 이어질 것으로 보아야 한다", "(그 노력이) 위태롭다고 한다면 일본 역시 마찬가지로 위태롭다", "삼팔선이 무너져 한국이 공산화하는 그런 일이 있으면, 일본도 방위비를 어쩔 수 없이 대폭 늘려 미군의 군사 기지를 격증시켜야 할 뿐만 아니라, 그런 방위 태세를 갖춰본들 이미 충분한 안전의식은 갖기 힘들게 될 것이다. 미국의 원조가 있고 한국의 방위가 튼튼해야 일본이 평안"할 것이라는 말도 한다.

또 "우리가 안보조약을 체결한 정신과 상통한다", "안보조약이 존재하기 때문에, 징병도 하지 않아도 되고, 해외 출병을 하지 않아도 된다", "일본이 전쟁에 휘말리지 않기 위해서는 한일 국교 수교를 꾀하고 일본이 한국 정권의 강대화에 조금이라도 도움이 되도록 노력하는 것이 필요하다"고 덧붙였다.

지배욕망과 공포/긍지와 열패감

일본의 경제원조라는 형태의 국교정상화 이후 정권을 담당한 전두환 전 대통령이 당연한 듯 일본에 추가 원조를 요구한 것은 "한국은 아직 경제가 취약한데 국민총생산(GNP) 600억 달러 중 6퍼센트를 국방비에 지출하고 일본은 1조 1600억 달러의 GNP에서 0.09퍼센트만 국방비로 부담하고 있다며 이제 일본도 동북아 안보를 위해 부담을 나눠야 하는 것 아니냐"⁶⁾라고 생각했기 때문이었다. 한국 역시 일본과 같은 생각을 갖고 있었던 것이다. 미국의 그림자를 배후에 두고 한일 양국은 60년 가까이 암묵적인 양해를 공유해온 셈이 된다.

전두환 전 대통령의 생각은 거슬러 올라가면 근대 이후의 일본과 미국의 사고를 내면화한 것이다. 일본은 언제나 타국(중국·러시아·미국)과의 관계에서만 자신의 위치를 인식하고 파악해왔다. 일본에게 한반도란 아직 독립적인 존재가 된 적이 없었다고 말할 수 있을지도 모른다.

한국이 "공산주의의 방파제"⁴⁾가 되어 일본인들이 징병되는 걸 피하게 해주고 방위비를 삭감시켜주는 존재였다면, 그 기간 중 일본에게 한국은 경비병 등의 '도구'에 지나지 않았다는 이야기가 된다. 하긴 북한의 핵개발이 진행된 1990년대 이후에는 이런 구조가 크게 변했다. 바로 그런 시대이기에 한일 양국은 서로에게 어떤 존재인지를 다시 물어야 할 시기이기도 하다.

한일협정은 "경제논리"(93)[7])만으로 이루어진 것은 아니다. 경제의 그늘에 안보논리가 있었다는 것은 이미 잘 알려진 사실이지만, 메이지시대 이후일본이 품어온 "문명화되지 않은" 한반도에 대한 혐오·공포(포비아)'라고 해야 할, 드러나지 않는 '감정'이 만든 경멸과, 똑같이 '신민'이었던 시대가 남긴 형제의식이라는 이율배반적 감정에 지탱된 것이기도 했다. 물론 한국측 역시 긍지와 열패감의 양 감정에 휩싸이면서 진행한 협상이고 결과였을 터다.

하지만 한반도를 구 식민지라는 시선으로 보거나 일본의 안전을 다소 보장해줄 존재로만 보는 한, 일본과 한반도 사이에 본래의 의미에서 대등하면서 '국익' 등과는 무관한 인간적 신뢰는 생기지 않을 것이다. 제국시대의 지배 욕망도 냉전시대의 공포도 조선을 독립된 존재로 보지 않는다는 점에서 뿌리는 이어져 있다.

아무튼 그런 한일협정은 조선인뿐만 아니라 일본인의 '개인청구권'도 말소시켰다. 조선인의 개인청구권이 살아 있다면 논리적으로는 일본인의 권리도 살아 있는 게 된다. 한일협정이 그 성립에서 20년 전 과거로 돌아가 '과거청산'을 시도했을 때 기억 뒤로 몰아낸 것은 위안부만이 아니다. 패전 후송환시기에 현재의 북한 지역에서 사망한 3만 명으로 이야기되는 사망자

---

* 　오카쿠라 덴신은 1904년에 발표한 영문 저작 『일본의 각성』에서 "조선은 일본의 심장을 겨누는 단도 같은 위치에 있으므로 한반도를 점령하는 적국은 일본에도 쉽게 군대를 보낼 수 있다"라고 기술했다. 그에 앞서 메이지시대의 정치가 야마가타 아리토모山県有朋는 1890년에 '주권선', '이익선'이라는 용어를 사용해 국방에 대한 생각을 피력했다. '이익선'이란 국토의 방위와 밀접하게 관계되는 공간으로, 야마가타는 한반도를 구체적으로 언급하면서 한반도에 대한 방위 없이 일본의 자위는 완수되지 않는다고 했다. 또, 1894년에는 조선에서 일어난 동학농민운동에 청나라와 일본이 개입하면서 청일전쟁이 일어났는데, 전쟁을 외교 면에서 지도했던 당시의 무쓰 무네미쓰陸奥宗光 외무상은 회고록 『건건록蹇蹇録』에서 조선의 혼란은 "이웃의 정이라는 측면에서도 또 자위라는 측면에서도 수수방관"할 수 없었다면서 출병을 정당화했다.

를 비롯한 일본인 피해자들도 그 공간에서는 삭제됐다.

잊혀진 사람들과 마주하기

위안부 및 징용 피해자를 둘러싼 재판에서 한국 사법부가 근거로 삼은 한일병합불법론과 '교전국' 정체성이 부상하게 된 것은 냉전체제 붕괴의 결과였다. 냉전시대에는 잊혀졌던 일본인 귀환자들이나 조선인 남성과 결혼한 일본 여성 등의 존재에 대해, 이 시기에 본격적으로 관심이 높아진 것은 한일협정이 망각했던 존재의 부상을 의미한다. 재조 일본인의 자산에 관한 연구서가 최근 나온 것도 그런 움직임 중 하나일 것이다(이대근,『귀속재산연구』, 2015, 이숲). 언젠가 찾아올지도 모르는 북-일 국교정상화 때는, 그 땅에서 사라진 수많은 생명에 대해 러시아나 북한은 말할 것도 없고 내선일체결혼(식민지지배하에서 일본인과 한국인의 결혼이 장려되었다)으로 이른바 '재조일본인 아내'를 양산해 불행한 처지로 만든 구 일본제국의 책임도 생각해야 한다. 물론 그녀들을 차별하고 배제해온 해방 후 한국사회도 그 책임에서 벗어날 수 없다. 과거의 기억은 결코 종합적이지도 평등하지도 않다. 무슨 계기가 있어야만 단편적으로 기억이 되살려질 뿐, 여전히 그 대상이 되지 못하고 있는 이들이 적지 않다.

따라서 역사에 완전한 '청산'이란 있을 수 없다. 그렇다면 우리가 할 수 있는 건 기억이 가리키는 그 자리로 몇 번이고 되돌아가, 거기서 일어난 일을 우선은 정확하게 아는 일일 것이다. 그리고 잊혀졌던 존재들의 목소리에 귀를 기울이고, 그/그녀들을 이해하는 노력을 이어나가는 것. 소환된 기억들은 전부 존중되어야 하고 살아남은 이들 생각에 따른 취사선택이나 해석 등이 허용되어서는 안 된다. 역사와 마주한다는 것은 무엇보다도 망자들과 현재를 살아가는 이들 사이의 대화여야 하기 때문이다.

제5장

역사와 마주하는 방식

1. 한일 갈등의 요인

구조와 저항 시도

세상을 이해하려 할 때 그 구조를 보는 건 중요하다. 지배구조를 보려고 할 때 특히 그렇다. 지금까지 계급적 지배, 성적 지배, 인종과 민족적 지배 등의 차별이 지적되고 비판된 건 그런 고찰을 통해서였다.

그런데 구조에는 늘 그 구조를 벗어나려는 힘이 작동한다. 구조에 의문을 품은 사람들에 의해서다. 의문을 품는 것은 꼭 피지배자만은 아니다. 지배자 스스로가 그 구조를 깨는 경우는 많지 않지만(노예해방을 시도한 사람들이 그런 경우에 해당한다), 구조에 안주하지 않고 구조를 이용해 피지배자를 위해 할 수 있는 일을 하는 경우는 있다.

일본군 한 사람이 조선에서 위안부로 동원된 어느 소녀가 너무 어리다며 고향으로 돌려보내거나,[1] 부족한 약이나 물 등의 배급에 있어서 눈에 띄지 않는 차별을 받는 조선인 부상병에게 일본인 위생병이 물 등을 몰래 제공하거나 하는 행위 같은 것들이다. 물론 그런 사소한 행동만으로 구조 자체를 깨뜨릴 수는 없다. 하지만 넘어서려는 의식이 그곳에 있다는 건 분명하다. 말하자면 세계의 틀을 규정하는 '구조'(민족·성·계급 등의 구분으로 행해지는 차이화)에 대항하는 개인=‘주체’가 그곳에는 존재한다. 그리고 다른 권력구조 아래 놓인 가해자도 피해자도 그런 개인=‘주체’가 되면 비로소 '구조'는 흔들린다.

물론 피지배자에 대해 선의로 한 일이 또다른 지배구조를 만드는 경우가 없는 건 아니다. 하지만 그렇다고 해서 자신이 놓여 있는 구조를 넘어 그곳에서 빠져나오기 위한 시도가 무시되어선 안 된다는 건 말할 필요도 없다.

비록 한정된 시간·공간에서 일어난 일이었다 하더라도 피지배자의 곤경이 경감되면 그것만으로 그 공간에 존재하는 견고한 구조에 구멍을 뚫은 것이 되기 때문이다. 구조를 깨뜨리는 건 그런 시도의 축적이기도 하다.

따라서 구조를 볼 때는 구조를 고착화시키려는 시도도 봐야 하지만 타파를 위한 시도도 볼 필요가 있다. 상황을 정확하게 파악하기 위해서이기도 하지만, 그 이상으로, 그런 시도야말로 인류가 목표로 해야 할 '가치'일 수 있기 때문이다.

계급이든 인종이든, 나아가 남녀관계든 그건 다르지 않다. 예를 들어, 백인 남성보다 부유하고 인텔리인 흑인 여성이 현실에 얼마든지 존재하는 것처럼. (그렇지만, 백인 남성의 우위성은 역사적으로도 분명하기 때문에, 구조가 흔들리는 것이 그대로 인종·성을 둘러싼 불평등 구조의 종언을 의미하는 것은 아니다.)

제국주의적 온정주의의 함정

인간의 아이덴티티는 하나가 아니다. 대체적으로 가난한 사람들이기도 했던 위안부 피해자나 징용 피해자들이 '조선인'이라는 이유로 멸시받으면서도 "조선인은 일본인"(126)[2]이라고 외치며 '신민'으로서의 자신을 강조하거나, 능숙한 일본어나 그 밖의 덕목을 무기로 '조선인'이기 전에 '여성'인 자신을 어필하거나 한다 해도 이상할 건 없다. 가난에서 벗어나기 위한 돌파구로 시도한 일이라 해도 마찬가지다. 그렇게 한다 해도 조선인이라는 정체성에서 자유로워지는 건 전혀 아니고, 그/그녀들을 둘러싼 구조는 기본적으로는 변함이 없다. 구조를 깨려 하는 이런 시도를 보고도 못 본 척하는 것은 상황을 단순하게 이해하는 것이다. 그리고 구조의 고착을 돕는 일로 이어진다.

역사를 둘러싼 지난 30년의 한일 간 대립은, (식민지·제국의) 지배구조와 (그 구조에서 벗어난 것으로 보이는) 개인을 '함께 보는' 일을 하지 않았기 때문이기도 했다. 물론 구조를 지적하는 건 두말할 필요도 없이 중요하다. 하지만 일률적인 '피해자'상을 벗어나는 개인의 존재를 무시하면 가해와 피해의 주체는 고정되고, 그 구조도 더 견고해진다. 예를 들자면, 위안부 문제에서는 남성은 언제든 가해자여야 하고, 여성은 피해자여야 한다. 마찬가지로 '일본'은 언제나 가해자, '한국'은 언제나 피해자가 된다(물론 큰 틀에서 남성·일본이 가해자이고 조선·여성이 피해자라는 건 말할 필요도 없다).

예를 들어 위안부 문제를 다룬 다큐멘터리 영화 〈주전장主戰場〉(미키 데자키 감독, 2019년 개봉)에 등장하는 위안부 문제 부정파인 외교평론가 가세 히데아키加瀬英明는 "(중국이 붕괴하면) 한국은 전 세계에서 가장 친일적인 멋진 나라가 될 것 같다", "한국은 일본에게 귀여운 나라"라고 말한다. 이런 발언이 어디로 보나 '형兄의식'으로 가득한 차별주의적인 것임은 누구나 금방 알 수 있다. 그런데 이 인물과 대립적인 위치로 설정된 인물로 영화에 등장한 역사학자인 하야시 히로후미林博史 교수는 한국전쟁 때 한국군이 위안소를 만들었다는 것을 인정하면서도 "위안소를 만든 사람들은 모두 구일본군 장교였습니다"라면서 "일본인의 반성"을 촉구하고, 한국에서의 남녀 차별구조를 인정하면서도 조선의 가부장제를 "일본군이나 일본의 조선총독부가 이용했다"고 말한다.

이 두 사람은 겉으로 보기엔 대립적으로 보인다. 하지만 앞의 발언이 조선을 한수 아래로 보는 제국주의적 차별주의적 발언이라면 뒤의 발언도 한국을 순수한 피해자상 안에 가두어 면죄한다는 점에서 '제국주의적(차별적) 온정주의'적 발언일 수밖에 없다. 이런 일이 일어나는 이유는 이 두 사람이 각각 구조와 (왜곡시킨) 주체 중 어느 한쪽에만 집착하기 때문이다. 양쪽 다

한국을 대등한 존재로 보고 있지 않은 것이다.

하지만 개인 간 관계가 그렇듯, 국가 간에도 대등한 입장에 서 있는 게 아니면 건전한 관계라고 할 수 없다. 그들의 이런 말은 타자의 자기인식을 낮은 곳에 가두어놓음으로써 그 성장을 방해한다. 그런데다 있는 그대로의 존재를 부정한다는 점에서 양쪽 다 억압적이다. 그리고 결과적으로 양자=한일 간의 (정신적인) 비대칭 구조를 유지시킨다. 그런 의미에서 이른바 '제국주의의 잔재'는 우파뿐 아니라 좌파 안에도 남아 있다. 타인의 진정한 (정신적인) 독립을 방해한다는 점에서 양쪽 다 다르지 않은 것이다. '순수한 피해자 한국'도 '귀여운(무해한) 한국'도 자신에게 쾌적한 이해라는 점에서 뿌리는 이어져 있다.

30년에 걸친 위안부 문제를 포함한 역사인식의 한일·좌우 대립은 이런 정황이 만든 것이기도 하다. 위안부 문제로 말하면, 지원파가 구조에 집착하면 할수록 부정파는 구조를 넘어서는 개인에만 집착해 실태 이해를 방해해왔다.

참혹한 차별구조 안에 존재하면서도, 그 고통에서 벗어나기 위해 행동하는 사람은 언제나 존재한다. 또 그런 시도를 돕는 사람은 지배자(가해자) 쪽에도 있다. 그 양쪽이 함께 존재했을 때 비로소 한계는 있을지언정 견고한 '구조'가 깨질 수 있다. 그리고 그런 노력이야말로 국경을 넘어 함께 전해야 할 '보편가치'를 낳는다.

구조에서 벗어나려는 주체를 보는 건 구조를 부정하는 것과 닮아 있지만 같지 않다. 당연한 말이지만 구조를 만들어낸 책임에 대한 면죄가 되는 것도 아니다. 그리고 구조와 주체를 함께 볼 때 비로소 식민지지배는 그 전모를 드러낸다. 지금까지는 이런 주체=개인은 그저 '예외'로 치부되었고, 무시되거나 책임을 회피하는 근거로 간주되었다. 하지만 비록 100명 중 99명이 차별하고 오직 한 사람만이 차별 대열에 참여하지 않았다 하더라도 그 영혼은 기억되고 지켜져야 한다. 소수에 지나지 않더라도, 아니 바로 소수이기 때문에 소중하고 그러므로 묻혀서는 안 되는 것이다. 그런데 지난 30년 역사를 둘러싼 논의는 그런 소수를 묻어버렸고 반대로 자신들의 인식에 맞는 또다른 소수를 일반화하기도 했다.

민주화투쟁 이후의 대일인식 변천

이재명 의원이 대선 후보였을 당시, 성남시장으로 재직할 때 일본을 '적성국가'로 표현한 데 대해 일본 기자의 질문을 받고, "일본은 군사 대국화를 꿈꾸고 있다", "과거사에 대해서도 명확히 인정하거나 진심으로 반성하는 것으로 보이지 않는다", "대륙 진출의 욕망이 언뜻언뜻 보인다" 등의 일본인식을 다시 보여준 것도 이런 30년의 결과일 것이다. 일본으로서는 받아들이기 힘든 이재명 의원의 인식은, 지금은 진보층에 국한되지 않는 많은 한국인들의 것이기도 하지만, 결코 오래전부터의 것은 아니다. 적어도 일본 영화나 음악 등을 해금하는 대중문화 개방을 둘러싼 논의가 활발했던 무렵(1995년 전후)의 대일인식은 '문화침략'이 중심이었다. 1965년으로 거슬러 올라가봐도 "왜색문화倭色文化", "문화정신적文化精神的인 재침략再侵略"[3]이었다. 일본을 군사적 위협의 대상으로 여기게 된 것은 위안부 문제 발생 이후 '전범국'으로 비난해온 지난 사반세기 일이다.

문화침략을 우려하면서도 1980년대까지 한국에서는 '극일'을 외치는 기사가 언론에 많았고, 그 대부분은 문화와 경제에 관한 것이었다. 하지만 존경의 염조차 담겼던 당시의 일본관은 1990년대 이후 거의 사라졌다. 대신 군사정권과는 다르다면서 '문민정부'를 내건 김영삼 전 대통령이 '역사 바로세우기'의 일환으로 전국의 산에 박혀 있다는(식민지시대의 것으로 간주되었다) 쇠말뚝을 뽑아내는 운동을 벌였고, 조선총독부 철거(1995년)를 정점으로 일본에 대한 관심이 '경제·문화'에서 '역사·정치'로 옮겨가는 시대가 시작되었다.[4]

이런 변화의 배경에는 1980년 5·18광주민주화운동을 군이 탄압하고 미국이 허용했다는 충격과, 그 충격이 만든 '민중', '민족'의식의 고양이 있다. 이 시기 한국에서는 『해방전후사의 인식 1-6』(한길사, 1979~89년) 등이 출판되어 '필독서'로 읽혔다. 민주화투쟁 세대는 이런 서적이나 다른 루트를 통해 얻은 새로운 역사관으로 무장하면서 북한에 대한 새로운 감정과 반미·반일 인식을 공유하게 되었다. 한국은 여전히 미국에 종속되어 있고 해방 후 한국사회는 해방 직후 반민족행위특별조사위원회 활동이 중단된 결과로 '친일파'가 기득권이 되어 득세하는 사회로 인식되었던 것이다.

그런 의미에서 한국전쟁 종료 이후 엄격한 반공체제하에 억압받아온 좌파가 냉전체제가 붕괴되었을 때 역사를 둘러싼 논의를 주도한 것은 당연한 흐름이었다. 조선총독부 철거 전후에 진보적 학계와 시민단체가 한일병합 불법론과 한일협정 재검토·파기론을 내세운 것 역시 필연적 흐름이었다. 이 시기에 나온 협정 재검토론이 얼마 안 가서 '조약 및 협정 파기 및 재체결을 요구하는 결의안'이라는 국회의 목소리로 표출된 것도[5] 그런 흐름 속에서였다.

문제는 그런 과정에서 형성된 식민지 이해가 '민족' 전체의 경험이라기보다 식민지시대에도 억압받은 좌파의 경험과 기억이 많은 부분 섞인 것이었다는 점이다. 마침 비슷한 무렵에 위안부 피해자들도 목소리를 냈지만 지금도 이어지는 '강제 연행'설이나 감옥 같은 방에 쇠사슬로 묶인 죄수 같은 모습으로 위안부[6]가 등장하는 것도 좌파=체제 비협력파에 대한 억압의 기억이 반영된 결과로 볼 수 있다.

이재명 의원이 앞서와 같은 일본관을 드러낸 것도 그런 세월의 결과일 터이다. 이 의원이 정치적 기반을 쌓은 경기도 성남시는 민주화투쟁 세대 중에서도 그런 경향이 강한 곳이기도 하다(성남은 피디PD, People's Democracy 계열보다 엔엘NL, National Liberation 계열이 득세하는 곳이었다).

1990년대에 박경리의 대하소설『토지』나 조정래의 장편 역사소설『아리랑』같은 일본에 대한 적개심을 부추기는 소설이 대학생들에게 많이 읽혀진 것도 그런 흐름에서였다.

이처럼 주로 진보좌파가 중심이 되어 생산한 수많은 역사담론은 민족주의의 흐름 속에서 곧바로 보수우파들에게도 공유되어 한국사회의 '상식'이 되었다. 김대중·노무현이 정권을 잡은 시대를 거쳐 2008년에 시작된 이명박·박근혜 정권에서도 대일 역사관이 그 이전의 진보좌파 쪽 대통령들의 시대와 별반 다르지 않았던 이유이기도 하다.

취사선택되는 기억들

한국의 대일인식의 문제는 위안부 피해자로서 가장 활발하게 활동해온 이용수 할머니가 2021년 10월에 위안부 문제를 유엔 고문방지위원회에 가져가야 한다고 주장한 사실에서도 나타난다. 아마도 영국의 식민지 관리, 병사가 행한 '강제노동·구속·고문에 대해 보상을 요구하는 소송'이 영국에서 제기된 사실[7] 등을 참조한 시도일 터인데, 이런 인식에는 위안부들이 당한 폭력의 주체가 군인을 뛰어넘는 정도와 빈도로 업자였다는 인식이 빠져 있다.

분명 '고문'으로 해석될 수 있는 군인의 폭력이 여러 형태로 존재했다. 예를 들어 위안부 문제를 접한 유엔 인권위원회의 쿠마라스와미 보고서에 기재되어 있는, 일본군에 의해 "못이 박힌 판자 위에서 굴려졌다"는 증언도 그

중 하나로 기록되어 있다. 그런데 위안소 관리 담당이었던 어느 군인의 수기에는 위안부의 "모르핀중독 금단 증상"의 "치료를 위해 난간에 못이 박힌 감금방에 처넣었다"(103)[8]는 이야기가 등장한다. 위안부 피해자들의 구술에서 아편중독을 일으킨 위안부에 대해 업자들이 여러 조치를 했다는 이야기가 많이 보이는 점에 비추어 감금 주체는 업자로 보는 것이 타당하다. 즉, 쿠마라스와미 보고서에 쓰여 있는 증언은 당시 드물지 않았던 위안부들의 아편중독과 처치를 둘러싼 업자에 관한 기억이 투영되었지만, 감금과 고문의 주체가 생략된 것으로 생각할 수 있다. 하지만 그런 '증언'의 '문맥'은 제대로 읽혀지지 않은 채 '유엔 보고서'가 되었고, 이후 이런 정황이 (위안부 문제의 강제성)을 '국제사회도 인정한다'는 캐치프레이즈의 근거가 되었다.

위안부를 직접 관리한 것은 물론 업자였다. 보고서에서 주체가 '군인'이 되어 있는 건 폭력 주체를 군인으로 생각한 청취자가 그렇게 '해석'한 결과일 가능성이 높다.

인권의식이나 식민지 책임 추궁은 냉전체제 붕괴 이후 세계적인 탈식민주의의 흐름과 함께 필연적 흐름이기는 했다. 하지만 식민지시대에 대한 단순한 이해와 갑자기 각성된 역사의식은 다양한 망각과 함께 새로운 '기억'을 만들어내기도 했다. 그 공간에서는 가해국의 구성원이면서 피해자가 된 사람이나, '내선일체'(식민지지배 치하 조선에서 내지=일본 본토와의 차별을 없애고 일체화한다는 명목으로 내세워진 슬로건)나 '오족협화'(만주국의 민족정책 슬로건. 일본·조선·만주·몽골·한족 간의 '협화'를 주창했다)의 캐치프레이즈하에 태어난 2세의 존재 등, 제국의 부정적 유산은 기억의 저편으로 떠밀려 사라졌다.

그리고 "실제로 이 (한일 국교정상화에 의한 일본의) 자금은 경운기나 동력분무기動力噴霧機의 보급, 전국을 1일 생활권으로 만든 경부고속도로와

103만 톤 규모의 포항제철 건설, 소양강 다목적댐 건설 등에 사용되어 우리 경제의 근간을 이룩했다".(165)[9] "1970년대에 들어서면 경공업 대신 철강, 조선, 자동차, 전자제품 등의 중화학공업 부문이 비약적으로 발전했다. (중략) 이렇게 해서 한국 경제는 자본 및 무역 면에서 미일 양국에 의존하면서 성장했다."(112)[10]

그런 망각은 박정희나 전두환 정권 등 군사독재정권에 대한 반발이 만들었을 가능성이 높다. 특히 전자의 경우 '친일파'라는 단어의 사회적 유포와 함께 그 친일파를 계승한 정권이라는 견해가 뿌리내렸고, 이후 해가 갈수록 반발심과 함께 그런 경향이 강해졌다.

하지만 그건 일어난 일로서의 '역사'를 절반밖에 보지 못한 인식일 뿐이다. 식민지시대와 마찬가지로 한국인들에게 일본의 지원이나 영향은 부인/망각하고 싶은 대상이 되었지만, 개인의 인생과 마찬가지로, 일어난 일을, 오욕도 포함해 전부 받아들일 때 우리는 비로소 있는 그대로의 역사와 마주할 수 있다.

좌파민족주의의 선두에 섰던 한국 페미니즘

마찬가지로 전후 일본이 "상중喪中"[11]의 마음으로 과거의 전쟁을 반성해온 사실도 한국에서는 거의 알려지지 않았다. 이 30년 동안 주목받은 것은 항상 그런 일본과는 다른 인물이나 대상뿐이었다.

2011년 서울에 세워진 위안부 소녀상은 그런 망각과 이를 대신하는 '새로운 기억의 계승'—'역사 바로세우기'—이 2000년대를 거쳐 응축되어 모습을 드러낸 것이었다. 그리고 1990년대에는 당연한 것처럼 세상에 유포되었던 위안부의 '개별성'—'주체'(윤정옥 전 정대협 대표의 글에 나온 군인을 위로하는 위안부의 이야기나 이용수 할머니의 영혼결혼식 보도 등)는 기억에서 사라졌다. '여성'의 인권에 대한 관심을 세계에 확산시킨 한국의 페미니즘은 이런 흐름을 이끈 좌파민족주의의 선두에 서 있었다. 식민지·냉전체제의 후유증이라고는 하지만 한국에서는 좌파도 페미니즘도 가부장제적 민족주의에서 자유롭지 않았던 것이다. 위안부가 '여성'이라는 사실을 새삼스럽게 지적하면서 이제까지의 위안부 연구를 비판하는 움직임은 최근에야, 그것도 한일 양국의 바깥에서 나왔다.[12] 좌파가 주도해온 위안부 문제에 있어서도 원래 좌파가 관심을 가져왔던 계급적 관심을 다룬 연구는 거의 찾아볼 수 없었다.

그런 연구·운동에서의 개별성 은폐가 피해자의 성화聖化와 동시에 소외감을 초래한 것은 당연한 전개였다. 대등하고 평등해야 할 민주화를 이끌어온 정의의식이, 대변자의 역할을 넘어 '당사자가 부재하는 당사자주의'로 변질되고 만 것은 관계자들이 시대를 이끈 엘리트였기에 야기된 필연이었다고 해야 할지도 모른다. 일찍이 '성노예' 호칭을 거부했음에도 불구하고 그 후에도 그 이름에서 벗어나지 못한 위안부 피해자 이용수 할머니가 2020년에 목소리를 내며 반발한 것은 저항을 묵살당해온 세월에 반기를 든 것일 터이다.

자신의 올바름을 증명하기 위해 무엇이든—홀로코스트, 흑인 차별, 중국이나 필리핀에서의 강간 등—다 연계시켜온 '정의'가, 더이상 그 누구의 정의도 될 수 없다는 건 명백하다.

물론 일본에서 일어난 '새로운 역사교과서를 만드는 모임'의 발족과 활동, 그리고 '혐한류'식의 움직임, 그리고 아베 신조 전 수상의 역사인식을 둘러싼 발언 등 갈등의 불길에 기름을 붓는 상황이 일본에서 벌어진 것도 이런 상황을 만든 요인 중 하나임은 말할 것도 없다. 하지만 거듭 말한 것처럼 주류 연구자·활동가들의 목소리와 다른 목소리가 나왔을 때 그런 이들은 모두 '우익'으로 지목되어 적대시되었다. 그런 정치화된 비난이나 폭력적 억압을 전면에 내세우는 것이 아니라 대상 자체와 제대로 마주했다면, 오늘에 이르는 심각한 대립이나 반목은 막을 수 있었을 것이다. 지원관계자들에게 책임이 있다면, 그것은 국가·정부의 갈등 이상으로 이제는 회복이 어려워 보이는 한일 양국 사람들의 상처받고 얼어붙은 마음에 대해서다.

그런 세월의 결과, 2015년의 한일합의가 주변의 강경파들을 제어하고 이루어졌으면서도 한국 정부가 감행한 화해·치유재단의 해산이 지지받거나, 1990년대 초 미야자와 기이치宮沢喜一 당시 수상을 비롯한 몇몇 수상들의 사죄의 말이 한국인들에게 제대로 전달되지 않는 정황에 처해 있다.

좌우의 냉전 마인드는 각각의 '바람직한 역사'상을 만들어내면서 자신들의 이상적인 역사상에서 벗어난 모습은 은폐하고 억압했다. 한국에서는 식민지가 아닌 '교전국'으로서의 새로운 국가 아이덴티티 만들기가 모색되었고 한일병합을 '강제적'인 것으로 간주하기 위한 정교한 논리가 만들어졌다. 그 결과로 한일협정 불충분·파기론도 정착하게 되었다. 한일병합은 강제적인 것이고 불법이라고 간주하는 1990년대 이태진 교수 등의 인식은 징용 피해자 문제에서 원고가 패소한 2심 소송을 파기환송한 2012년 대법원 판결과 원고들에게 1억 원씩 손해배상을 명한 2018년 판결을 만들었고, 문희상 국회의장 등 "대법원 판결을 존중"(『한국경제신문』 2019년 12월 22일자)하는 2020년대 정치인들에게도 이어졌다.

이런 과정에 일본의 좌파 계열 인사들도 관여했다는 사실은 지난 30년의 한일 대립이 식민지지배를 둘러싼 것이면서도 오히려 냉전체제에 강하게 사로잡혀 있었다는 사실을 알려준다. 한일 양국 국민들 대다수를 지금과 같은 상황—혐오와 체념과 무관심—에 빠뜨린 것은, '일본'이나 '한국'이라는 국가라기보다 여러 형태로 왜곡된 정보이고, 그런 정보를 발신해온 냉전 마인드 쪽이다. 정치를 뛰어넘어 판단해야 함에도 불구하고 정치적인 판단을 문제없다 생각하는 경향에 많은 사람들이 사로잡혀 있었다고 말할 수도 있다.

도대체 누구의 생각이나 어떤 말들이 지금과 같은 치유 불가능해 보이는 한일관계를 만들어냈을까. 앞으로 나아가는 첫발을 내딛기 위해서는 그것을 생각하는 데서부터 시작해야 한다. 규탄하기 위해서가 아니라 잘못 걸어온 길을 바로잡기 위해서. 불화와 적대를 이끄는 모든 사고들은 자신과 타자 모두를 함께 붕괴시킨다.

2. 다시 보는 30년

새로운 기억정착을 위해

식민지화된 조선이란 구조적으로 노예일지언정 구조에 갇히지 않으려고 저항하는 수없이 많은 주체들이기도 했다. 결코 "일본에 의한 노예"[1]에 머물기만 하는 삶을 살지 않았고, 바로 그렇기 때문에 일본도 조선을 '말살'보다 포섭과 배제 대상으로 삼았다. 식민지지배의 모습은 획일적이지 않았지만 말 그대로의 말살을 목표로 하는 전쟁과는 달리 포섭과 배제 쪽이 식민지지배의 본질에 가깝다.

2001년 남아프리카공화국 더반에서 유엔 '인종주의, 인종차별, 외국인혐오 및 이와 관련된 불관용 철폐를 위한 세계회의(세계인종차별철폐회의)'가 열렸다. 이 더반 회의에서 식민지주의 문제가 논의되어 노예제가 '인도에 반한 죄'로 규정된 이후 식민지지배 책임에 대한 세계의 인식은 높아지고 있다. 이미 여러 나라들이 사죄를 시도했고 앞으로도 그런 움직임은 강해질 것이다. 그런 흐름 속에 놓고 봐도 식민지 책임을 지려 한 일본의 방식은 오히려 빠른 편이었다. 2008년, 이탈리아가 리비아에 대해 식민지지배의 보상을 한 사실을 두고, 어느 한국인 학자는 "식민지 열강이 과거 식민지 피해국에 직접 사과한 것은 역사상 처음"(107)[2]이라 했지만, 그건 1995년의 무라야마 담화를 비롯한 전후 일본의 사죄와 보상을 피해자 지원관계자들이 인정하지 않았기 때문일 것이다.

식민지 책임에 대한 인식 고양은 '법적 책임'을 염두에 둔 것이었는데, 한국에서 모범적인 사죄로 거론되는 독일의 폴란드나 유대인에 대한 사죄는 식민지 책임이 아닌 것은 물론이고, 법적 책임도 아니었다. 1965년 한일협정에 의한 '청구권' 처리를 당시 한국 정부는 과거 청산—실질상의 '배상'—으로 간주했다. 사실 식민지지배를 둘러싼 사죄를 문서로 남기지는 않았지만, 김포공항에 내린 시나 에쓰사부로 외무상(당시)도 "깊이 반성하고 있습니다"라고 말했다. 사죄를 반대하는 사람도 있는 상황 속에서 시나 외무상의 정치적 결단이기도 했다. 물론 그저 말로만 하는 사죄라고 받아들인 사람은 당시에도 있었다. 하지만 아무튼 일본을 대표해서 한 말인 이상 어떤 '해석'을 하든 그 '사실'을 지울 수는 없다. 그리고 경제협력의 형태를 취한 지원 이후에도 사할린에 남겨진 조선인이나 원폭 피해자들에 대해 나름의 복지 대응을 해왔다. 피폭자를 위해 40억 엔의 기금을 제공해 복지사무소를 만들어 피해자에게 의료비를 지급해오기도 했다.(137~138)[3] 또 식민지 시대에 징용되어 사할린에 남겨진 조선인들을 위해 1990년대에 32억여 엔을 부담해 요양병원이나 아파트 등을 지었다.(182)[3] 위안부 문제에 대해서도 두 차례 사죄와 보상을 시도했다.

그럼에도 불구하고 한국에서 '사죄하지 않는 일본' '뻔뻔한 일본'상이 지금도 견고한 것은 1990년대 이후 운동에 앞장서온 사람들에 의한 부정적인 평가의 결과다. 그건 말하자면 타자를 마주할 때의 '태도'의 문제이기도 하다. 경청하는 자세나, 상대를 보다 깊이 알고자 하는 노력과는 거리가 있는 그런 '태도'를 온갖 자의적 '해석'들이 뒷받침했다. 1990년 이후 시작된 북한과의 교류를 통해 공유하게 된 북한의 역사인식도 그런 '해석'의 일익을 담당했다.

위안부 문제 해결은 위안부를 군속으로 간주한 당시의 시점으로 되돌아가면 가능해질지도 모른다. '매춘부'라며 멸시한 사람들도, 순진무구한 소녀라는 틀을 만들어 가둔 사람들도, 동시대 문맥에 근거해 그녀들이 맡은 역할에 눈길을 돌리면 비로소, 그녀들 개개인의 얼굴이 보이기 시작할 것이다. 주어진 틀에 갇히지 않고 봐야 역사도 개인도 더 잘 보인다. 진작 그 사실을 직시했다면 공식 징병·징용은 아니었지만 법의 바깥에 놓였던 피해자로서 그에 걸맞은 사죄와 보상도 가능했을 것이다.

하지만 지난 30년 동안 위안부 피해자들은 그저 성화되거나 '창녀'화되었다. 그것은 말할 것도 없이 오래전부터의 이분법적 여성상 표상(여성을 성모 혹은 마녀와 같은 존재로 간주하는 것)의 과정이기도 하다. 위안부 피해자들을 있는 그대로 받아들였을 때, 신화는 비로소 역사가 될 수 있다.

징용 피해자 문제는 신탁금, 연금 기록, 저금통장 등을 확인하는 작업과 함께 유골 반환, 위령비 사업 등을 둘러싼 협력에서부터 시작하면 어떨까. 소송을 하려 해도 증거를 갖고 있지 않은 사람도 많기 때문이다. 보상에 관해서도 그런 과정 속에서 자연스럽게 답이 나올 것이다. 시간을 들여 그런 과정을 수행한다면 그 자체로 조선인 징용이란 국가의 동원이기도 하다는 사실을 일본 정부와 국민들이 다시 한번 기억하는 시간이 될 것이다. 징용된 사람들의 고통을, 1990년대 위안부에 대해 그랬던 것처럼 많은 일본 국민들이 이해하게 되는 것도 가능하다.

물론 일본인들 중에도 같은 피해를 당한 사람은 많다. 그러나 국가의 전쟁이나 무차별 동원에 관해, 참정권이 없었던 조선인은 관여할 수 없었다. 즉 조선인에게는 국가의 잘못된 행동을 미리 막을 수 있는 권리도 의무도 주어지지 않았다. 국가와의 관계에서 조선인은 일본인과 서 있는 위치가 명백히 달랐다.

세계문화유산에 등록된 '메이지 일본의 산업혁명유산'을 어떻게 기억해야 하는지를 거기서 일한 조선인들과 함께 논의하는 것은 그렇게 무리한 일은 아닐 것이다. 당사자들 대부분은 사망했지만 구술은 남아 있다. 기록을 통해 우리는 죽은 이와도 대화할 수 있고 바로 그런 시간이 역사와 마주하는 시간이 될 수 있다. 징용뿐만 아니라 조선인이 일본의 근대화와 전통산업의 존속에도 기여해온[4] 사실은 한일 사이에 존재한 것이 그저 민족관계일 뿐 아니라 계급관계이기도 했다는 사실을 알려준다. 지배받았다는 의미에서는 '노예'이지만, 그것만으로는 설명할 수 없는 존재이기도 하였음을 아는 계기도 될 것이다. 물론 그 과정에서 많은 사람이 눈에 보이지 않는 차별을 받고 목숨을 잃었던 사실도 잊지 말아야 한다. 반대로, 지배자이면서 조선 땅에서 조선인을 위해 헌신한 일본인도 기억되어야 한다.

역사 뒤의 '마음'들

1965년 한일협정 성립은 반공체제나 경제개발을 위한 이익 추구만으로는 설명할 수 없다. 당시 한국을 방문한 일본 기업가 스기 미치스케杉道助가 호텔 바깥에서 노는 아이들을 바라보며 "한국의 이 아이들과 노란 모자를 쓴 일본의 아이들이 성인이 되었을 때에도 여전히 일한 양국 사이가 나빠서는 안 된다. 이 철없는 양국 어린이들을 위해서라도 한시라도 빨리 국교정상화를 서둘러야 한다"(「한국에 관해」, 『재계』 1962년 12월호, 이동준 편역, 『일한 국교정상화 교섭의 기록』, 475쪽)는 장면은 그 하나일 것이다.

시나 외무상도 당시 한국 방문을 통해 "한국민이 과거 일한 간의 관계에 대해 어떤 감정을 가지고 있었는지를 몸소 알게 되었"다면서 "이런 감정을 일본에 대한 우호의 마음으로 발전시키기 위해서라도 우리는 일한 교섭을 타결시켜 일본 국민의 진정한 우호 감정을 한국민의 가슴에 전달하는 길을 여는 것이 현재 우리의 사명임을 통감할 따름"(721)이라고 국회에서 호소했다. 또한 이동원 외무부장관에 따르면 시나 외무상은 "(한국 측 요구대로) 무역불균형은 향후 시정하지 않으면 안 되는 것"이라면서 소극적인 사람들을 설득하고 "내가 돌아가서 모든 정치적 책임을 진다" "당신은(이동원 장관)

한국 정부의 희망대로 공동성명서에 이 문구를 넣어달라"(722~723)[5]고 주장했던 것은 꼭 '정치적' 의도만은 아닐 것이다.

혹시 그 발언에 '과거의 형'이라는 의식이 있었다고 한다면, 그 심경은 제국주의적 차별주의일까. 그 질문에 대한 답은, 서로가 진지하게 마주했을 때 비로소 알 수 있을 것이다.

1965년 한일협정의 배후에 대체적으로 일본 측의 우월감과 무반성이 있었던 것은 부정할 수 없다. 그럼에도 당시 기록의 곳곳에서 보이는 친애의 '감정'이 모두 무시되어도 좋을 이유는 없다. 분명 한일협정은 남성 주체들에 의한 국가 간 협상의 그늘에서 위안부와 일본인 아내 등 몸과 마음이 상처입은 사람들을 기억 뒤로 내몰았다. 하지만 그 역시 악의가 있어서라기보다는 시대적 한계라고 해야 할 것이다.

이제 한일협정은 한국 진보층 사람들에 의해 군사정권이 맺은 폭력적 협정으로 단정되곤 한다. 그러나 많은 경우, 협정 내용 자체를 깊이 모르는 채로 내린 관념적 단정들이다. 생각하면 위안부 문제도, 징용 피해자 문제도 막상 내용은 잘 모르는 채로 거론되는 경우가 많다.

아시아의 식민지/제국 문제에는 냉전체제가 깊이 관여하고 있다. 그 때문에, 냉전체제 붕괴 이후 30년 동안 식민지 문제와 마주해왔으면서도, 본래의 과거 자체보다 현재나 미래를 위해 '해석'된 과거와 마주해온 시간이 존재한다. 그런 의미에서는 우리는 진짜 역사와 제대로 마주한 적은 아직 없다고 말할 수도 있다.

영국과 아일랜드의 영토 문제 화해가 가능해진 배경에는 해방 이후 남북으로 분단된 아일랜드의 내부 화해도 있었다.[6] 그렇다면 1960년대와 달리 북한에서 미사일이 개발되어 한국이 더이상 '안보'의 방파제가 될 수 없는 지금이야말로 당시의 역할론이나 국익론 등 국가 중심 사고를 극복할 수 있는 시기일지도 모른다.

그리고 20년 전에서 멈춰진 채로 있는 북-일 평양선언의 실현을 위한 행동이 필요하다. 한일관계를 어렵게 만든 냉전 마인드가 완화되면 한국과 일본, 한국과 북한의 관계도 좋아질 것이다. 김대중 전 대통령은 남북관계도 한일관계도 잘 이끈 리더였다. 아마 이 둘의 상관관계를 가장 잘 이해했던 것일 터이다.

포스트포스트 냉전시대를 향해

2021년에는 1980년대 군사독재정권의 최고 권력자였던 전두환과 노태우, 이 두 전직 대통령이 세상을 떠났다. 1980년 5·18광주민주화운동이 기폭제가 된 민주화투쟁 이후 찾아온 평화와 혼돈의 시대가 진짜 끝난 것으로 생각한 한국인들이 적지 않았다. 그런 의미에서도 이 30년을 되돌아보고 새로운 관계를 모색해야 할 시기는 바로 지금일 수 있다.

한반도의 분단과 한반도와 일본의 대립을 해소하는 것은 소통 곤란과 관계 불화의 30년을 살았던 사람들의 의무이기조차 하다.

그렇기는 하지만, 일과성 이벤트만으로 몇 가지 문제가 즉각 '해결'되어 오랜 세월 두 나라가 겪어온 갈등이 일거에 풀리는 것은 아닐 것이다.

예컨대 시간을 들여 한일 간에 놓여 있는 문제에 대해 생각하고 양국의 국민을 상호이해로 이끌어 언젠가 가능할 화해로 향하게 할 프로젝트를 시작할 수 있다. 현안인 과거사 문제나 독도 문제말고도, 관동대지진 당시 조선인 학살이나 제암리교회 학살사건, 3·1운동 등에 더해, 앞으로도 제기될 한일 간 역사 문제는 적지 않다. 그런 문제들을 함께 연구하며 보다 정확한 지식을 양 국민이 공유하고 자신과 상대에 대해 이해를 심화시킬 수 있게 되면, 지금까지처럼 정치적 자장 안에 있는 민간의 목소리에 양국 정부가 휘둘리는 식의 일은 줄어들 것이다. 그리고 부정적 역사뿐만 아니라 구조적 역사에 저항했던 이들도 발굴해 기억해나갈 필요가 있다.

박정희 전 대통령은 한일협정 직전부터 '경제개발 5개년 계획'을 수립해 한국사회를 이끌었지만 5년씩 기간을 두고 하는 계획은 꼭 경제만의 점유물이 아니다. 필요하다면 화해를 향한 5개년 계획을 몇 번이고 재구축할 수도 있다. 오히려 그 과정 자체가 의미를 가질 수 있다. 역사의 희생자가 되어 잊혀진 사람들이나 희생자를 위해 헌신한 사람들을 기억하고 함께 애도하고 위령비를 세우는 사업도 필요하다. 그 과정은 타인과 마주하는 '태도'를 우리에게 가르쳐줄 수 있다. 중일·아시아태평양 전쟁의 의미를 생각하는 일에 집중해왔던 전후 일본이 식민지란 무엇이었는지를 생각하는 전환점이 되기를 진심으로 바란다.

과거에 행해진 **한일역사공동연구**[*]는 "양국 정부의 영향하"에 놓이거나,(180)[7] '교과서 문제'와의 거리두기가 일치하지 않아 "난항"[8]을 겪었다고 한다. 그런 어려움을 극복할 수 있도록, 진행방식 논의는 빠뜨릴 수 없다. 동북아시아 평화는 그런 작업들을 쌓아갈 때 만들어질 수 있다.

1998년 한일 파트너십 공동선언을 이끈 김대중 대통령(당시)은 일본의 전후 부흥 노력, 그 노력이 아시아에 희망을 준 사실, 경제대국으로서의 역

---

[*] 2002년부터 10년 동안 2기에 걸쳐 '한일역사공동연구'가 진행되었다. 2001년 5월, 검정을 통과한 '새로운 역사교과서를 만드는 모임'의 교과서에 대해 한국 측이 수정을 요구한 것을 계기로, 당시의 고이즈미 준이치로 수상이 "역사교과서 문제에 대해 양국의 학자가 공동연구를 실시"할 것을 제안. 한국도 동의해 시작되었다. 양국의 전문가가 고대사, 중근세사, 근현대사, 교과서 등 각 분과회로 나뉘어 공동연구를 진행했다. 2005년에 발표된 제1기 연구보고서는 1910년 한일병합조약 등의 유효성이나 1965년 한일협정과 보상 문제를 놓고 한일 양측의 다른 견해가 병기되었다. 2010년 3월에 보고서가 공개된 제2기 연구에서는 고대사 등에서 몇 가지 합의점을 찾아낼 수 있었지만, 근현대사나 교과서 분야에서는 오히려 견해의 차이가 두드러지는 결과가 나왔다.

할을 완수해온 사실, 비핵평화주의를 지켜온 사실, 그런 과정에서 엿볼 수 있는 '전전戰前 일본'과 '전후戰後 일본'의 차이를 제대로 보고 평가했다. 또 한국 경제가 위기 상황에 빠졌던 IMF 외환위기 때 '일본의 도움'이 컸다고 명언하면서 '감사'의 마음도 전했다. 그런 '인정'도 상호간에 더 필요하다. 개인이든 국가든 신뢰관계 성립의 토대는 상대에 대한 이해와 존중에 있다.

우선 양국 정상에 의한 공동선언이 필요할 것이다. 그런 과정이 관동대지진 100주기가 될 2023년에, 지진 재해로 사망한 사람들에게 한일 정상이 함께 애도의 뜻을 바치는 자리가 마련되기를 바란다. 이를 위해서는 우선 정부 주도의 조사가 필요할 것이다. 그리고 언젠가 독립운동 기념식에 일본도 함께 참여하는 날이 오기를 기다리고 싶다. 김대중 전 대통령도 언급한 재일 조선/한국인들의 '지방참정권' 행사가 가능해지는 날도 그런 시간들과 함께 찾아올 것이다.

깊은 이해/정확한 비판

앞에서 언급한 영화 〈주전장〉은 2015년 박근혜 정부의 한일합의가 오류의 산물이며, 이는 다시 전쟁을 일으키려는 일본 우익을 지지하는 미국의 '음모'에 의한 것이라는 해석을 내놓고 있다. 하지만 국가관계라고 해도 정치적 의도나 해석을 넘어 존재할 수 있다는 사실을 한일합의는 크지 않지만 보여주었다. 부정은 쉽지만 불신의 끝에 남는 것은, 갈등과 전쟁 등 자타의 파멸일 뿐이다.

지난 30년간을 추동해온 것은 불신과 그 불신을 견고하게 만드는 왜곡 정보, 그리고 음모를 상상케 하는 '정의'의 '처벌'이라는 사고방식이었다. 그러나 아파르트헤이트를 예로 들자면 그들은 진실 규명 과정에서 가해자를 처벌하지 않는다는 조건을 내걸었다. 그렇게 함으로써 가해자들에게도 과거를 있는 그대로 말하도록 하고 화해를 이끌 수 있다고 생각했기 때문이다.[9] 그런 의미에서도 역사를 그저 '처벌' 대상으로 삼고 그것을 위해 단순화시켜온 지난 30년은 물음의 대상이 되어야 한다.

처벌의 사고방식은 가해자에 대해 생각해보기를 중지시킨다. 그 결과로 사태에 대한 깊고도 충분한 이해를 방해한다. 제국·식민지시대와 냉전체제는 동북아시아에 수많은 가해자와 피해자를 만들어 각각 상흔을 남겼다. 피해자에 대해서도 충분히 이해되지 않았지만, 가해자에 대한 인식도 깊어지지는 않았다. 하지만 그 어느 쪽에 대해서도 보다 깊이 있는 고찰을 할 필요가 있다. 깊이 이해해야 정확한 비판과 수용이 가능해지기 때문이다. 비극의 반복을 막기 위해서도, 가해와 피해의 속살은 더 정확하게 고찰되어야 한다. 하지만 오랫동안 가해자에 대한 고찰은 그저 면죄와 동일시되었고, 가해자도 상처를 입는다는 사실은 이해되지 않았다. 그러나 고통의 경험은 타인의 고통을 이해할 수 있게 될 때 비로소 의미를 갖는다. 동아시아가 서로의 고통을 보다 깊이 이해할 수 있을 때, 우리는 비로소 탈제국·탈냉전을 향해 새로운 출발을 할 수 있다.

3. 평화를 위해서

증오와 민족주의

우리는 상대국을 본질주의적으로 보는 경우가 많다. 하긴 국민성뿐 아니라 어떤 성향들은 몸담은 공간과 시간의 길이에 의해 어느 정도 형성되는 부분이 있다. 그것을 우리는 '문화'라고 부르기도 한다. 누구나 혈통과 언어뿐 아니라 그런 문화의 영향을 받아 일본인 혹은 한국인 등의 '국민'이 되어간다.

예를 들어, 제4장에서도 말한 것처럼 어린 시절의 나쓰메 소세키가 명성황후 민씨의 살해에 대해 "고맙다"고 쓴 것은 꼭 소세키가 '일본인'으로서 잔인한 성정을 가지고 있었기 때문이 아니다. 당시 일본 언론은 일본에 적대적이었던 "민비"를 달가워하지 않았다. 그런 생각은 일본 언론들이 "민비"를 권력욕이 강한 악녀로 형상화하도록 만들었다.[1) 소세키의 말은 오히려 그런 시대의 영향으로 보아야 한다.

타자에 대한 편견은 냉담을 낳고, 그 결과 자신의 마음을 갉아먹는다. 반대로, 전쟁 등의 비일상적인 공간에서 다른 민족이라는 이유만으로 죽일 수 있는 마음은 그 나라에 대한 잘못된 지식과 태도에 의해 형성된다. 그리고 한일 양국은 지금 또다시 그런 공간으로 떠밀려와 있다.

1990년대에 시작된 위안부문제해결운동은 전쟁 때와 다르지 않은 악마로서의 일본상을 구축했다. 지금 만약 한일 사이에 전쟁이 일어나면 한국의 청년들은 기꺼이 '적'에 대한 증오를 가슴에 품고 전장으로 향할 것이다. 또, 많은 한국인들도 젊은이들의 등을 떠밀어 내보낼 것이다.

하지만 일본에 대한 증오를 불러일으키는 데에 큰 역할을 한 위안부 소녀상은 박정희 시절에 전국 초등학교에 세워진, '공산당이 싫어요!'라고 외치다가 죽임을 당한 것으로 알려진 소년상이 형태를 바꾼 것일 뿐이다. 말하자면 반공에서 반일로, 미워해야 할 대상이 바뀐 것에 지나지 않는다. 이 두 동상은 해방 이후 한국의 냉전시대와 포스트 냉전시대를 의도치 않게 응축시킨 것이었다.

그러니 문제는 이른바 국제관계로서의 한일관계 등에 있지 않다. 문제는 그런 편견과 증오가 어느새 우리를 조금씩 갉아먹고 있는 데에 있다. 전쟁을 일으키는 것도 유지시키는 것도, 뿌리에 있는 것은 적개심과 증오와 냉담이기 때문이다. 게다가 많은 경우 그 증오를 심은 것이 누구인지도 모르는 채로 희생된다. 증오를 생산하는 공간과 언어, 중심인물을 제대로 봐야 하는 이유는 거기에 있다.

애초에 한국인이나 일본인이라는 내셔널 아이덴티티를 우리가 강하게 의식하게 된 것은 근대적 시스템이 성립한 근대 국민국가 이후의 일이었다. '개인'을 내세운 근대적 자아란 개인이 갖는 복수의 정체성 중 민족성을 가장 중요한 것으로 인식하도록 만든 근대의 산물이다. 근대적 자아란 처음부터 민족적 자아였던 것이다. 그렇게 자신을 다른 것에 우선해 '민족'의 구성원으로 인식하도록 만든 근대 국민국가의 교육의 결과로, 민족주의는 많은 국가에서 국민들을 단결시키는 힘이 되었다. 그때까지의 신분/계급의식 대신 서로를 동등한 존재로 여길 수 있었다는 점이 민족주의가 환영받은 이유이기도 했다.

거기서 태어난 순결사상은 언어와 문화에서의 독자성을 최고의 가치로 삼아 각각의 고유문화를 발굴하고 키웠다. 문화뿐만 아니라 사람에 관해서도 순수한 민족 아이덴티티가 중요시되었고, 타자와의 교류는 경계되었으며, 그런 방침을 유지하지 않는 개인은 엄중한 시선을 받아야 했다. 2000년대 들어 변했지만 1990년대까지 한국에서는 재일 조선인은 한국어를 못한다는 이유만으로 차별을 받았다. 혈통=언어=문화의 순수성이 민족 아이덴티티를 보장하는 것으로 간주되었던 시대의 일이다.

조선의 식민지화도 근대적 인식이 이식되는 시대에 이루어졌다. 실제로는 조선이 병합되기 이전부터 일본인들은 한국에 들어와 살고 있었기 때문에, 한일이 만나 같은 곳에 거주한 역사는 결코 짧지 않다.

그럼에도 불구하고, 예를 들어 위안부 문제 지원관계자들이 한반도로 건너와 여기서 자라고 전쟁터로 이동당한 일본인 여성들을 완벽하게 잊어버린 것은 그만큼 제국·식민지에 대한 이해가 부족했음을 보여준다. 처음부터 그녀들의 존재를 상상·인식할 수 있었다면 '강제연행' 주장도 그렇게 쉽게 나오지는 않았을 것이다. 조선인은 '신민'에 지나지 않았고 '국민'이라고는 할 수 없었지만, 그럼에도 무차별 '연행'이란 구조적으로는 가능하지 않은 시스템 안에 있었다. 지난 30년의 혼란은 그런 것이 이해되지 않았기 때문에 생긴 일이다.

국가로서의 '민중', '국민'

1980년대에 5·18광주민주화운동을 비롯해 국가의 폭력에 맞서 싹튼 한국의 '민중'의식과, 미국과 일본과의 관계를 고찰하면서 다시 탄생한 '민족'의식은 1990년대 이후 한국에서 '시민'의 힘을 강화했다. 이윽고 그 선두에 서 있었던 '시민'들은 권력을 얻게 된다. 시민운동으로 이름을 얻은 변호사 출신 박원순 전 서울시장과, 비슷한 시기에 위안부 문제를 둘러싼 시민운동에 합류하여 훗날 국회의원이 된 윤미향 전 정대협 대표가 그 대표적 존재였다. 많은 시민단체들이 국가와 유착하게 된 것은 그런 구도의 결과다.

학대받은 '민중'에 대한 마음을 바탕으로 키워진 이런 흐름은 머지않아 교육 현장의 교사들과도 연계되어 많은 젊은이들을 키웠다. 2010년대 이후 위안부문제해결운동에 대학생들이 참여한 것도 그런 흐름 속의 일이다.

소녀상이 더이상 정대협(현 정의연)이 주도하지 않아도 전국에 세워진 것은 이런 세월의 결과다. 새로운 민중의식하에 키워진 '시민'들은 과거의 '민중'과는 달리 더이상 소수의 엘리트에 의해 '관리'되지 않고도 스스로 움직이게 된 것이다. 민주화투쟁은 많은 시민들을 진보세력으로 키웠고 혁신·진보적인 다양한 가치관을 심어주는 데에도 기여했다.

하지만, 과거에 국가가 행한 일='처벌'을, 지금은 그 '시민'들이 스스로 행하기에 이르렀다. 과거에는 국가에 저항하는 세력은 국가가 억압했지만, 이제는 국민=민중이 그 역할을 대신한다. 민중의 국가화, 국민의 국가화 현상이다. 그들이야말로 어느 시민단체를 지탱해온 힘이기도 했다.

인터넷시대와 맞물려 그 힘이 극대화된 것이 한일합의를 둘러싼 반대운동이었다. 지원단체가 확산시킨 사고방식이 널리 정착되어 이제는 바로 그 지원단체의 중심인물조차 제어할 수 없게 되기에 이르렀다.

위안부 문제나 징용 피해자 문제 등 역사인식운동에 관여해온 이들이 의견을 달리하는 사람들을 '역사수정주의자' '반역사적'이라면서 비난한 것, 그리고 많은 이들이 그런 인식과 비난을 의구심 없이 받아들인 것은, 운동을 지지했던 인식이 틀림없이 '정의'임을 의심하지 않았기 때문이다. 하지만 거기서 행해진 것은, 원래 지향해야 할 터인 정의를 넘어 '기대(병합되지 않았던 조선)의 현실화'의 시도였고, 당연한 일이지만 여러 문제가 발생했다. 이상을 실현하고자 하는 욕망은 자신과 다른 생각이나 시도를 처벌 대상으로 삼았고 운동의 선두에 선 이들을 영웅화했다.

그러나 이런 상황은 과거의 독재국가가 행한 국민 관리와 다를 바가 없다. 권력이 보장하는 사고에 저항하지 않는 순종적 국민을 키우기 위해 국민의 '관리'를 지향했다는 점에서, 그저 주체가 진보세력이었을 뿐, 일찍이 국가폭력을 행사했던 보수 측과 실은 전혀 다르지 않았다. 진보세력에 의한 '역사의 사유화'가 그렇게 진행되었다.

아시아의 평화는 아시아가

1990년대 이후 진보좌파가 역사 논란을 이끈 상황에 맞서 대두된 보수우파의 움직임도 지향한 것은 과거 독재국가의 칭송이었다.

그 점에서 말하자면, 우파도 지극히 정치적이었고 좌파와 전혀 다르지 않았다. 한쪽은 민족주의를, 다른 한쪽은 국가주의를, 지향하는 바는 조금 다를지언정 과거를 현재를 위해서, 나아가 자신들이 이상으로 삼는 미래를 만들기 위해 이용해왔다는 점에서는 그렇게 다르지 않다.

지난 30년은 양극단 사람들이 사회를 추동해온 시대였다. 생각해보면 독도 문제도 냉전체제 초기 미국의 개입에 의해 '문제'로 남은 것이었다.[2] 그리고 위안부 문제가 미국을 무대로 한일 양국이 대립한 것처럼 지금도 미국은 한일 간의 '주전장'이 되고 있다. 그런 정신적 종속상태는 냉전체제가 지금도 계속되고 있음을 웅변한다.

하지만 청구권협정이 체결된 50여 년 전과는 다르다는 것을 보여줄 때 비로소 아시아는 진정한 포스트 냉전시대를 맞을 수 있지 않을까. 냉전체제하 일이긴 하지만 필리핀의 식민지화를 사죄하지 않은 미국을 상대로 한일이 제국·식민지시대의 문제를 호소해온 것은, 포스트 냉전시대였기에 가능했던 아이러니한 풍경이기도 했다. 20세기는 팍스아메리카나의 시대였다.

하지만 21세기 초 '문명의 충돌'(새뮤얼 헌팅턴이 저서 『문명의 충돌』에서 제시한 개념. 그때까지의 동서라는 냉전체제나 국민국가가 아니라 이슬람 문명 등 '문명'을 중심으로 냉전 종식 후 세계를 논했다)은 냉전체제와는 다른 형태의 전쟁을 일으켰다.

지금도 신냉전이 지적되고 있지만, 2021년 8월 미국군의 아프가니스탄 철수는 미국이 세계에 기지를 계속 만들었던 20세기의, 뒤늦게 온 종언의 시작이었을지도 모른다.

그렇다면 지금이야말로 아시아의 평화를 아시아 자신이 모색하기 시작해야 할 시기가 아닐까. 미국·소련의 양극체제로 유지된 20세기를, 진정한 의미에서 극복하는 길을 찾아낼 때가 아닌가. 생각하면 한반도에서 일본인의 '추방'을 결정한 것도 미국이었고, 많은 지역에서 유럽과 미국은 아시아 역사에 그림자를 드리우고 있다.

그런 일이 20세기 후반 냉전체제 붕괴 후에 시도되어야 했다는 점에서 식민지지배에 대한 책임을 묻는 더반 회의가 2001년에 열린 것은 상징적이었다. 하지만 더반 회의의 문제의식 공유는 필요하지만 조선·일본의 관계는 거기서 문제시된 유럽·아프리카의 관계와 꼭 같지는 않다.

"일본에 의한 한국의 식민지화는 근대 제국주의사에 있어서 매우 특이한 것이었다"면서 "구미 열강이 식민지 대상으로 삼은 것이 아프리카·아시아·오세아니아 등 제국주의 본국으로부터 문화 수준·경제적 발전도에 있어서 몹시 늦어진, 자주 미개했던 지역"이었으며, "크게 차이나는 문화·경제의 힘으로, 손쉽게 이들 지역을 압도하고 통치할 수 있었"던 데 비해, "일본에게 조선이란 역사적으로는 문화적 선진국이기조차 했"는데 "조선에 한 걸음 혹은 몇 걸음 앞서 갈 수 있었던 사실"에 의해 "한일병합에의 길을 열었다"는 말도 이를 보여준다.(172)[3] 한일관계를 다른 종주국·식민지 국가들 문제와 나란히 두고 보는 것만으로는 대립의 구조가 정확히 보이지 않는 이유이기도 하다.

아마도 이런 사실도 한일관계를 어렵게 만들었을 것이다. 일본의 조선통치가 구미의 식민지통치와는 달랐기 때문이다.

새로운 '피해자 중심주의'를 향해

조선과 일본의 관계가 구미에 의한 아프리카의 식민지화와 달랐다는 사실, 그 때문에 일본의 통치도 구미와는 달랐음을 아는 것은 앞으로의 한일관계를 알기 위한 첫걸음이 될 수 있다.

최근 일본에서 한류가 유행하는 것은 바람직한 현상이지만, 나는 역사 문제에는 눈을 감은 채 그저 엔터테인먼트만이 흥미를 끌지 않기를 바란다. 마찬가지로 한국에서도 역사를 단순화시켜온 사법부의 결정을 방패삼아 "사법부가 하라는 대로 하면 모두 해결"(최봉태)이라든가, 일본 기업의 패소를 그저 "전범기업의 말로"로 치부하는 식의 단순한 법지상주의적인 인식을 넘어설 사고방식이 필요하다.

문재인 전 대통령 시절 정대협(현 정의연) 관계자가 청와대 인사비서관이 되고, 일찍부터 유엔에서 인권관련 일을 하면서 정대협 관계자들의 유엔 활동을 도와준 인물이 외교부장관으로 발탁된 것도 이런 세월 속에서의 일이었다. 강경화 전 외교부장관이 국회 청문회에서 자격 시비가 있었을 때, 2만 명 가까운 서명을 모은 주체가 양현아, 이나영 등 위안부 문제 연구자들이 주도하는 일본군'위안부'연구회 사람들이었던[4] 것도 마찬가지다.

그런데 그렇게 여성들이 맡아온·위안부 지원운동이 개인보다 집단을 중요시하는 국가의 논리 아래로 들어간 것은 운동의 확산을 위해 민족주의를 선택한 순간부터 피할 수 없었을 것이다. 위안부 문제는 다른 무엇보다도 여성 차별의 문제인데도, 그 사실이 지적된 건 몇 년 되지 않는다.

조선인 징용자들과 내선결혼으로 결혼했던 재조 일본인 아내들 중 많은 이들이 폭력이나 빈곤을 경험한 사실이 그다지 알려지지 않았던 것도 그런 세월의 결과다. 2007년 국내에서 역사왜곡 논란이 있었던 『요코 이야기』 (재미 일본인 여성작가가 어린 시절 조선 거주 일본인으로서 귀환한 개인적 경험을 쓴 아동소설. 조선인이 일본인 여성을 강간하는 것을 목격했던 장면을 묘사한 구절에 대해 재미 한국인 학부형들이 문제시했다. 소동은 한국에도 불똥이 튀어 이 책을 번역한 출판사는 자주적으로 더이상의 간행을 중단했다)[5]도, 가해자=일본인의 피해에는 오래도록 무관심했기 때문에 빚어진 일이었다. 그건 민족 아이덴티티로만 타자를 규정한 결과였지만, 인간의 아이덴티티는 민족 아이덴티티만은 아니다.

지난 30년의 위안부 문제를 둘러싼 운동과 연구가 일본인 위안부에게도, 강간당한 일본인 소녀에게도, 그리고 조선인 징용 피해자이기도 한 일본인 아내들에게도 무관심했던 것은 민족 아이덴티티 신앙에 사로잡혀 있었기 때문이다. 나아가 제국주의적 온정주의와 식민지적 응석의 구조 속에 놓여 있었기 때문이다. 그런 상황은 냉전체제 붕괴와 함께 식민지시대의 사건과 마주하면서도 식민지의 실태와 여성을 둘러싼 복잡한 구조에는 무관심한 긴 세월을 만들었다.

'피해자가 용서할 때까지'라는 말이 회자되고 있지만, 입장을 바꿔가며 역사와 마주하면 '피해자'의 얼굴이 하나가 아니라는 것이 보이게 된다. '피해자 중심주의'란 개개인의 얼굴이 보이는 장소에서 다시 이야기되어야 한다.

부국강병의 강자주의적 근대 국민국가의 남성 중심, 강자 중심의 사고를 버리고 나면 여성과 약자가 보인다. 그런 의미에서도 스스로 국가의 얼굴을 하고 처벌 욕망을 노골적으로 드러내는 '국민'들에게 휘둘리지 않아야 한다. 강자 중심의 제국과 냉전의 근현대가 키운 사고를 넘어서면 국경을 넘어 보편적 가치를 공유할 수 있다.

불신을 심는 언어들에 휘둘리면 미래는 열리지 않는다. '상식'이나 정치 진영에 얽매이지 말고 역사와 마주해야 한다. 정치화된 담론에 휘둘리지 않고 구조를 넘어서는 개인이 늘어나면 평화는 찾아올 수 있다. 서양발 제국과 냉전으로 상처입은 아시아 사람들이, 자신들의 손으로 만들어낸 평화를 차세대에게 건네줄 수 있는 그날을 함께 기다리고 싶다.

이 책을 쓸 기회를 준 것은 『마이니치신문』 인터넷판 '화해를 위해서 2021'
을 연재 중에 퇴직한 『마이니치신문』의 기자 기시 도시미쓰岸俊光였습니다.
기시 기자는 2006년에 졸저 『화해를 위해서—교과서·위안부·야스쿠니·
독도』(平凡社ライブラリー) 일본어판을 출판했을 때 인터뷰를 요청해왔고, 그
이래로 교류를 이어왔습니다. 그러니까 이 책에서 고찰한 30년 중 후반의 약
15년, 함께 한일관계를 바라봐온 관계입니다. 그 관심은 2014년 6월에 『제
국의 위안부』가 위안부 복지시설로부터 고발당한 이후에도 변하지 않았고,
『마이니치신문』에 글을 쓸 것을 권해주었습니다.

　하지만 2014년 6월 이후에는 재판 대응과 그전부터 맡았던 일 등으로 정
신없이 바빠, 다른 글을 쓸 여력이 전혀 없었습니다. 그 작업들을 어느 정도
끝내고, 드디어 쓸 수 있겠다고 생각했을 때엔 한일관계가 전에 없이 험악해
진 상태였습니다. 그래서, 원래 쓰기로 했던 재조 일본인의 귀환 문제를 접어
두고 한일관계에 대해서 다시 고찰해보기로 했습니다.

한일관계라고는 하지만 저의 관심은 국제관계나 정치학, 혹은 역사학에서
다루는 '관계론'이나 역사 그 자체 이상으로, 역사를 둘러싸고 일어나는 대
립의 원인이나 배경 분석에 있습니다. 첫 한일관계서였던 『반일 민족주의를
넘어서』 이후 각 분야의 전문가들과는 조금 다르게, 역사·사상·문학이 만나
는 영역에서 고찰해온 이유이기도 합니다.

　그리고 이 책 역시 비슷한 지점에서 쓰인 책입니다.

『제국의 위안부─식민지지배와 기억의 투쟁』에서 위안부에 대해 씌어진 소설을 인용한 것을 두고 비난한 역사학자들도 있었는데, 일본에서 30년 이어진 이른바 '교과서 재판'으로 알려진 역사학자 이에나가 사부로家長三郎는 일찍이 역사 서술에서 소설이나 수기를 사용하는 방식의 효용에 대해서 강조한 적이 있습니다. 공문서만으로는 보이지 않는 부분을 채워준다는 인식을 표명했던 것입니다. 서구에서는 역사서도 문학서의 글쓰기 방식으로 집필되었다는 사실을 증명해 보인 연구서도 일찍이 간행되었고, 지금은 역사 서술에 문학의 가능성을 도입해야 한다면서 '역사는 현대문학이다'라는 주장과 함께 직접 그런 글쓰기 방식을 실천해 보인 역사학자도 존재합니다.

분명 소설은 허구의 세계를 그린 것이지만, 때로 허구라는 형식을 이용해서 저자가 고백을 하기도 했다는 사실은 문학 연구에서는 이미 상식입니다. 특히 현장에 있었던 작가가 쓴 것일 경우, 수기 등에 담긴 당사자들의 목소리 이상의 호소력을 갖는 경우는 적지 않습니다. 많지는 않아도 이 책에서 다시 소설 텍스트를 인용한 이유입니다.

소설과 함께 당사자들의 '목소리'에 주목해본 건 공문서 등 문서 중심의 기존 역사학의 방식만으로는 보이지 않았던 것들이 그 '목소리'에 담겨 있다고 생각했기 때문입니다. 이 책에서는 그다지 많이 인용하지는 않았지만, 그럼에도 가급적 현장에 있던 당시 사람들의 '목소리'에 귀를 기울이는 데에 무게를 두었습니다.

다만, 코로나19로 인해 단절된 시대의 한복판에서 글을 썼기 때문에, 원문 확인을 할 수 없었던 자료도 있고, 일본 문헌의 한국어 번역을 포함, 한국 문헌을 다수 사용하게 되었습니다. 완전하지는 않은 모양새가 되기는 했지만, 대신 일본인 독자들이 한국인들의 생각을 알게 되는 기회가 되면 좋겠다고 생각합니다. 코로나19에 의한 단절이, 오히려 마음과 마음 사이에 다리를 놓을 수 있기를 바랍니다.

거친 원고지만, 간행 전에 법학, 역사, 국제정치 각각의 전문가분들이 먼저 읽어주신 건 행운이었습니다. 고세키 쇼이치古関彰― 교수, 도노무라 마사루外村大 교수, 구마가이 나오코熊谷奈緒子 교수 세 분께 이 자리를 빌려 깊이 감사드립니다. 또, 연재 중에 『마이니치신문』 전 서울 특파원이었던 사와다 가쓰미澤田克己 기자, 오누키 도모코大貫智子 기자가 꼼꼼한 의견을 주었습니다. 덕분에 이 책은 이미 독자들과의 대화에 앞서 나눈 한일 간 '대화'의 결과물이기도 합니다. 두 기자분께 감사의 말씀 전합니다. 앞에서 언급한 기시 기자는 독자들의 이해를 돕기 위해 역사용어 해설 중 많은 부분을 작성해주었습니다. 오랜 세월에 걸친 신뢰와 도움에 대해 마찬가지로 깊은 감사의 마음을 전합니다. 복잡해서 이해가 쉽지만은 않았을 내용과 문장이 독자들에게 쉽게 읽힐 수 있도록 커다란 노력을 기울여준 『마이니치신문』 출판편집자인 미네 하루코峯晴子 씨에게도 아낌없는 도움을 받았습니다. 이 자리를 빌어 심심한 감사를 전합니다.

생각하면, 2005년에 출판한 『화해를 위해서―교과서·위안부·야스쿠니·독도』 이후, 적지 않은 일본분들과 대화를 거듭해왔습니다. 이번에도 저의 물음에 여러 분들이 응답해주었습니다. 이 책이 평화로운 미래를 만드는 한 걸음을 함께 내딛어줄 또다른 분들과 더 많이 만날 수 있기를 간절히 바랍니다.

2022년 5월
서울 남산 기슭에서
박유하

위안부·징용 피해자 문제 관련 연표

	한일·북일 간 사건	위안부 피해자 문제	징용 피해자 문제
1873년	일본에서 '정한론(征韓論)' 대두		
1876년 2월	일본이 조선의 개국을 요구하며 '조일수호조규(강화도조약)' 체결		
1894년 7월	청일전쟁		
1895년 10월	조선왕조 제26대 고종의 왕비 민비가 일본 공사 등에 의해 살해		
1897년 10월	대한제국 성립. 고종, 황제로 즉위		
1904년 2월	러일전쟁		
1905년 7월	가쓰라-태프트 협약		
1905년 11월	제2차 한일협약(을사보호조약) 조인		
1906년 2월	한성(현 서울)에 한국통감부 설치. 이토 히로부미가 초대 통감을 맡음		
1910년 8월	한일병합조약 조인		
1910년 9월	경성(현 서울)에 조선총독부 설치		
1914년 7월	제1차 세계대전		
1919년 3월	'3·1운동'이 일어남		

연도	사건	비고
1919년 4월	독립운동가들이 상해에서 '대한민국 임시정부'를 조직. 이승만이 초대 대통령으로 선출	
1923년 9월	일본 관동대지진, 조선인학살사건 발생	
1931년 9월	만주사변 발발	
1938년 5월	일본, 국가총동원법 제정	
1939년 7월	일본, 국민징용령을 공포·시행	일본 정부가 국가총동원법과 국민징용령에 따라 민간인을 군수공장이나 탄광 등으로 동원. 당시 일본의 식민지였던 한반도에서도 다수 동원
1940년 2월	창씨개명 실시	
1941년 12월	태평양전쟁 발발	
1942년 2월		'조선인 노무자 활용에 관한 방책'이 일본에서 각의 결정. 조선에서의 모집이 '자유 일선'에서 '관 알선'으로 변경됨
1944년 4월		일본 국내 주요 탄광이 군수공장 지정을 받아 탄광노동자가 사실상 징용 취급. 조선인 징용 본격 개시
1944년 9월	조선인 징병 개시	
1945년 8월	일본 패전, 한반도가 일본의 통치에서 해방. 한반도 북위 38도선을 경계로 미국과 소련이 각각 점령	
1948년 4월	제주도에서 '4·3사건' 발생	
1948년 8월	대한민국 정부 수립	

징용 피해자 문제	위안부 피해자 문제	한일·북일 간 사건	
		조선민주주의인민공화국 수립	1948년 9월
		한국전쟁 발발(1953년 7월 휴전협정)	1950년 6월
		샌프란시스코평화조약 체결	1951년 9월
		한국, 독도를 포함, 공해상에 '이승만 라인'을 설정	1952년 1월
		한일 국교정상화를 위한 한일 제1차 회담 개시	1952년 2월
		샌프란시스코평화조약 발효에 따라 조선인의 일본 국적 상실	1952년 4월
		한일회담 재개를 위한 한일공동선언 조인	1957년 12월
		일본에서 북한으로 가는 제1차 귀환선이 니가타항을 출발	1959년 12월
		한국에서 군사쿠데타 발생. 박정희 정권 성립	1961년 5월
		한일 국교정상화 협상을 위해, 오히라 마사요시大平正芳 외무상과 김종필 중앙정보부장의 회담이 일본에서 진행	1962년 10월
		한국에서 한일회담 반대시위 격화. 계엄령 발동	1964년 6월
	한국 영화 〈사르빈강에 노을이 진다〉에 조선인 위안부가 등장(9월)	한일기본조약과 청구권협정 체결, 국교 정상화(6월)	1965년

연도		
1970년 8월	'정신대'라는 명칭으로 위안부와 사할린 징용 조선인, 원폭 피해자 등 청산되지 않은 대일 문제를 다룬, '미결 25년'을 제목으로 한 연재기사가 신문에 게재	
1971년 1월		한국 정부가 대일민간청구권신고에 관한 법률을 제정
1971년 3월		대일민간청구권신고 접수 개시
1971년 10월	일본 정부가 군인, 군속 등 전사자 2만 1919명의 명부를 한국에 전달	
1973년	김대중납치사건(8월)	태평양전쟁희생자유족회 발족(4월)
1975년 10월	오키나와 반환 후, 위안부였던 배봉기 할머니가 특별 체류 허가를 얻기 위해 과거를 밝힘	
1980년 5월	5·18광주민주화운동	
1990년 1월	윤정옥 이화여대 교수, 『한겨레』에 위안부 르포 기사 연재	
1990년	37개 한국여성단체연합이 위안부 문제에 대해 일본 정부에 진상규명과 사죄, 보상을 요구하는 공동성명 발표(10월)	
1990년	일본의 자유민주당과 일본사회당으로 구성된 대표단이 북한을 방문, 조선노동당과 국교정상화 실현에 관한 '3당공동선언' 합의(9월)	

날짜	한일·북일 간 사건	위안부 피해자 문제	징용 피해자 문제
1990년 11월		한국에서 위안부 지원단체 '한국정신대문제대책협의회(정대협)'가 결성	
1991년 1월	북·일 국교정상화 협상 개시		
1991년 8월		한국에서 위안부였다고 말하는 여성(고 김학순 할머니)이 공적 장소에서 처음으로 증언	
1991년 10월		소설 『여명의 눈동자』가 드라마화되어 인기를 모음	
1991년 12월		김학순 할머니를 비롯, 위안부와 태평양전쟁피해자유족회가 일본 정부에 사과와 보상을 요구하고 도쿄지방법원에 제소, 일본 정부가 위안부 문제에 대해 조사를 개시	
1992년 10월		위안부 공동생활시설 '나눔의집' 개설	
1993년 7월		일본 정부가 한국 유족회 사무실에서 위안부 피해자 16명으로부터 청취 조사를 실시	
1993년 8월	종군위안부 및 태평양전쟁 피해자 보상대책 위원회 설치	고노 요헤이 관방장관이 위안부의 강제성을 인정하고 사과(고노 담화)	
1995년 7월		위안부 피해자에게 수상의 편지와 보상금을 전네주는 '여성을 위한 아시아평화국민기금 (아시아여성기금)' 발족	
1995년 8월	무라야마 도미이치 수상이 일본의 아시아 나라들에 대한 식민지지배를 공식적으로 인정, '통절한 반성'의 뜻과 '마음으로부터 우러나온 사죄'를 표명(무라야마 담화)		

1996년 1월	쿠마라스와미 특별보고관, 위안부 문제에 관한 보고서를 유엔 인권위원회에 제출	
1996년 2월	국제노동기구(ILO)가 위안부는 성노예이고 강제노동조약 위반이라는 견해 발표	
1996년 4월	유엔 인권위원회가 쿠마라스와미 보고서 전체에 대해 '유의한다'라는 결의를 채택	
1998년 4월	야마구치지방법원 시모노세키지부가 위안부 피해자에게 시모노세키 배상금 지불을 명령하는 1심 판결 (관부재판)	
1998년 10월	김대중 대통령과 오부치 게이조小渕惠三 수상이 '21세기 새로운 한일 파트너십 공동선언'을 발표	
2000년 5월		징용 피해자가 미쓰비시중공업에 손해배상을 청구, 부산지방법원에 제소
2000년 12월	도쿄에서 2000년 일본군 성노예 전범 여성 국제법정 개최	
2001년 3월	히로시마고등법원이 '관부재판' 항소심에서 위안부 피해자들의 손해배상청구를 기각	
2002년 5월	월드컵 한일 공동 개최	
2002년 9월	북·일 평양선언	
2003년 1월	일본에서 특정실종자문제조사회 발족. 북한이 핵확산 방지조약(NPT)에서 탈퇴 표명. 이후 일본인 납치 문제와 핵개발 문제를 둘러싸고 북·일 대립 심화	
2004년 11월	1991년부터 2차에 걸쳐 한국인 위안부들의 소송에서 일본 최고재판소가 상고를 기각, 원고 패소 확정	

	한일·북일 간 사건	위안부 피해자 문제	징용 피해자 문제
2005년 1월	한일협정 문서 공개. 민관공동위원회를 발족시켜 대책 검토. 위안부, 사할린 잔류 한국·조선인, 원폭 피해자는 1965년 한일협정의 대상이 아니라고 결정		
2005년	시마네현 의회에서 2월 22일을 '다케시마의 날'로 정하는 조례 통과. 이후 독도를 둘러싸고 한일관계 악화(3월)		징용 피해자가 일본제철(구 신일철주금)에 손해배상을 청구하고 서울중앙지방법원에 제소(2월)
2006년 3월			한국에서 청구권보상법에 따라 강제동원 피해자들에게 보상사업이 결정. 약 7000억 원의 국고금 사용
2006년 7월		한국 정부가 한일청구권협정에 근거한 외교적 해결 노력을 하지 않는 것은 위헌으로 규정하고 위안부 피해자들이 한국 헌법재판소에 제소	
2007년 3월		아시아여성기금 보상사업 종료	
2007년 3월		아베 신조 수상이 고노 담화와 관련해 "강제성을 뒷받침하는 것은 없었다"고 발언	
2007년 7월		미 하원 본회의가 위안부 문제에 대해 일본 정부가 역사적 책임을 인정하고 공식적으로 사과하도록 요구하는 결의를 채택	

2007년 11월	네덜란드 하원 본회의가 위안부 문제로 일본 정부의 대응을 비난하고 위안부 피해자 여성들에게 사과, 배상 등을 요구하는 결의안을 만장일치로 채택. 캐나다 하원도 위안부 문제를 둘러싸고 일본 정부에 사과 등을 요구하는 결의안을 만장일치로 채택
2010년 8월	간 나오토 수상, '간 담화'로 과거의 식민지 지배에 대한 사죄의 의사를 재삼 표명
2011년 8월	헌법재판소가 위안부 피해자들의 청구권 문제로 일본에 협의를 요구하지 않은 한국 정부의 태도는 위헌이라고 판단
2011년 12월	서울의 주한 일본대사관 앞에 소녀상이 설치. 이후 각지에 설치
2012년 3월	이명박 대통령, 3·1운동 93주년 기념식 연설에서 위안부 문제를 언급
2012년 5월	징용 피해자의 개인청구권에는 한일청구권 협정의 효력이 미치지 못한다면서 대법원이 원고 패소의 2심 판결을 파기
2012년 8월	이명박 대통령이 위안부 문제에 대한 일본 정부의 소극적인 태도를 이유로 독도에 상륙
2013년 7월	서울고등법원이 일본제철에 징용 피해자에 대한 배상 지불을 명함. 부산고법이 미쓰비시중공업에 징용 피해자에 대한 배상 지불을 명함

날짜	한일·북일 간 사건	위안부 피해자 문제	징용 피해자 문제
2013년 8월		위안부 피해자 12명이 일본 정부에 손해배상을 요구해 한국에서 조정 신청. 후에 소송으로 전환	
2014년 6월		일본 정부는 고노 담화에 대해 '강제성' 등을 놓고 작전까지 한국 정부와 문구를 조정했음을 인정. 검증을 지시한 스가 요시히데 관방장관은 기자회견에서 아베 내각에서도 담화를 계승하겠다고 재차 강조	'대일항쟁기 강제동원 피해조사 및 국외강제동원 희생자 등 지원에 관한 특별법' 제37조에 따라 '일제강제동원 피해자 지원재단' 설립
2015년 7월	'메이지 일본의 산업혁명유산'이 유네스코 세계유산으로 등재 결정		
2015년 8월	일본 정부는 전후 70년에 아베 신조 수상 담화를 임시 각의에서 결정. 전후 50년(1995년) 무라야마 담화 등의 표현을 인용해 사죄 언급		
2015년 12월		일본의 새로운 사죄와 함께 보상을 약속한 한일합의를 체결	
2016년 6월		한국에서 한일합의를 비판하고 모금 성금을 바탕으로 '일본군 성노예제 문제 해결을 위한 정의기억재단' 설립	
2016년 7월		한일합의에 근거해 위안부 피해자 지원을 담당하는 재단('화해·치유재단')이 한국에서 발족. 그후 일본 정부가 10억 엔을 출연	
2017년 5월	한일합의의 무효화를 공약으로 내건 '더불어민주당' 문재인 전 대표가 대통령으로 취임		

2017년 12월	문재인 대통령이 "합의로는 위안부 문제를 해결할 수 없다"고 표명	
2018년 7월	정의기억재단과 한국정신대문제대책협의회가 통합, '일본군 성노예제 문제 해결을 위한 정의기억연대(정의연)' 발족	
2018년 10월		대법원이 일본제철의 상고를 기각하고 배상 명령 확정판결
2018년 11월	한국 정부가 '화해·치유재단' 해산 결정 발표	대법원이 미쓰비시중공업의 상고를 기각하고 배상명령 확정판결
2019년 1월		대구지법 포항지원이 일본제철의 자산압류를 명령
2019년 5월		일본 정부가 한일청구권협정에 따라 중재위원회를 요청했으나 설치되지 않음
2019년 7월	일본이 한국에 대한 반도체 소재 등 수출규제 강화 방침을 결정	
2019년 8월	한국이 한일군사정보보호협정(GSOMIA) 파기 통고, 11월 23일 집행 직전 파기 회피	
2019년 12월		문희상 국회의장이 기업이나 개인으로부터 기부금을 모집해 징용 피해자들에게 지급하자는 법안(문희상안)을 제안(2020년에 폐안)
2020년 5월	위안부 피해자 이용수 할머니가 '일본군 성노예제 문제 해결을 위한 정의기억연대'의 윤미향 전 이사장이 사전에 한일합의 정보를 알고 있었다는 점과 모금 사용 내역에 대한 의구심을 기자회견에서 호소	

한일·북일 간 사건	위안부 피해자 문제	징용 피해자 문제
2021년 1월		서울중앙지법이 일본 정부를 대상으로 위안부 피해자들에 대한 배상명령	
2021년 4월		서울중앙지법이 위안부 피해자들의 일본 정부에 대한 손해배상청구를 각하	
2021년 5월		위안부 피해자들의 매일 손해배상청구 소송에서 원고 16명이 지난 4월 서울중앙지법 판결에 불복해 서울고등법원에 항소	
2021년 6월			서울중앙지법, 징용 피해자와 유족 85명이 일본 기업 16개사에 손해배상을 요구한 제판에서 원고의 제소를 각하
2021년 7월	유네스코가 '메이지 일본의 산업혁명유산'에 대해 전시 중 징용에 관한 일본 측의 설명이 불충분하다는 결의안을 채택		
2021년 8월			서울중앙지법, 징용 피해자와 유족이 미쓰비시 마테리얼(전 미쓰비시광업)에 손해배상을 요구한 소송에서 '소멸시효'를 이유로 원고의 청구를 기각
2021년 9월			서울중앙지법이 징용 피해자 유족 4명의 대일본제철 손해배상청구를 기각 대전지법이 미쓰비시중공업에 대해 압류돼 있던 국내 특허권과 상표권의 매각명령을 판결

2021년 12월		대구지법 포항지원이 일본제철에 대해 한국 국내에서 소유하는 자산의 매각명령을 판결
2022년 4월		대전지법이 미쓰비시중공업에 대해 압류되었던 한국 내 자산의 특허권 2건에 대해 매각명령 판결
2022년 5월	'국민의힘' 후보로 나선 윤석열 전 검찰총장이 대통령으로 취임	

참고문헌

제1장 냉전 붕괴와 한일관계
1. '책임 회피 일본'이라는 인식
1. 2020년 5월 8일자, 『중앙일보』.
2. 和田春樹, 『慰安婦問題の解決に何が必要か』, 青灯社, 2020年.

3. 한일기본조약을 둘러싼 한일인식의 엇갈림
1. 1970년 8월 14일자, 『서울신문』.
2. 『여성동아』 1982년 9월호, 『레이디경향』 1984년 4월호.
3. 박유하, 『제국의 위안부──식민지지배와 기억의 투쟁』, 뿌리와이파리, 2013년.; 朴裕河, 『帝国の慰安婦 植民地支配と記憶の闘い』, 朝日新聞出版, 2014年.

4. '역사의 사법화'와 징용 피해자
1. 2019년 5월 13일자, 『연합뉴스』.

제2장 징용 문제
1. 조선인 징용이란 무엇인가
1. 国民徴用令 第五条, 第25条.
2. 정혜경, 『조선민중이 체험한 '징용'』, 동북아역사재단, 2021년.
3. 김예림, 「철鐵과 탄炭의 장면──광업과 자원의 인간학」, 『한국문학연구』 vol., no. 47, 동국대학교한국문학연구소, 2014년.
4. 東定宣昌, 「明治期, 日本における最初の朝鮮人労働者 佐賀県長者炭坑の炭坑夫」, 『経済学研究 57』, 九州大学経済学会, 1991年.
5. 정혜경, 『일본 제국과 조선인 노무자 공출』, 도서출판선인, 2011년.
6. 朝鮮総督府労務課監修, 『国民徴用の解説』, 国民総力朝鮮連盟, 1944年.

7. 伊藤武夫, 『改正国民徴用令解説』, 銀行問題研究会編, 綜文館創立事務所, 1944年.

8. 厚生研究会, 『国民徴用読本』, 新紀元社, 1944年.

9. 이상업, 『사지를 넘어 귀향까지: 일제 강제 징용 수기』, 소명출판, 2016년.

10. 일제강점하강제동원피해진상규명위원회 편, 『수족만 멀쩡하면 막 가는 거야』, 일제강점하강제동원피해진상규명위원회, 2007년.

11. 대일항쟁기강제동원피해조사및국외강제동원희생자등지원위원회 편, 『조각난 그 날의 기억』, 2012년.

12. 外村大, 『朝鮮人強制連行』, 岩波書店, 2012年.; 도노무라 마사루, 김철 옮김, 『조선인 강제연행』, 뿌리와이파리, 2018년.

2. 한일 양쪽에서 잊혀진 몸과 마음의 '감옥'

1. 朝鮮総督府労務課監修, 『国民徴用の解説』, 国民総力朝鮮連盟, 1944年.

2. 안회남, 「섬」, 『안회남선집』, 현대문학, 2010년.

3. 外村大, 『朝鮮人強制連行』, 岩波書店, 2012年.; 도노무라 마사루, 김철 옮김, 『조선인 강제연행』, 뿌리와이파리, 2018년.

4. 일제강점하강제동원피해진상규명위원회 편, 『당꼬라고요?』, 일제강점하강제동원피해진상규명위원회.

5. 대일항쟁기강제동원피해조사및국외강제동원희생자등지원위원회 편, 『조각난 그날의 기억』, 2012년.

6. 이상업, 『사지를 넘어 귀향까지: 일제 강제 징용 수기』, 소명출판, 2016년.

7. 일제강점하강제동원피해진상규명위원회 편, 『수족만 멀쩡하면 막 가는 거야』, 일제강점하강제동원피해진상규명위원회, 2007년.

8. 안회남, 「소」, 『안회남선집』, 현대문학, 2010년.

9. 일제강점하강제동원피해진상규명위원회 편, 『똑딱선 타고 오다가 바다 귀신 될 뻔했네』, 일제강점하강제동원피해진상규명위원회, 2006년.

10. 안회남, 「탄갱」 『민성民声』 1-15, 1945. 12.~1947. 3. 『근대서지 20』 근대서지학회, 2019년.

11. 朴裕河, 「戦後日本のジェンダーポリティックスと国土主義─在韓日本人妻とその家族をめぐって」, 『帝国のはざまを生きる 交錯する国境, 人の移動, アイデンティティ』,

みずき書林, 2022年.

12. 厚生研究会, 『国民徴用読本』, 新紀元社, 1944年.

13. 이국언, 『빼앗긴 청춘 돌아오지 않는 원혼』, 시민의소리, 2007년.

14. 안회남, 「불」, 「소」, 『안회남선집』, 현대문학, 2010년., 안회남, 「탄갱」, 『근대서지 20』, 근대서지학회, 2019년.

15. 정혜경, 『징용 공출 강제연행 강제동원』, 도서출판선인, 2013년.

4. 과거청산과 전체주의

1. 이근관, 「한일청구권협정상 강제징용배상청구권처리에 대한 국제법적 검토」, 『서울 대학교 法學』, 제54권 제3호, 2013년.

2. 정인섭, 「1965년 한일청구권협정 대상범위에 관한 연구」, 『성곡논총』, 제25집, 1994년.

5. 징용을 둘러싼 한국 내부의 대립

1. 조성윤, 『남양 섬에서 살다—조선인 마쓰모토의 회고록』, 당산서원, 2017년.

2. 이영훈 편저, 『반일 종족주의—대한민국 위기의 근원』, 미래사, 2019년., 이영훈 편저, 『반일 종족주의와의 투쟁』, 미래사, 2020년.

3. 이우연, 「태평양 전쟁기 일본으로 노무동원된 조선인 炭·鑛夫의 임금과 민족 간 격 차」, 『경제사학』 vol. 40, no. 2, 2016년.; 李宇衍, 「戰時期日本へ労務動員された朝鮮 人鉱夫(石炭·金属)の賃金と民族間の格差」, 『エネルギー史研究』 32号, 2017年.

4. 厚生研究会, 『国民徴用読本』, 新紀元社, 1944年.

5. 桜の花出版編集部, 『朝鮮総督府官吏 最後の証言』, 発行: 桜の花出版, 発売: 星雲社, 2014年.

6. 박유하, 「〈군함도〉엔 '피해자'가 없다」, 『허프포스트코리아』, 2017년 7월 31일.

7. 최봉태, 2019년 7월 19일자, 『문화일보』.

8. 〈법률방송〉, '이영돈PD 변호사를 만나다—제2의 독립군 최봉태 변호사', 2017년 6월 21일.

9. 최봉태, '일제강제동원 피해자 지원재단의 역할 강화를 바라며', 일제강제동원 피해 자 지원재단 주최 "일제강제동원 피해자에 대한 재단의 역할과 과제"(2019년 3월

15일).

10. 崔鳳泰氏, 2019年 4月 15日, 「日本記者クラブ」.

11. 가와카미 시로·김창호·아오키 유카·야마모토 세이타·은용기·장계만, 『완전하지도, 끝나지도 않았다─양심적인 일본 변호사들의 징용공을 위한 변론』, 메디치미디어, 2020. 일본어판은 山本晴太·川上詩朗·殷勇基·張界滿·金昌浩·青木有加, 『徵用工裁判と日韓請求権協定: 韓国大法院判決を読み解く』, 発行: 現代人文社, 発売: 大学図書, 2019年.

12. 2019년 10월 30일자, 『연합뉴스』.

6. 1960년대의 사고와 '법'을 넘어

1. 허광무·정혜경·오일환, 『일제 강제동원, 정부가 중단한 진상규명─11년의 비판적 회고』, 도서출판선인, 2020년.

2. 김호경·권기석·우성규, 『일제강제동원, 그 알려지지 않은 역사─일본 전범기업과 강제동원의 현장을 찾아서』, 돌베개, 2010년.

3. 内田雅敏, 『元徵用工 和解への道─戦時被害と個人請求権』, 筑摩書房, 2020年.

4. 2021년 6월 24일자, 『아이뉴스24』.

5. 가와카미 시로·김창호·아오키 유카·야마모토 세이타·은용기·장계만, 『완전하지도, 끝나지도 않았다─양심적인 일본 변호사들의 징용공을 위한 변론』, 메디치미디어, 2020. 일본어판은 山本晴太·川上詩朗·殷勇基·張界滿·金昌浩·青木有加, 『徵用工裁判と日韓請求権協定: 韓国大法院判決を読み解く』, 発行: 現代人文社, 発売: 大学図書, 2019年.

제3장 위안부 문제

1. 위안부 문제를 둘러싼 근본적 오해

1. 이재정 의원 주최, "'정의'를 향한 여정/일본군'위안부'소송의 의미와 과제", 2021년 1월 5일.

2. 백범석, 「국제인권법적 시각에서 바라본 2016가합505092 손해배상(기) 사건 판결의 의미」, 『자료집 20210118 1차토론회 일본국 상대 손해배상청구소송─1심 판결의

의미』.

3. 조시현, 『2000년 일본군 성노예전범 여성국제법정과 일본군 '위안부' 문제에 대한 새로운 이해의 가능성』, 김부자 외 저, 『한일간 역사현안의 국제법적 재조명』, 동북아시아역사재단, 2009년.

4. 양현아, 『2000년 법정을 통해 본 피해자 증언과 법 언어의 만남』, 김부자 외 저, 『한일간 역사현안의 국제법적 재조명』, 동북아시아역사재단, 2009년.

5. 박유하, 『〈제국의 위안부〉, 지식인을 말한다』, 뿌리와이파리, 2018년.

6. 박유하, 『제국의 위안부―식민지지배와 기억의 투쟁』, 뿌리와이파리, 2013년.; 朴裕河, 『帝国の慰安婦 植民地支配と記憶の闘い』, 朝日新聞出版, 2014年.

2. 판결문의 논리와 오해

1. 「軍紀違犯事項ニ関スル件報告」「陸軍軍人軍属非行表」ほか, (財)女性のためのアジア女性平和基金編, 『政府調査「従軍慰安婦」関係資料集成2』, 龍渓書舎, 1997年.

2. 배춘희·박유하, 『일본군 위안부, 또 하나의 목소리』, 뿌리와이파리, 2020년.

3. 한국정신대연구소·한국정신대문제대책협의회 편, 『강제로 끌려간 조선인 군위안부들 3』, 한울, 1999년.

4. 한국정신대연구회 편, 『중국으로 끌려간 조선인 군위안부들 2』, 한울, 2003년.

5. 高木健一, 「アジアに対する侵略責任とその補償」, 朝鮮人強制連行真相調査団編, 『検証·朝鮮植民地支配と補償問題』, 明石書店, 1992年.

6. 戸塚悦朗, 「1905年〈韓国保護条約〉の無効と従軍慰安婦·強制連行問題のゆくえ」, 『法学セミナー』No 466, 1993年.

7. 박유하, 『제국의 위안부―식민지지배와 기억의 투쟁』, 뿌리와이파리, 2013년.; 朴裕河, 『帝国の慰安婦 植民地支配と記憶の闘い』, 朝日新聞出版, 2014年.

8. 박원순, 「일본군 '위안부' 문제 해결의 전망―배상에 관한 국제법적 논의를 중심으로」, 한국정신대문제대책협의회 편, 『일본군 위안부 문제의 진상』, 역사비평사, 1997년.

3. 위안부 문제를 둘러싼 오해의 시작

1. 도쓰카 에쓰로, 박홍규 옮김, 『위안부가 아니라 성노예이다』, 소나무, 2001년.; 戸塚悦

朗,『日本が知らない戦争責任 国連の人権活動と日本軍「慰安婦」問題』, 現代人文社, 1999年.

2. 한국정신대문제대책협의회 산하 전쟁과여성인권센터, 2001년 일본군'위안부'연구 보고서, 『일본군'위안부'증언 통계자료집』.

3. 한국정신대연구회 편, 『중국으로 끌려간 조선인 군위안부들 2』, 한울, 2003년.

4. 城田すず子, 『マリヤの讚歌』, 日本基督教団出版局, 1971年.

5. 「戦争と女性への暴力」, リサーチ・アクション・センター編, 西野瑠美子・小野沢あかね 責任編集, 『日本人「慰安婦」愛国心と人身売買と』, 現代書館, 2015年.

6. 박유하, 『제국의 위안부—식민지지배와 기억의 투쟁』, 뿌리와이파리, 2013년.; 朴裕河, 『帝国の慰安婦 植民地支配と記憶の闘い』, 朝日新聞出版, 2014年.

7. 양현아, 『2000년 법정을 통해 본 피해자 증언과 법 언어의 만남』, 김부자 외 저, 『한일 간 역사현안의 국제법적 재조명』, 동북아시아역사재단, 2009년.

8. 조시현, 「2000년 일본군 성노예전범 여성국제법정과 일본군 '위안부'문제에 대한 새로운 이해의 가능성」, 조시현 외, 『한일간 역사현안의 국제법적 재조명』, 동북아역사재단, 2009.

9. 신정화, 「북일교섭과 '과거청산'」, 민족문제연구소 편, 『한일협정을 다시 본다』, 아세아문화사, 1995년.

10. 박명림 외, 『해방전후사의 인식 6』, 한길사, 2006년.

11. 한국정신대연구소 주관, 2007 한일 공동 세미나, "'강제성'이란 무엇인가'.

12. 華公平, 『従軍慰安所「海乃家」の伝言—海軍特別陸戦隊指定の慰安婦たち』, 日本機関紙出版センター, 1992年.

13. 윤정옥, "'정신대' 원혼 서린 발자취 취재기", 1990년 1월 24일자, 『한겨레신문』.

14. 1998년 8월 27일자, 『한겨레신문』, 『중앙일보』.

15. 김혜원, 『딸들의 아리랑—이야기로 쓴 '위안부' 운동사』, 허원미디어, 2007년.

16. 유상근柳相垠, '武漢의 朝鮮 동포' 1940년 5월 1일, 『삼천리』 제12권 제5호, 국사편찬위원회 한국사데이터베이스 https://www.history.go.kr

17. 千田夏光, 『従軍慰安婦 "声なき女" 八万人の告発』, 双葉社, 1973年.

4. 누구를 위한 운동인가

1. 문정창, 『군국일본조선강점36년사 하』, 박문당, 1966년, 422쪽. 다만, "1933년경부터 화류계의 한일 여성을 위안부라는 명칭으로 만주-북중국 방면으로 출동시켰다"고 되어 있다.

2. 도쓰카 에쓰로, 박홍규 옮김, 『위안부가 아니라 성노예이다』, 소나무, 2001년, 44쪽. 다만, 도쓰카가 언급한 책(조선인강제연행진상조사단 편, 『검증·조선 식민지지배와 보상 문제』, 明石書店, 1992年)에서는 "이제까지의 설에 7만 명에서 20만 명 설까지" 있었다며 "조선인 위안부는 적어도 10만 4000명은 있지 않았을까"(31쪽)라고 나온다.

3. 강정숙, 「한국의 일본군'위안부'문제에 대한 법 관련 연구 동향과 역사인식」, 김경일 외, 『동아시아 일본군'위안부'연구』, 한국학중앙연구원출판부, 2017년.

4. 양현아, 「'판결의 비판적 고찰' 서울중앙지방법원의 일본군 '위안부' 손해배상청구 각하, 어떻게 볼 것인가」, 2차 소송 판결 1차 토론회 『일본군'위안부' 피해자 청구 각하 판결, 어떻게 볼 것인가?—법적 쟁점을 중심으로』 자료집.

5. 2016년 1월 6일자, 『매일노동뉴스』, 2018년 11월 28일자, 『경향신문』.

6. 김창록, '[특별기고] 김창록 경북대학교 로스쿨 교수', 정의기억연대, 2021년 1월 13일. https://womenandwar.net/kr/%ec%9d%bc%eb%b3%b8%ea%b5%ad%ec%83%81%eb%8c%80%ec%86%8c%ec%86%a1/?mod=document&uid=1226

7. 박배근, 앞의 2차 소송 판결 1차 토론회.

5. 피해자 중심주의에서 대변자 중심주의로

1. 양성우, 2차 소송 판결 1차 토론회 『일본군'위안부' 피해자 청구 각하 판결, 어떻게 볼 것인가?—법적 쟁점을 중심으로』 자료집.

2. 이상덕 전 외교부 동북아시아국장, 「일본군 위안부 피해자 문제 타결과 그 의미」, 한국외교협회, 『외교』, 2016년 1월호.

3. 심규선, 『위안부 운동, 성역에서 광장으로』, 나남출판, 2021년.

4. 2017년 11월 25일자, 『여성신문』.

5. 2017년 11월 29일자, 『국민일보』.

6. 2015년 12월 28일자, 『연합뉴스』.

7. 한·일 일본군위안부 피해자 문제 합의 검토 태스크포스, 「한·일 일본군위안부 피해

자 문제 합의(2015. 12. 28.) 검토 결과 보고서」, 2017년 12월 27일.

8. 윤정옥, 「조선 식민정책의 일환으로서 일본군 위안부」, 한국정신대문제대책협의회 편, 『일본군 위안부 문제의 진상』, 역사비평사, 1997년.

9. 정진성, 『일본군 성 노예제』, 서울대학교출판부, 2004년.

10. 中野敏男, 「日本軍『慰安婦』問題でなお問われていること」, 中野敏男·金昌禄·金富子·板垣竜太·岡本有佳(編), 『『慰安婦』問題と未来への責任 日韓「合意」に抗して』, 大月書店, 2017年.

11. 양현아, 「2015년 한일외교장관의 '위안부' 문제 합의에서 피해자는 어디에 있(었)나?: 그 내용과 절차」, 김창록 외 편저, 『2015 위안부 합의, 이대로는 안 된다』, 경인문화사, 2016년.

12. 김창록, 「'2015 한일 외교장관 합의'의 실체와 문제점」, 김창록 외 편저, 『2015 위안부 합의, 이대로는 안 된다』, 경인문화사, 2016년.

13. 이나영, 「페미니즘 관점에서 본 일본군'위안부' 운동의 역사와 '2015 한일합의'의 문제점」, 김창록 외 편저, 『2015 위안부 합의, 이대로는 안 된다』, 경인문화사, 2016년.

14. 배춘희·박유하, 『일본군 위안부, 또 하나의 목소리』, 뿌리와이파리, 2020년.

15. 吉見義明, 「日韓『合意』の何が問題なのか」, 中野敏男·金昌禄·金富子·板垣竜太·岡本有佳(編), 『『慰安婦』問題と未来への責任 日韓「合意」に抗して』, 大月書店, 2017年.

16. 도쓰카 에쓰로, 박홍규 옮김, 『위안부가 아니라 성노예이다』, 소나무, 2001년.; 戸塚悦朗, 『日本が知らない戦争責任 国連の人権活動と日本軍「慰安婦」問題』, 現代人文社, 1999年.

17. 朴裕河, 「序文」『韓国ナショナリズムの起源』, 河出書房新社, 2020年.

18. 2001년 12월 10일, 정대협 전 공동대표 윤정옥이 조시현에게 보낸 메일, '성평등아카이브.' http://genderarchive.or.kr/items/show/7848

19. 이효재, 「일본군 위안부 문제 해결을 위한 운동의 전개과정」, 한국정신대문제대책협의회 편, 『일본군 위안부 문제의 진상』, 역사비평사, 1997년.

6. 냉전체제와 위안부 문제

1. 정진성, 『일본군 성 노예제』, 서울대학교출판부, 2004년.

2. 「日本政府は『従軍慰安婦』の問題の真相を明らかにし謝罪すべきである」従軍慰安婦 及び太平洋戦争被害者補償対策委員会の告訴状, 『月刊 朝鮮資料』1992年, 11月号 ほか.

3. 朝鮮人強制連行真相調査団編, 『朝鮮人「慰安婦」·強制連行の真相究明と補償を』, 1992年.

4. 한국정신대문제대책협의회 편, 『한국정신대문제대책협의회 20년사』, 한울, 2014년.

5. 윤미향, 「정신대문제해결운동의 전개과정」, 제1차 '정신대문제 아시아연대회의' 발 표문, 1992년.

6. 신혜수, 「일본군 위안부 문제 해결을 위한 국제활동의 성과와 과제」, 한국정신대문제 대책협의회 편, 『일본군 위안부 문제의 진상』, 역사비평사, 1997년.

7. 도쓰카 에쓰로, 박홍규 옮김, 『위안부가 아니라 성노예이다』, 소나무, 2001년.; 戸塚悦 朗, 『日本が知らない戦争責任 国連の人権活動と日本軍「慰安婦」問題』, 現代人文 社, 1999年.

8. 国際法律家委員会著, 自由人権協会·日本の戦争責任資料センター訳, 『国際法から みた「従軍慰安婦」問題』, 明石書店, 1995年.

9. 「남북한공동기소장」, 한국정신대문제대책협의회, 『2000년 일본군성노예전범 여성 국제법정 자료집』, 2004년.

10. 이토 다카시, 안해룡·이은 옮김, 『기억하겠습니다―일본군 위안부가 된 남한과 북 한의 여성들』, 알마, 2017년.; 伊藤孝司, 『花の哀しみ: 「証言」性奴隷にされた韓国· 朝鮮人女性たち』, 風媒社, 2014.

11. 女性のためのアジア平和国民基金編, 『政府調査「従軍慰安婦」関係資料集成4』, 龍 渓書舎, 1998年.

12. 女性のためのアジア平和国民基金編, 『政府調査「従軍慰安婦」関係資料集成2』, 龍 渓書舎, 1997年.

13. 2012년 7월 12일자, 『서울신문』, 2020년 5월 31일자, 『문화일보』.

14. 「朝鮮人慰安婦問題に対する従軍慰安婦太平洋戦争被害者補償対策委員会の告訴 状」, 朝鮮人強制連行真相調査団編, 『朝鮮人「慰安婦」·強制連行の真相究明と補償

を』, 1992年.

15. 데오 판 보벤, 「중대한 인권침해의 희생자에 대한 배상」, 한국정신대문제대책협의
회, 『정신대자료집 IV』, 1993년.

16. 정진성, 「서론」, 한국정신대문제대책협의회 편, 『한국정신대문제대책협의회 20년
사』, 한울, 2014년.

17. 한국정신대문제대책협의회, 『2000년 일본군성노예전범 여성국제법정 자료집』,
2004년.

18. 윤미향·김윤옥, 「남북한 연대활동」, 한국정신대문제대책협의회 편, 『한국정신대문
제대책협의회 20년사』, 한울, 2014년.

7. 혼란의 시대

1. 2015년 3월 29일자, 『통일뉴스』.

2. 이토 다카시, 안해룡·이은 옮김, 『기억하겠습니다—일본군 위안부가 된 남한과 북한
의 여성들』, 알마, 2017년.; 伊藤孝司, 『花の哀しみ: 「証言」性奴隷にされた韓国·朝
鮮人女性たち』, 風媒社, 2014.

3. 정신대연구회 편, 『중국으로 끌려간 조선인 군위안부들』, 한울, 1995년.

4. 藤永壮, 「植民地台湾における朝鮮人接客業と『慰安婦』の動員」. http://www.dce.
osaka-sandai.ac.jp/~funtak/papers/taiwan/taiwan1.htm

5. 한우성, 「미국에서 진행중인 일본군 '위안부' 및 징용 소송에 대한 보고서」, 한국정
신대문제대책협의회 편, 『일본군 '위안부' 문제에 대한 법적 해결의 전망』, 풀빛,
2001년.

8. 30년 갈등 역사와 마주하기

1. 강정숙, 심포지엄, 〈3·12 긴급토론회, 램지어 교수 '사태'를 통해 본 아카데미 역사부
정론〉.

2. 심규선, 『위안부 운동, 성역에서 광장으로』, 나남출판, 2021년.

3. 한국 경성지방재판소판결, 한국정신대문제대책협의회 연구보고 「일본군"위안부"신
문기사자료집」, 여성가족부, 2004년.

4. 박정애, 심포지엄, 〈3·12 긴급토론회, 램지어 교수 '사태'를 통해 본 아카데미 역사부

정론).

5. 長沢健一, 『漢口慰安所』, 図書出版社, 1983年.

제4장 한일병합·한일협정

1. 역사 문제와 한일병합불법론의 관계

1. 戸塚悦朗, 「1905年『韓国保護条約』の無効と従軍慰安婦·強制連行問題のゆくえ」, 『法学セミナー』466号, 1993年.

2. 国際法律家委員会著, 自由人権協会·日本の戦争責任資料センター訳, 『国際法からみた「従軍慰安婦」問題』, 明石書店, 1995年.

3. 도쓰카 에쓰로, 박홍규 옮김, 『위안부가 아니라 성노예이다』, 소나무, 2001년.; 戸塚悦朗, 『日本が知らない戦争責任 国連の人権活動と日本軍「慰安婦」問題』, 現代人文社, 1999年.

4. 정남용, 「'을사5조약'의 비법성」, 이태진·사사가와 노리가츠 편저, 『한국병합과 현대—역사적 국제법적 재검토, 국제공동연구』, 태학사, 2009년.

5. 한국국회의원 연구단체 일본군'위안부'문제연구회, 『의정활동자료집 일본군'위안부' 문제의 현상과 해결방법』, 국회의원연구단체 일본군'위안부'문제연구회, 1997년.

6. 이태진, 「조약의 명칭을 붙이지 못한 '을사보호조약'」 「통감부의 대한제국 보인 탈취와 순종황제 서명 위조」 「공포 칙유가 날조된 '일한병합조약'」, 이태진 편저, 『일본의 대한제국 강점—보호조약에서 병합조약까지』, 까치, 1995년.

7. 프랑스 레이, 「대한제국의 국제법적 지위」, 이태진 편저, 『일본의 대한제국 강점—보호조약에서 병합조약까지』, 까치, 1995년.

8. 백충현, 「일본의 한국병합에 대한 국제법적 고찰」, 이태진·사사가와 노리가츠 편저, 『한국병합과 현대—역사적 국제법적 재검토, 국제공동연구』, 태학사, 2009년.

9. 이근관, 「국제조약법상 강박이론의 재검토」, 이태진 외, 서울대학교 한국문화연구소 편, 『한국병합의 불법성 연구』, 서울대학교출판부, 2003년.

2. '배상' 수단화한 역사를 제자리로

1. 박해순, 『1894 일본조선침략』, 나녹, 2019년.

2. 백충현, 「일본의 한국병합에 대한 국제법적 고찰」, 이태진 외, 서울대학교 한국문화 연구소 편, 『한국병합의 불법성 연구』, 서울대학교출판부, 2003년.

3. 李成市, 「『韓国併合』と古代日朝関係史」, 趙京達·宮嶋博史·李成市·和田春樹編, 『「韓国併合」100年を問う―「思想」特集·関係資料』, 岩波書店, 2011年.; 이성시, 「〈한국 병합〉과 고대 한일 관계사」, 미야지마 히로시 외, 『일본, 한국 병합을 말하다―일본 의 진보 역사학자들이 말하는 한국 강제 병합의 의미』, 열린책들, 2011년.

4. 田保橋潔, 『近代日鮮関係の研究』, 下巻, 朝鮮総督府中枢院, 1940年.

5. 1905년 11월 15일자, 「駐韓日本公使館記録」.

6. 신명호, 『고종과 메이지의 시대―무엇이 조선과 일본의 운명을 결정했나』, 역사의아 침, 2014년.

7. 杉村濬, 『明治廿七八年在韓苦心録』, 杉村陽太郎出版, 1932年.

8. 제임스 S. 게일, 최재형 옮김, 『조선, 그 마지막 10년의 기록』, 책비, 2018년.

9. 朴裕河, 『ナショナル·アイデンティティとジェンダー―漱石·文学·近代』, クレイン, 2007年.; 박유하, 김석희 옮김, 『내셔널 아이덴티티와 젠더―나쓰메 소세키로 읽는 근대』, 문학동네, 2011년.

10. 松宮春一郎, 『最近の韓国―日露戦争中に於ける韓国の諸問題』, 早稲田大学出版 部, 1905年.

11. 량치차오, 최형욱 옮김, 『량치차오, 조선의 망국을 기록하다』, 글항아리, 2014년.

12. 에른스트 폰 헤세-바르텍, 정현규 옮김, 『조선, 1984년 여름』, 책과함께, 2012년.

13. 藤村徳一編, 『居留民之昔物語』, 朝鮮二昔会事務所, 1927年.

14. 宮嶋博史, 「日本史認識のパラダイム転換のために『韓国併合』100年にあたって」, 趙 京達·宮嶋博史·李成市·和田春樹編, 『「韓国併合」100年を問う―「思想」特集·関係 資料』, 岩波書店, 2011年.; 미야지마 히로시, 「일본사 인식의 패러다임 전환을 위하 여」, 미야지마 히로시 외, 『일본, 한국 병합을 말하다―일본의 진보 역사학자들이 말하는 한국 강제 병합의 의미』, 열린책들, 2011년.

15. 존 M. 반 다이크, 「일본의 한국병합과 미국의 하와이병합에 관한 비교 검토」, 이태 진·사사가와 노리가츠 편저, 『한국병합과 현대―역사적 국제법적 재검토, 국제공

동연구』, 태학사, 2009년.

16. 和田春樹, 「韓国併合100年と日本人」, 趙京達·宮嶋博史·李成市·和田春樹編, 『「韓国併合」100年を問う─「思想」特集·関係資料』, 岩波書店, 2011年.; 와다 하루키, 「한국병합 100년과 일본인」, 미야지마 히로시 외, 『일본, 한국 병합을 말하다─일본의 진보 역사학자들이 말하는 한국 강제 병합의 의미』, 열린책들, 2011년.

17. 和田春樹, 『韓国併合110年後の真実 条約による併合という欺瞞』, 岩波ブックレット, 2019年.; 와다 하루키, 남상구·조윤수 옮김, 『한국병합 110년 만의 진실─조약에 의한 병합이라는 기만』, 지식산업사, 2020년.

3. 한일협정을 다시 본다

1. 「일한조약국회심의요지日韓条約国会審議要旨」 1966年 (주석 2 문헌에서 재인용).

2. 일본 외무성 아시아국 동북아시아과 일한국교정상화교섭사 편찬위원회, 이동준 편역, 『일한 국교정상화 교섭의 기록』, 삼인, 2015년.

3. 이종원, 「한일협정의 문제점과 향후 과제─한일 공개 외교문서의 분석을 바탕으로」, 도시환 외 공저, 『한일협정 50년사의 재조명 1』, 동북아역사재단, 2012년.

4. 오오타 오사무, 송병권 외 옮김, 『한일교섭─청구권문제 연구』, 도서출판선인, 2008년.

5. 스즈키 다케오, 『조선통치의 성격과 실적』, 외무성조사국; 鈴木武雄, 『朝鮮統治の性格と実績 反省と反批判』, 外務省調査局, 1946年 (주석 6 문헌에서 재인용).

6. 다카사키 소지, 『검증 한일회담』, 청수서원, 1998년.; 高崎宗司, 『検証 日韓会談』, 岩波新書, 1996年.

7. 박정희, '한일회담 타결에 즈음한 특별담화문', 1965년 6월 23일, 위키문헌. https://ko.wikisource.org/wiki/%ED%95%9C%EC%9D%BC%ED%9A%8C%EB%8B%B4_%ED%83%80%EA%B2%B0%EC%97%90_%EC%A6%88%EC%9D%8C%ED%95%9C_%ED%8A%B9%EB%B3%84%EB%8B%B4%ED%99%94%EB%AC%B8

8. 太田修, 「日韓条約─null and void─をめぐる対立を克服するために」, 和田春樹·内海愛子·金泳鎬·李泰鎮編, 『日韓 歴史問題をどう解くか─次の100年のために』, 岩波書店, 2013年.

9. 오구라 카즈오, 조진구 외 옮김, 『한일 경제협력자금 100억 달러의 비밀』, 디오네, 2015년.; 日本語版 『秘録·日韓1兆円資金』, 講談社, 2013年.

10. 1961년 1월 1일, 2일자, '한일관계와 우리의 태도', 『동아일보』.

11. 牛場信彦, 『外交の瞬間 私の履歴書』, 日本経済新聞社, 1984年.

12. 마쓰나가 노부오松永信雄, 「일한교섭의 회고—조약과 입장에서」, 일본 외무성 아시아국 동북아시아과 일한국교정상화교섭사 편찬위원회, 이동준 편역, 『일한 국교정상화 교섭의 기록』, 삼인, 2015년.

4. 한국은 '반공' 방파제인가?

1. 한영구·윤덕민, 『현대 한일관계 자료집 1(1965년~79년)』, 오름, 2003년.

2. 다카사키 소지, 『검증 한일회담』, 청수서원, 1998년.; 高崎宗司, 『検証 日韓会談』, 岩波新書, 1996年.

3. 유진오, 1961년 1월 1일자, 『동아일보』.

4. 일본 외무성 아시아국 동북아시아과 일한국교정상화교섭사 편찬위원회, 이동준 편역, 『일한 국교정상화 교섭의 기록』, 삼인, 2015년.

5. 賀屋興宣, 「日韓交渉への私見」, 『中央公論』 1963年 1月号.

6. 신장섭, '전두환 정권의 대일 경제외교', 2019년 7월 15일자, 『매일경제』.

7. 도시환, 「한일청구권협정의 국제법적 문제점에 대한 재검토」, 도시환 외 공저, 『한일협정 50년사의 재조명 1』, 동북아역사재단, 2012년.

제5장 역사와 마주하는 방식

1. 한일 갈등의 요인

1. 박유하, 『제국의 위안부—식민지지배와 기억의 투쟁』, 뿌리와이파리, 2013년.; 朴裕河, 『帝国の慰安婦 植民地支配と記憶の闘い』, 朝日新聞出版, 2014年.

2. 森川万智子, 『文玉珠 ビルマ戦線 楯師団の「慰安婦」だった私』, 梨の木舍, 2015年.; 모리카와 마치코, 김정성 옮김, 『버마전선 일본군 위안부 문옥주—문옥주 할머니 일대기, 역사의 증언 2』, 아름다운사람들, 2005년.

3. 박두진, 1965년 6월 22일자, 『동아일보』.

4. 박유하,『반일 민족주의를 넘어서』, 사회평론, 2004년.; 朴裕河,『反日ナショナリズム を超えて 韓国人の反日感情を読み解く』,河出書房新社, 2005年.

5. 박배근,「한일기본관계조약의 국제법적 문제점에 관한 재검토」, 도시환 외 공저,『한 일협정 50년사의 재조명 1』, 동북아역사재단, 2012년.

6. 이무기,『곱게 자란 자식 1』, 영컴, 2014년.

7. 나가하라 요코,「현대사 속의 '식민지책임'」, 도시환 외 공저,『한일협정 50년사의 재 조명 2』, 동북아역사재단, 2012년.

8. 山田清吉,『武漢兵站 支那派遣軍慰安係長の手記』, 図書出版社, 1978年.

9. 공로명,『나의 외교 노트—안에서 듣고 보고 겪은 한국외교 50년』, 기파랑, 2014년.

10. 吉澤文寿,「戦後の日韓関係をどのように考えたらよいのか」,『日韓 新たな始まりのた めの20章』,岩波書店, 2007年.

11. 오구라 기조,「일본인은 한국인을 만날 수 있는가」,『조·일 수교 140주년, 만남과 현 재를 생각한다』, 동아시아 화해와 평화의 목소리 2016년도 심포지엄 자료집, 서울, 2016년.

12. 캐롤라인 노마, 유혜담 옮김,『'위안부'는 여자다—여성주의 관점으로 '위안부' 역 사를 복원하다』, 열다북스, 2020년.

2. 다시 보는 30년

1. 戸塚悦朗,「1905年〈韓国保護条約〉の無効と従軍慰安婦·強制連行問題のゆくえ」,『法 学セミナー』No 466, 1993年.

2. 이장희,「리비아·이탈리아 '식민지' 손해배상책임 사례의 국제법적 검토」, 도시환 외 공저,『한일협정 50년사의 재조명 2』, 동북아역사재단, 2012년.

3. 조세영,『한일관계 50년, 갈등과 협력의 발자취』, 대한민국역사박물관, 2014년.

4. 安田昌史,「西陣織産業における在日朝鮮人—労働と民族的アイデンティティを中心 に—」,『同志社グローバル·スタディーズ 6』, 同志社グローバル·スタディーズ学会, 2015年.

5. 시나 에쓰사부로, 일한 기본관계조약안 국회보고 발언, 일본 외무성 아시아국 동북 아시아과 일한국교정상화교섭사 편찬위원회, 이동준 편역,『일한 국교정상화 교섭 의 기록』, 삼인, 2015년.

6. 林景一, 「英·アイルランドの和解と日韓関係」, 黒沢文貴·イアン·ニッシュ編, 『歴史と和解』, 東京大学出版会, 2011年.

7. 김승일, 「한일 역사 연구의 모순과 극복」, 조이제·차효섭 외 편저, 『동북아의 화해와 공생』, 종합출판범우, 2009년.

8. 波多野澄雄, 『国家と歴史 戦後日本の歴史問題』, 中公新書, 2011年.

9. 이남희, 「진실과 화해: 남아공의 과거청산」, 안병직 외 편, 『세계의 과거사 청산—역사와 기억』, 푸른역사, 2005년.

3. 평화를 위해서

1. 内藤千珠子, 『帝国と暗殺—ジェンダーからみる近代日本のメディア編成』, 新曜社, 2005年.

2. 박유하, 『화해를 위해서—교과서·위안부·야스쿠니·독도(개정증보판)』, 뿌리와이파리, 2015년.; 朴裕河, 『和解のために 教科書·慰安婦·靖国·独島』, 平凡社, 2011年.

3. 江口圭一, 「帝国日本の東アジア支配」, 『岩波講座 近代日本と植民地 1 植民地帝国日本』, 岩波書店, 1992年.

4. 2017년 7월 10일자, 『여성신문』.

5. 요코 가와시마 왓킨스, 윤현주 옮김, 『요코 이야기』, 문학동네, 2005년.

역사와 마주하기

한일 갈등, 대립에서 대화로

2022년 8월 16일 초판 1쇄 찍음
2022년 8월 31일 초판 1쇄 펴냄

지은이 박유하

펴낸이 정종주
주간 박윤선
편집 박소진 김신일
마케팅 김창덕

펴낸곳 도서출판 뿌리와이파리
등록번호 제10-2201호(2001년 8월 21일)
주소 서울시 마포구 월드컵로 128-4 (월드빌딩 2층)
전화 02)324-2142~3
전송 02)324-2150
전자우편 puripari@hanmail.net

디자인 가필드
종이 화인페이퍼
인쇄·제본 영신사
라미네이팅 금성산업

값 16,000원
ISBN 978-89-6462-179-0 (03300)